dumont taschenbücher

W0177571

Toshihiko Izutsu, geb. 1914 in Tokyo, lehrte ab 1950 als Professor für Linguistik und Sprachphilosophie an der renommierten Keio-Universität in Tokyo, später u. a. in Montreal und Teheran. Von seinen zahlreichen Veröffentlichungen liegt in deutscher Sprache »Philosophie des Zen-Buddhismus« (Reinbek 1979) vor. Izutsu darf als einer der bedeutendsten zeitgenössischen japanischen Kulturtheoretiker gelten. Der vorliegende Band entstand in Zusammenarbeit mit seiner Frau *Toyo.*

Toshihiko und Toyo Izutsu

Die Theorie des Schönen in Japan

Beiträge zur klassischen japanischen Ästhetik

Herausgegeben von
Franziska Ehmcke

DuMont Buchverlag Köln

Umschlagabbildung:
Sengai. Kreis, Dreieck, Rechteck. Idemitsu-Museum, Tokio

Frontispiz Seite 2:
Der Teeraum Shoka-do in Kyoto. Aus einem Reisebuch der Edo-Zeit

CIP-Titelaufnahme der Deutschen Bibliothek

Izutsu, Toshihiko:
Die Theorie des Schönen in Japan: Beitr. zur klass. japan.
Ästhetik / Toshihiko u. Toyo Izutsu. Hrsg. von
Franziska Ehmcke. [Aus d. Engl. u. d. japan. Orig.-Texten
übers. von Franziska Ehmcke]. – Köln: DuMont, 1988
  (DuMont-Taschenbücher; 212)
  Einheitssacht.: The theory of beauty in the classical aesthetics
  of Japan ⟨dt.⟩
  ISBN 3-7701-2065-5
NE: Izutsu, Toyo:; GT

© 1988 der deutschsprachigen Ausgabe: DuMont Buchverlag, Köln
© 1981 der englischen Originalausgabe ›The Theory of Beauty in the classical
  Aesthetics of Japan‹: Martinus Nijhoff Publishers,
  The Hague/Boston/London
Aus dem Englischen und den japanischen Originaltexten
übersetzt von Franziska Ehmcke
Alle deutschsprachigen Rechte vorbehalten
Satz, Druck und buchbinderische Verarbeitung: Boss-Druck, Kleve

Printed in Germany ISBN 3-7701-2065-5

Inhalt

Vorwort

Der japanische Schönheitssinn, so wie er sich in unzähligen Kunstwerken sowohl sprachlicher als auch nichtsprachlicher Art manifestiert hat, wurde oft als dem westlichen Geschmack fremd und unzugänglich bezeichnet. Er ist in der Tat so radikal verschieden von dem, was im Westen normalerweise mit ästhetischen Erfahrungen in Verbindung gebracht wird, daß er sogar mysteriös, rätselhaft oder esoterisch erscheint. Diese Tatsache ist darauf zurückzuführen, daß es eine besondere Art der Metaphysik gibt, die auf der Realisierung der gleichzeitig stattfindenden semantischen Artikulierung von Bewußtsein und äußerer Realität basiert und die den gesamten Funktionsbereich des japanischen Schönheitssinns beherrscht; ohne ein Verständnis derselben würde das sogenannte Geheimnis der japanischen Ästhetik unbegreiflich bleiben.

Die vorliegende Arbeit hat es sich in erster Linie zur Aufgabe gesetzt, die Grundtöne künstlerischer Erfahrungen, wie sie für die japanische Kultur typisch sind, in der Form der ihnen zugrunde liegenden speziellen philosophischen Struktur herauszuarbeiten. Sie besteht aus zwei Hauptteilen:

1. einleitende Essays, in denen die wichtigsten philosophischen Ideen, die im Zusammenhang mit dem Schönen stehen, theoretisch erläutert werden;

2. eine Auswahl klassischer Texte, die für die japanische Ästhetik in weit auseinanderragenden Bereichen der sprachlichen und nichtsprachlichen Kunst, wie zum Beispiel den Theorien der *waka*-Poesie, des Nô-Spiels, der Tee-Kunst und des *haiku*, repräsentativ sind.

Der zweite Teil ist mit dem ersten durch die konkrete Veranschaulichung verbunden, denn er stellt das philologische Material bereit, auf dem die philosophischen Überlegungen des ersten Teils beruhen.

Mit dieser Konzeption hoffen die Verfasser einen Beitrag zum klaren Verständnis des japanischen Schönheitssinns zu leisten, der die metaphysischen, ethischen und ästhetischen Erfahrungen der Japaner als ein organisches Ganzes in sich enthält.

Die Idee zu einem solchen Buch kam ursprünglich von Prof. Raymond Klibansky, während unserer gemeinsamen Zeit an der McGill University in Montreal, Canada. Seiner Anregung folgend, begannen wir 1973 mit dieser Arbeit und beendeten die Niederschrift im Frühjahr 1977. In diesem Sinne verdankt dieses Buch seine Existenz Prof. Klibansky, dem wir unendlich dankbar sind. Unser Dank gilt auch Prof. E. T. Jessop, der sich die Mühe machte, das Manuskript zur stilistischen Verbesserung durchzugehen. Nicht weniger dankbar sind wir Prof. Alfred Ayer aus Oxford für sein herzliches Interesse, das er unserer Arbeit entgegenbrachte, sowie Prof. Paul Ricoeur, Präsident des Institut International de Philosophie, der mit Hilfe seines Instituts und der UNESCO die Publikation dieser Arbeit offiziell gefördert hat.

Toshihiko und Toyo Izutsu

Teil I
Einführende Essays

von Toyo Izutsu

Die ästhetische Struktur des *waka*

In der traditionellen japanischen Gedichtkunst entwickelten sich mehrere Stile, deren repräsentativste *waka* (oder *tanka*) und *haiku* sind, wobei letzterer aus ersterem hervorgegangen ist.

Sowohl *waka* als auch *haiku*, deren formale Struktur und innerer Geist intakt und unverändert blieben, sind im heutigen Japan noch immer sehr lebendig und üben nicht nur einen starken Einfluß auf die Literatur aus, sondern dienen auch als strukturelle Grundlage für die gesamte intellektuelle und ästhetische Kultur.

1. Die formale Struktur des *waka*

Die formale Struktur des *waka* ist in ihrer Kürze sehr speziell.

Ein *waka* ist ein reimloses, aus 31 Silben bestehendes Gedicht, bei dem fünf- und siebensilbige Zeilen abwechseln. Eine formal unabhängige Sentenz (oder in seltenen Fällen zwei Sentenzen), die aus 31 Silben-Einheiten besteht (5/7/5, 7/7), bildet somit ein vollständiges *waka*-Gedicht.

Das einzige, was die poetische Sentenz des *waka* von einer Prosa-Sentenz mit derselben Silbenzahl unterscheidet, ist demnach ihre innere Gliederung in dieser speziellen Anordnung der Silben-Einheiten.[1]

Natürlich könnte man sich nun vorstellen, daß der Inhalt einer so verkleinerten sprachlichen Form kaum über den eines Sprichwortes oder Epigramms hinausginge. Wären die 31 Silben bloß als syntaktische Einheit aufzufassen, müßte man daraus schließen, daß die formale Struktur des *waka* natürlicherweise dem Inhalt eine Beschränkung auferlegen würde, sei dieser nun deskriptiv, evokativ oder expressiv. Man kann sich dem *waka* als einer linguistischen Einheit von 31 Silben jedoch unter einem völlig anderen Aspekt nähern, nämlich dem der semantischen Artikulierung, die aus einer nicht-zeitlichen Ausdehnung der assoziativen Verkettung von Worten oder einem Netzwerk von Bildern und Ideen besteht.

Tatsächlich kann man das *waka* als eine Gedicht-Kunst bezeichnen, die verhältnismäßig stark den semantischen und nicht so sehr den syntaktischen Aspekt der Sprache betont, in hohem Maße durch diesen bedingt ist und ihn bis zur äußersten Grenze des Möglichen erschließt.

Im Zusammenhang damit können wir als hervorragendstes Merkmal des *waka* die Tendenz anführen, von bestimmten Techniken uneingeschränkt Gebrauch zu machen: *joshi* (Einleitungsworte), *makura-kotoba* (Kissenworte oder konventionelle Epitheta), *kake-kotoba* (Türangelwörter), *engo* (assoziative Beziehungswörter) – alle vier auf dem Prinzip der Wort-Assoziation basierend –, *mitate* (A mit B verbindend), einer Art Bild-Assoziation, und *honkadori* (Entlehnung von Teilen aus einem anderen berühmten *waka*), welches ein direktes Mittel darstellt, eine vielstimmige Fülle von Bedeutungen, Bildern und Ideen zu erreichen. Dazu kommen natürlich noch verschiedene Arten von Metaphern, Gleichnissen und Allegorien.

Vom *waka*-Dichter wird erwartet, daß er in jedem Fall zu mindestens einer, meistens zu mehreren dieser Techniken greift, um eine poetische Sentenz aus 31 Silben zu komponieren. Darüber hinaus muß hier angemerkt werden, daß alle diese Techniken der Wort-Assoziation (ob phonetisch oder semantisch) sowie der Bild-Assoziation unbedingt so angewendet werden sollten, daß sie keinerlei mittelbare kontextuelle Bedeutung für die syntaktische Struktur der Sentenz selbst besitzen.

Daher scheinen diese verflochtenen Modifizierungen, die in die Sentenz aus 31 Silben aufgenommen werden, deren syntaktische Formung fast unmöglich zu machen, oder – angenommen es ist möglich – die Sentenz ziemlich durcheinanderzubringen und zu verhindern, daß eine vollständige linguistische Einheit aus 31 Silben gebildet wird, die sowohl syntaktisch sinnvoll als auch grammatikalisch richtig ist.

Neben der ungewöhnlichen Kürze der Form scheinen in diesem Sinne die – wie man sagen könnte – rhetorischen Techniken, die beim *waka* bekanntermaßen in großer Zahl verwendet werden, dem Informations-Umfang des *waka* in seinem syntaktischen Aspekt eine weitere Beschränkung aufzuerlegen.

2. Waka als ein poetisch-linguistisches ›Feld‹

Diese beiden negativen Bedingungen, die für die formale Struktur des *waka* von essentieller Bedeutung sind, könnten den Anschein erwecken, ein kolossales Hindernis für eine spontane syntaktische Entfaltung der poetischen Sentenz darzustellen. Werden sie jedoch in richtiger Weise in den Kontext der besonders sensiblen Beschaffenheit der poetischen Sentenz integriert, nämlich der ›semantischen‹ Gestaltung seiner Bestandteile, verwandeln sie sich sofort in etwas Positives.

Dies hat zur Folge, daß die gesamte linguistische Struktur des *waka* von Anfang an darauf angelegt ist, den Aspekt der Artikulierung stark zu betonen und ihn fast ausschließlich zur Entfaltung zu bringen, sehr zum Nachteil seines anderen, syntaktischen Aspektes.

In der Tat stellt sich das, was ein enormes Hindernis im Hinblick auf die syntaktische Aufmachung des *waka* zu sein scheint, als etwas heraus, das vom Gesichtspunkt der semantischen Artikulierung her in Wirklichkeit ein entschieden positiver Faktor ist.

Das *waka* versucht, mit anderen Worten, ein linguistisches ›Feld‹ zu schaffen; ein assoziatives Netzwerk von semantischen Artikulierungen, d. h. einen nicht-zeitlichen ›Raum‹ semantischer Fülle anstelle einer linearen, zeitlichen Abfolge von Wörtern; einen syntaktischen Fluß, wobei letzterer nur als geronnene Basis der poetischen Sentenz benutzt wird.

Der *waka*-Dichter »scheint gegen die innere Natur der Sprache anzugehen, denn mit Hilfe von Wörtern versucht er, ein synchrones ›Feld‹, eine räumliche Ausdehnung zu schaffen. Anstelle einer zeitlichen Abfolge von Wörtern, in der jedes folgende Wort fortfährt, gleichsam das vorangehende auszulöschen, zielt das *waka* dahin, einen globalen Überblick des Ganzen zu schaffen, bei dem die benutzten Wörter alle gleichzeitig zu beachten sind – was nur innerhalb des Rahmens eines extrem kurzen Gedichts wie dem *waka* (31 Silben) und dem *haiku* (17 Silben) möglich ist. Eine derart umfassende Überschau des Ganzen bildet das, was wir unter einem ›Feld‹ verstehen. Man kann sagen, daß in einem solchermaßen konstituierten ›Feld‹ die Zeit stillsteht oder sogar aufgehoben ist in dem Sinne, daß die Bedeutungen aller Wörter gleichzeitig in einer einzigen Sphäre gegenwärtig sind.«[2]

In Verbindung mit diesem poetisch-linguistischen ›Feld‹ tragen die vorher genannten verschiedenen rhetorischen Mittel, die für das *waka* spezifisch sind, natürlich dazu bei, daß der höchste Sättigungsgrad semantischer Artikulierung erreicht wird, wodurch eine ›nicht-zeitliche‹ ästhetische Balance oder Vollkommenheit im ›Feld‹ erzeugt wird.

Das ›Feld‹-bildende Bewußtsein in der Kunst des *waka* nimmt in den späteren Perioden der *waka*-Entwicklung plötzlich zu, besonders in der Shinkokin-Zeit[3], für die der Adlige Teika Fujiwara (1162–1241), der Autor des in diesem Buch übersetzten Textes, ein repräsentativer Dichter und Poetologe ist.[4]

In dem ›Feld‹-bildenden Bewußtsein, um das es sich hier handelt, erkennen wir eine starke und beharrliche Neigung zur Transzendierung des sprachlichen Rahmens, d. h. der syntaktischen Beschränkungen, die dem poetischen Ausdruck des Geistes und sogar der inneren sprachlichen Tätigkeit des Dichters auferlegt sind.

3. Kokoro, der schöpferische Grund des waka

Die Struktur des ›Feld‹-bildenden Bewußtseins, die im wesentlichen nicht-zeitlicher Natur ist, scheint übereinzustimmen mit dem Erkennen und klaren Gewahrwerden des GEISTES noch vor allen Phänomenen als dem schöpferischen Grund *(kokoro)*, was vor allem durch rigorose, kritische Beobachtung des schöpferischen Prozesses, der sowohl die innere als auch die äußere sprachliche Tätigkeit umfaßt, von seiten der *waka*-Dichter über Generationen hin verfeinert wurde.

In der klassischen Theorie des *waka* gibt es technische Schlüsselbegriffe wie *kokoro* (Gesinnung, Geist), *kotoba* (Wort), *sugata* (Gestalt) und *shirabe* (Melodie).[5]
  Von den beiden Letztgenannten kann man sagen, daß sie sich in erster Linie auf den bereits veräußerlichten Zustand des poetischen Ausdrucks des *waka* beziehen. *Sugata* (Gestalt), ein Wort, das mit seinem visuellen Begriffsinhalt ein eher ungewöhnlicher Terminus technicus in einer Theorie der Dichtkunst zu sein scheint, bezeichnet dennoch in diesem speziellen Kontext höchst treffend den besonderen Aspekt der nicht-zeitlichen Harmonie, d. h. die gleichzeitige Vereinigung der semantischen Assoziationen – was ganz genau dem oben erwähnten sprachlichen ›Feld‹ entspricht, sowie dem ›Feld‹ der Bild-Fülle, das auf semantischen Assoziationen beruht –, wohingegen *shirabe* (Melodie) sich selbstverständlich auf den zeitlichen Aspekt

bezieht, d.h. die sukzessive, lineare Entwicklung der poetischen Sentenz als einer syntaktischen und lautlichen Einheit.

Während sich so *sugata* und *shirabe* auf den äußerlich in Erscheinung tretenden Zustand des *waka* beziehen, sind *kokoro* (Gesinnung/Geist) und *kotoba* (Wort) funktional eingebunden in das organische Ganze des schöpferischen Bewußtseins des *waka* selbst; besonders die Feinheit der Beziehungen zwischen *kokoro* und *kotoba* ist von fundamentaler Bedeutung hinsichtlich der inneren Struktur des schöpferischen Bewußtseins des *waka*.

Wir werden unsere Untersuchung dieses Punktes damit beginnen, die Struktur von *kokoro* (Gesinnung/Geist) als dem inneren schöpferischen GRUND des *waka*-Poeten zu analysieren.

Tsurayuki Ki (gest. 946) legt in seinem vielgerühmten Vorwort *(kanajo)* zum ›Kokinshû‹[6] seine Auffassung des *waka* dar. Er sagt, daß *kokoro* (Gesinnung), angeregt durch äußere Dinge und Ereignisse, verschiedene Gedanken *(omoi)* hervorbringe, die der Dichter dadurch ausdrücke, daß er mit Worten die wahrnehmbaren Dinge und Ereignisse so beschreibe, wie sie gesehen und gehört wurden.

Dieser scheinbar unbedeutende Punkt hat seitdem viele Debatten und Diskussionen unter japanischen Poeten und Wissenschaftlern hervorgerufen und scheint potentiell einen Ausblick auf eine theoretische und – in ihrer besonderen Art – systematische Entwicklung des strukturellen Gewahrwerdens des inneren schöpferischen Phänomens in der *waka*-Dichtkunst eröffnet zu haben.

Die Art, in der Tsurayuki hier *kokoro* (Gesinnung/Geist) anführt, legt nahe, daß es nicht als ein besonderer Zustand der Subjektivität oder des Bewußtseins, das bereits zum künstlerischen Schaffen aktiviert wurde, zu verstehen ist. Es wird von Tsurayuki vielmehr strukturell als der Grund nicht nur des poetischen Schaffens, sondern aller psychologischen und geistigen Aktivitäten oder Erfahrungen des Subjekts postuliert. Die Folge daraus ist, daß *kokoro* als eine Art psychischer Kraft oder Dynamik des Subjekts hingestellt wird, die es zu aktivieren gilt – aufgerüttelt und angespornt durch externe Dinge und Ereignisse –, wobei sie sich als *omoi* (Gedanken, Denken, einschließlich Vorstellungen und Ideen) und *jô* (Gefühle, Gemütsbewegungen) manifestiert.

Technisch kann man *kokoro* in diesem engeren Sinn als einen speziellen Bereich der inneren Subjektivität bezeichnen, nämlich den des ›noch-nicht-Aktivierten‹, der allen funktionellen Manifestationen vorangeht. Im weiteren Sinne bedeutet *kokoro* jedoch den gesamten Bereich innerer Subjektivität, der sowohl das ›Noch-nicht-Aktivierte‹ als auch das ›Bereits-Aktivierte‹, d. h. die Basis und ihre Manifestationen, inklusive Vorstellungen, Ideen, Gedanken, Gefühle und Gemütsbewegungen umfaßt.

Kokoro im engeren Sinne offenbarte auf einer früheren Stufe noch nicht seine ganze Bedeutung für die schöpferische Wirklichkeit des *waka*, obwohl es als strukturelle Basis der Gedanken und Gefühle vorausgesetzt und anerkannt wurde. Erst auf einer späteren Stufe der geschichtlichen Entwicklung der *waka*-Dichtkunst, speziell in der Shinkokin-Periode, sollte die Stellung, die *kokoro* in diesem Sinne einnahm, ihren Höhepunkt erreichen; es erlangte eine solche Vorherrschaft, daß man ohne Übertreibung sagen kann, es habe fast die gesamte Vorstellung über das *waka*, seine innere Disposition und sein Schema revolutioniert.

Für Teika ist *kokoro* in seiner engeren Bedeutung nicht länger nur eine strukturelle Voraussetzung, wie es das im Denken Tsurayukis war; es ist nun lebendige und unverfälschte Subjektivität, ein Zustand subjektiven Gleichgewichts, der die Vergänglichkeit des psychologischen Bereichs wahrnehmbarer Erschütterung transzendiert – weder ein Objekt irgendwelcher Erkenntnis-Aktivitäten noch irgendwelcher Aktivitäten, die auf linguistisch-psychologischer Artikulierung basieren.

Es ist die subjektive Fülle des sich selbst erleuchtenden GEWAHRWERDENS, in deren Idee wir wohl mit Recht die Spur jener besonderen spirituellen Erfahrung der Kontemplations-Schulung erkennen können, die als *jishô taiken* (Erfahrung der Selbst-Erleuchtung) bekannt ist und die zentrale Idee im ›*Maha shikan*‹ des Tendai-Buddhismus darstellt.[7]

Kokoro, auf diese Weise durch die Erfahrung des sich selbst erleuchtenden GEWAHRWERDENS belebt und bereichert, wird nun anerkannt und gleichgesetzt mit dem höchsten Punkt der ›hinaufführenden‹ (oder hierarchischen) Struktur des Geistes, der schöpferischen Subjektivität des *waka*-Poeten.[8]

So können wir sagen, daß sich in der poetischen Theorie des *waka* zur Zeit von Teika Fujiwara der Brennpunkt des poetischen Bewußtseins von der Stufe des tatsächlichen poetisch-sprachlichen Ausdrucks auf die vorhergehende Stufe verlagert, d.h. zu *kokoro* in seiner engeren Bedeutung (worauf wir uns ab jetzt als ›Geistesverfassung‹ beziehen werden). Die ›Geistesverfassung‹ ist eigentlich nur in dem Sinne mit dem Prozeß des Ausdrückens verbunden, als der Akt, der das Ausdrücken herbeiführt, hier stattfindet und potentiell die Art der Verbalisierung bestimmt.

4. Kokoro, omoi und kotoba

In diesem Zusammenhang müssen wir uns daran erinnern, daß *kokoro* in seinem engeren Sinne – was wir als ›Geistesverfassung‹ bezeichneten – primär ein besonderer geistiger Bereich ist, der alle Phänomene, die sich auf die innere Sprache bezie hen, transzendiert. Sobald es sich sinnlich-wahrnehmbar oder sprachlich ausgedrückt findet, kann *kokoro* (in seinem engeren Sinne als ›Geistesverfassung‹) nicht länger *kokoro* bleiben. Wenn es sein innerstes Wesen verliert, verwandelt es sich notwendigerweise in *omoi* (Gedanken, Denken oder Vorstellen) oder *jô* (Gefühl, Gemütsbewegung).

Die Hauptfrage, die sich im Hinblick auf die Struktur der *kokoro-kotoba* (Gesinnung-Wort)-Beziehung erhebt, betrifft daher den speziellen Umfang des sprachlichen Bereichs selbst: Wie weit erstreckt sich letzterer in Wirklichkeit?

Es ist ein strukturelles Merkmal der Dichtkunst im allgemeinen und der *waka*-Dichtung im besonderen, daß ein vom schöpferischen Bewußtsein intendierter Ausdruck ohne irgendeine drastische Umformung äußerlich dargestellt werden kann, da sich sowohl die intendierte innere Form der Sprache als auch das Ausgedrückte (d. h. deren veräußerlichte und dargestellte Form des Ausdrucks) in demselben Bereich der semantisch-syntaktischen Verknüpfung befinden.

Dieser Tatbestand spielt besonders beim *waka* eine entscheidende Rolle, dessen Schlußphase des Prozesses der schöpferischen Veräußerlichung, in der die innere Sprache in eine Folge von phonetischen Lauten, die 31 Silben oder geschriebene Zeichen bilden, umgesetzt wird, extrem kurz ist, fast nur ein Augenblick.

So ist im schöpferischen Bewußtsein des Dichters eine Art organische Kontinuität zwischen der äußeren und der inneren Sprache erkennbar. Diese Tatsache scheint die Grundkonstitution der Theorie der *waka*-Poesie, die die *waka*-Dichter entwarfen, entscheidend beeinflußt zu haben, waren diese doch von Natur aus bemerkenswert sprachbewußt.

Ist erst einmal diese organische Kontinuität zwischen dem Äußeren und dem Inneren erkannt, kann sich der Bereich der inneren sprachlichen Artikulierung nur bis zu der Grenze erstrecken, die das Gebiet aller sprachlichen Artikulierungen von dem der übersprachlichen bzw. dem *kokoro* in seinem engeren Sinne trennt; bei einer solchen Darstellung wird man gewahr, daß der Bereich der inneren sprachlichen Artikulierung in Wirklichkeit das gesamte Gebiet der wahrnehmbaren Tätigkeit von *kokoro* abdeckt – oder anders ausgedrückt, daß das ›bereits-aktivierte‹ *kokoro* sich von seiner Quelle, dem ›noch-nicht-aktivierten‹ Zustand von *kokoro,* unterscheidet. Folglich deckt sich der Bereich der inneren Sprache mit dem des ›Bewußtseins‹ in seiner Ganzheit – Vorstellungen, Ideen, Gedanken und sogar schöpferische Intentionen usw. eingeschlossen.

Es mag an dieser Stelle angebracht sein anzumerken, daß man sich das Hervortreten von *omoi* (Gedanken, d. h. syntaktische Einheiten innerer semantischer Artikulierung, sowie Vorstellungen und Ideen) aus *kokoro* absolut spontan vorstellt und in unkontrollierbarer Weise abhängig von der ›Geistesverfassung‹ bzw. nicht-korrigierbar mit ihr verbunden. Denn wir haben schon früher festgestellt, daß die Beziehung zwischen dem *kokoro,* das ›noch-nicht-aktiviert‹ ist, und dem *kokoro,* das ›bereits-aktiviert‹ ist, von Natur aus eine Beziehung zwischen dem Hervorbringenden und dem Hervorgebrachten darstellt. Und dieser Tatsache mißt Teika in seiner Theorie der Dichtkunst zentrale Bedeutung bei.

Nach Teika sollte *omoi* (Gedanken, Vorstellungen, Ideen) in seiner schöpferischen Unverfälschtheit, welche direkt, unkontrollierbar und spontan durch die ›Geistesverfassung‹ (das ›Noch-nicht-Aktivierte‹) hervorgerufen wird, den potentiellen Inhalt konstituieren, der ästhetisch und poetisch in Worte gekleidet werden soll.

Wir sollten hier nicht die Folgerung übersehen, daß *omoi* (Denken, Gedanken, Vorstellungen, Ideen) in seiner schöpferischen Unverfälschtheit – die wahrnehmbare Tätigkeit, die direkt und spontan aus dem *kokoro* (›Geistesverfassung‹) entspringt – strukturell in seinem eigentlichen Bereich in keinster Weise manipulierbar ist. Infolgedessen kann und sollte *omoi* als potentieller Gehalt der poetisch-ästhetischen Verbalisierung nicht durch irgendwelche bewußten Bemühungen oder Bestrebungen in der Dimension von *omoi* selbst kontrolliert werden, sondern die Kontrolle muß notwendigerweise durch die Läuterung von *kokoro* ausgeübt werden, das selbst jenseits aller bewußten Tätigkeit – d.h. innerer semantisch-syntaktischer Artikulierung – liegt. Sollte dennoch jemand versuchen, *omoi* in der Dimension von *omoi* selbst zu dirigieren und zu kontrollieren, würden die inneren sprachlichen Artikulierungen schlicht darin enden, miteinander zu kämpfen oder wirr durcheinander gemischt zu werden, was nichts anderes darstellt als das, was Teika in seiner Abhandlung als eine Art von Pseudo-Kreativität streng zurückweist: ›leere Gedanken ohne *kokoro*‹.

5. Das ideale *waka*, das ›herausragende Gedicht‹

Das Wichtigste, was der *waka*-Dichter während seiner schöpferischen Tätigkeit zu beachten hat, ist daher in erster Linie, stets einen direkten Kanal zwischen *kokoro* (in seinem engeren Sinne) und *omoi* offenzuhalten. Er muß mit scharfem Einblick in seine eigene innere Tätigkeit versuchen, das spontane Hervortreten von *omoi* aus seiner Quelle, dem *kokoro,* zu erleben, so daß er es sofort und unfehlbar in seiner organischen Unmittelbarkeit erfassen kann und es ihm hilft, seinen Weg fast spontan in seine äußere Entlassung, nämlich den verbalen Ausdruck, zu finden.

Wenn dieser ganze schöpferische Prozeß spontan und ungehindert abläuft, und wenn sich dabei weiterhin – was allerdings nur selten vorkommt – *omoi* fast ohne irgendwelche sprachlichen Manipulationen von seiten des kreativen Subjekts in die vollkommene Form der organischen Ganzheit eines *waka*-Gedichts kristallisiert, dann kann von dem Dichter behauptet werden, daß er ein ideales *waka*, ein *shûitsu* oder ›herausragendes Gedicht‹ geschaffen habe, welches Teika von seinem eigenen einzigartigen Standpunkt her in seiner Theorie der Dichtkunst so hoch schätzte.

Der Beschreibung Teikas zufolge besitzt dieser Typus des idealen *waka* einen besonderen Zauber von unbeschreiblicher Schönheit, eine undefinierbare ästhetische Harmonie; denn sein verbaler Ausdruck – ganz zu schweigen von seinem Inhalt, *omoi* – ist ein direkter Ausfluß aus *kokoro* und unmittelbare Manifestation desselben, des ›Noch-nicht-Aktivierten‹, der ursprünglichen, transzendentalen Tiefe der Subjektivität in ihrer ursprünglichen Reinheit.

In den meisten Fällen jedoch muß *omoi*, die innere semantisch-syntaktische Artikulierung, innerhalb des allgemeinen ästhetischen Rahmens des *waka* sorgfältigst bearbeitet und verfeinert werden, bevor es in die äußere Ausdrucksform im Bereich der äußeren Sprache entlassen wird.

Der Prozeß der Ausarbeitung in dieser Schlußphase des Formulierens kann fast unendlich weitergeführt werden. Das wird nicht nur als völlig gerechtfertigt angesehen, sondern sogar ausdrücklich als strikte Notwendigkeit empfohlen, allerdings unter der Bedingung, daß die sprachliche Ausarbeitung mit Hilfe von *omoi* – unmittelbar durch *kokoro* (›Geistesverfassung‹) aktiviert – als unentbehrlicher Grundlage durchgeführt wird.

Diese strukturelle besondere Verbindung von *kokoro, omoi* (innerer Sprache) und *kotoba* (äußerer Sprache) wird als die Matrix betrachtet, die den ›*ushin*‹ (wörtlich ›mit Gesinnung‹ oder ›mit *kokoro*‹) genannten ästhetischen Wert hervorbringt. Nach Teika ist der ästhetische Wert *ushin*[9] die unverzichtbare

Basis, die allen ästhetischen Stilen und Werten, die er in seiner Abhandlung aufstellt, gemeinsam ist.

6. *Die Läuterung von kokoro*

Wie wir bereits festgestellt haben, steht die Läuterung von *kokoro* ganz am Anfang des schöpferischen Prozesses im Kontext dieses theoretischen Systems, in dem *ushin* den ästhetischen Schlüsselwert darstellt. Sie wird als unumgängliche Forderung an den *waka*-Dichter betrachtet; denn sie ist das einzig authentische Mittel, durch das Autonomie in dem Akt der Kontrolle und Steuerung des gesamten schöpferischen Prozesses erreicht werden kann, so daß das poetisch-sprachliche Ergebnis den ästhetischen Wert *ushin* besitzt.

Die Läuterung von *kokoro* scheint man nur dann in idealer Weise verwirklichen zu können, wenn man den gesamten Umfang des Bereichs der sprachlichen Phänomene sowohl innerlich als auch äußerlich transzendiert. In diesem besonderen Fall besteht daher das Transzendieren der sprachlichen Dimension hauptsächlich darin, daß man über die Tätigkeit der semantischen Artikulierung noch hinausgeht und so zu dem ›noch-nicht-aktivierten‹ *kokoro* gelangt.

Die wahre schöpferische, semantische Artikulierung sollte dann und von dorther neu begonnen werden. Geschieht es, daß eine perfekte Identifikation des schöpferischen Subjekts mit dem ›noch-nicht-aktivierten‹ *kokoro* stattfindet, wird man Zeuge der Verwirklichung der unverfälscht schöpferischen Subjektivität, welche nichts anderes ist als das reine GEWAHR-WERDEN, wie es bereits im früher erwähnten ›*Maka shikan*‹ beschrieben wurde.

Hinsichtlich der sinnlich-wahrnehmbaren Manifestation von *kokoro* haben wir im Vorangegangenen bereits einige Untersuchungen zu *omoi* als der inneren Tätigkeit der semantischen Artikulierung durchgeführt.

Kokoro besitzt jedoch im Hinblick auf seine sinnlich-wahrnehmbare Manifestation noch einen weiteren wichtigen Aspekt. Dieser gilt zwar auch als wesentlicher Bestandteil des ›bereits-aktivierten‹ *kokoro,* Seite an Seite mit *omoi,* dennoch ist dieses Gegenstück zu *omoi* in der wahrnehmbaren Manifestation von *kokoro* dadurch charakterisiert, daß es keine semantische Artikulierung besitzt.

Man nennt diesen Aspekt des ›bereits-aktivierten‹ *kokoro* ohne semantische Artikulierung *jô* (oder *nasake* oder oft *kokoro* – ein Wort, das genau dieselbe Aussprache wie *kokoro,* der Geist, besitzt, aber mit einem anderen chinesischen Schriftzeichen geschrieben wird).

Jô kann mit ›Gefühl‹ oder ›Gemütsbewegung‹ übersetzt werden. Man muß sich dabei vor Augen halten, daß es – obwohl traditionellerweise vage mit Freude, Ärger, Kummer und Vergnügen gleichgesetzt – in sich ein vollständiges, nicht deutlich abgegrenztes Ganzes ist.

Da es keine innere semantische Artikulierung aufweist, läuft *jô* im schöpferischen Bewußtsein des *waka*-Dichters Gefahr, mit *kokoro* im engeren Sinne, der ›noch-nicht-aktivierten‹ Geistesverfassung, verwechselt zu werden. Und genau aufgrund dieses charakteristischen Merkmals kommt es auch vor, daß *jô* im Kontext der poetischen Ästhetik des *waka* den Vorrang vor allem anderen zu haben scheint, sogar vor *omoi* selbst, das als sinnlich-wahrnehmbare Manifestation von *kokoro* das semantisch artikulierte Gegenstück zu *jô* bildet.

Jô ist im schöpferischen Bewußtsein des *waka*-Poeten nichts anderes als das ›wahrnehmbar gefärbte‹ *kokoro* selbst. Da es nicht durch den Prozeß der semantischen Artikulierung gegangen ist, hat *jô* eine direktere und intimere Verbindung mit *kokoro,* seiner Quelle.

Die strukturellen Besonderheiten des *waka,* nämlich seine ungewöhnliche Kürze und sein stark assoziierender Wort-Gebrauch, scheinen die Entwicklung zu einem extrem wachen und sensiblen Gewahrwerden des Phänomens der sprachlichen Artikulierung im Bewußtsein des *waka*-Poeten zu beschleunigen. Seine sprachliche Sensibilität kann in zwei entgegengesetzte Richtungen wirksam werden: positiv und negativ. Auf der einen Seite kann er seine innere Tätigkeit der sprachlichen Artikulierung auf der Suche nach assoziierenden semantischen Verbindungen und deren ästhetischer Verfeinerung fast endlos bis ins Extrem weiterbetreiben; andererseits kann er sich immer deutlicher der strukturellen Beschränkungen bewußt werden, die der Tätigkeit der semantischen Artikulierung einverwoben sind, was die vollständige Repräsentation der ›Geistesverfassung‹ als eines organischen Ganzen unmöglich zu machen scheint. Es ist paradox, aber je mehr er sich um genaue und verfeinerte Artikulierungen bemüht, um so mehr entfernt er sich von *kokoro,* dem ›Noch-nicht-Aktivierten‹. Und das führt notwendigerweise im poetischen Bewußtsein zu dem Wunsch, die Tätigkeit der semantischen Artikulierung selbst zu transzendieren, was ganz natürlich auf eine Suche nach der nicht-zeitlichen, nicht-artikulierten Fülle von *kokoro* jenseits des Bereichs von *kotoba* hinausläuft.

Die innere Tätigkeit der semantischen Artikulierung wird vom Dichter als eine unangenehme Beschränkung, ja als tyrannisches Joch für den Spielraum seines schöpferischen Bewußtseins empfunden, als etwas ihm feindlich Gesonnenes, das hartnäckig hinter ihm her ist, gleichgültig, wie weit sein Bewußtsein reichen oder worauf seine gespannte Aufmerksamkeit gerichtet sein mag.

Daher betritt *jô* – als *kokoro* sinnlich-wahrnehmbar gefärbt, aber dennoch keine innere semantische Artikulierung erlaubend – die schöpferische Arena des *waka* mit seinem eigenen, hohen ästhetischen Wert und seiner Bedeutung, die beide gleichermaßen anerkannt werden.

8. Der ästhetische Wert von yojô

Zusammen mit seinem semantisch artikulierten Gegenstück *omoi* bildet *jô* als direkte Manifestation von *kokoro* nicht nur das wichtigste Element des schöpferischen Gewahrwerdens selbst, sondern auch das ästhetische Ziel, das in das poetisch-sprachliche ›Feld‹ des *waka* umgesetzt und äußerlich zur Erscheinung gebracht werden soll.

Wie wir bereits festgestellt haben, kann der Übergang von *omoi* in die Phase der ästhetisch-sprachlichen Formulierung des *waka* ganz natürlich erfolgen, ohne daß irgendeine drastische strukturelle Veränderung stattfindet, wohingegen das im Falle von *jô,* wie man sich leicht vorstellen kann, anders ist, da *jô,* obwohl es nicht weniger eine sinnlich-wahrnehmbare Manifestation von *kokoro* darstellt, über keine inneren semantischen Artikulierungen verfügt.

In der Tat ist es für *jô* unmöglich, mit seiner inhärenten, intakt gebliebenen inneren Gestalt im Bereich der sprachlichen Artikulierung direkt äußerlich in Erscheinung zu treten. Denn würde *jô* überhaupt semantisch artikuliert, würde es notwendigerweise sein Wesensmerkmal als organisches, nicht-artikuliertes Ganzes verlieren und sich selbst in einen bloßen Grad von *omoi* verwandeln.

Der *waka*-Poet jedoch, der die Tatsache erkennt, daß *omoi* und *jô* sich *kokoro* als letzte gemeinsame Quelle teilen und daß sie daher strukturell in einer untrennbaren und organischen Weise miteinander verbunden sind, führt an diesem Punkt sein schöpferisches Bewußtsein zur Entwicklung eines besonderen Stils des poetischen Ausdrucks, in dem die gerade angeführte innere Beziehung zwischen *omoi* und *jô* so, wie sie ist, ganz in die äußere Dimension der Sprache überführt wird, ohne daß die gegenseitige organische Verbindung verlorengeht. Das wird nur dann der Fall sein, wenn die sprachliche Formulierung in der Weise vorgenommen wird, daß sie direkt mit *omoi* als dem unmittelbaren Erscheinungsbild von *kokoro* selbst verbunden ist. Denn dann kann man erwarten, daß *jô* zwangsläufig die sprachliche Formulierung von *omoi* durchdringt und darin nachklingt.

Jô, das auf diese Weise in die sprachliche Dimension des *waka* überführt und veräußerlicht wurde, erzeugt eine Art ästhetischer Fülle, die dem poetisch-sprachlichen Ausdruck eine zarte Tönung verleiht. Das als ästhetische Fülle in Erscheinung getretene *jô,* das in dieser besonderen Form in der Dimension des sprachlichen Ausdrucks verwirklicht wurde, wird mit dem Terminus *yojô* (auch *yosei,* ›äußerlicher Überfluß‹ an *jô*) oder *amari no kokoro* (›Gesinnungs-Überschuß‹) bezeichnet.

9. Der Vorrang von yojô

Die Anerkennung von *kokoro* als höchste SUBJEKTIVITÄT und die Steigerung des ästhetischen Wertes von *yojô,* das als unmittelbar und wesentlich mit *kokoro* verbunden gilt, revolutionierten geradezu den Stil des poetischen Ausdrucks in der geschichtlichen Entwicklung der *waka*-Kunst. Das hatte auch großen Einfluß auf dessen innere Gestaltung, die Kriterien ästhetischer Wertschätzung und das schöpferische Bewußtsein des Dichters.

So wurde in Übereinstimmung mit der Entwicklung des Gewahrwerdens von *yojô* im schöpferischen Bewußtsein des

Dichters das *waka* als ein Gebilde mit zweifach geschichteter Struktur aufgefaßt und dargestellt. Eine zweifache Schicht deshalb, weil man sich ein und demselben sprachlichen Ausdruck von zwei völlig verschiedenen Aspekten her nähern kann: nämlich dem Aspekt von *kotoba* als direkter Verbalisierung von *omoi* in der Form sprachlicher Artikulierung auf der einen Seite und dem Aspekt des Übersprachlichen *yojô* auf der anderen.

Trotz der Tatsache, daß *yojô* – obwohl es im wesentlichen übersprachlich ist – nur als eine mit einem sprachlichen Ausdruck übereinstimmende Erscheinung hervorgerufen und verwirklicht werden kann, und zwar in der Dimension des sprachlichen Ausdrucks durch den sprachlichen Ausdruck selbst, wird der Aspekt von *yojô* im poetischen Feld des *waka* immer mehr als ausgesprochen unabhängig von *kotoba,* der Dimension dieses sprachlichen Ausdrucks, aufgefaßt.

Dementsprechend wird *yojô* als ästhetischem Wert, dem man sich ursprünglich vom stilistischen Gesichtspunkt her näherte und der mit der rein ästhetischen Suggestivität des poetischen Ausdrucks identifiziert wurde, nun eine strukturelle Rechtfertigung dafür zuteil – zumindest vom subjektiven Standpunkt des schöpferischen Bewußtseins her –, daß es sich aus seiner totalen Abhängigkeit von *kotoba* befreite.

Es sollte beiläufig erwähnt werden, daß *aware* und *yûgen*[10], die einmütig als die wichtigsten ästhetischen Grundkonzepte des Literatur- und Kunstbereichs von der Klassik bis zum frühen Mittelalter angesehen werden, in Wirklichkeit nichts anderes als zwei spezielle Ableitungen des ästhetischen Wertes *yojô* sind, wobei sich beide dieselbe innere Figuration des Übersprachlichen teilen.

In einem derartigen Kontext wird *yojô* nicht länger als mit dem sprachlichen Ausdruck übereinstimmend betrachtet. Es stellt vielmehr das höchste ästhetische Ideal dar, das unmittelbar im schöpferischen Bewußtsein des *waka*-Dichters den Wunsch hervorruft, es in seinem Werk zu verwirklichen.

So hat *yojô* am Ende den Vorrang sogar vor dem sprachlichen Ausdruck gewonnen. In diesem besonderen poetischen System, in dem das übersprachliche *yojô* das zentrale und primäre Anliegen des Dichters darstellt, hat die semantische Artikulierung vor allem als der herbeiführende oder hervorrufende Grund für *yojô* zu dienen. Es ist eher sekundär, daß hier die semantische Artikulierung selbst in eine syntaktische Struktur gerinnt, durch die *omoi* in geeigneter Weise seinen Ausdruck findet.

10. Der ushin-Stil

Wird daher der ästhetische Wert von *yojô* in seiner vitalen Befähigung zu einer unmittelbaren, nicht-artikulierten Veräußerlichung von *kokoro* als der höchsten schöpferischen SUBJEKTIVITÄT sowohl in die Struktur des schöpferischen Bewußtseins als auch in das Ausdrucks-System hineingenommen und wird er darüber hinaus subjektiv vertieft, dann haben wir das, was als *ushin*-Stil bekannt ist, der auf einem festen theoretischen Fundament steht.[11]

Die oben erwähnte Charakteristik der ästhetischen Idee von *ushin* (mit Geist) als Grundbedingung dichterischer Kreativität überhaupt, die nach Teika für alle verschiedenen Stile gleichermaßen gilt, wird nun dahingehend verstanden, daß *ushin* selbst einen speziellen Stil bildet, der seinen eigenen Rang in dem von Teika persönlich aufgestellten System der ›Zehn Stile des *waka*‹ einnimmt.

Was den *ushin*-Stil von allen anderen Stilen unterscheidet und ihn tatsächlich seinen Namen verdienen läßt, ist nicht so sehr eine Frage der äußeren, sprachlichen Ausdrucksform als vielmehr der inneren Konfiguration des poetischen Ausdrucks, d. h. der besonderen Art, wie das Ausgedrückte (das *waka*-Gedicht) mit der schöpferischen SUBJEKTIVITÄT, dem *kokoro*, verbunden ist.

Es scheint daher nur natürlich, daß der *ushin*-Stil gerade von Teika eingeführt und kultiviert werden sollte, dessen vorrangiges Anliegen die inneren Phänomene des schöpferischen Bewußtseins waren, besonders die organische und dynamische Beziehung zwischen *kokoro* (als der schöpferischen SUBJEKTIVITÄT), *kotoba* (als der inneren und äußeren sprachlichen Artikulierung) und *yojô* (als der übersprachlichen Fülle des Ausdrucks).

Es muß auch erwähnt werden, daß durch Teikas Bemühungen die dem *waka* eigene Besonderheit, nämlich seine ›Feld‹ bildende Natur, ganz bewußt bis zu ihrer strukturellen Vollendung weitergeführt wurde, so daß sie ihren Höhepunkt genau in diesem besonderen System des poetischen Ausdrucks, dem *ushin*-Stil, fand.

11. Die Rolle der Naturbeschreibung im waka

Es wird oft darüber diskutiert, ob das *waka* im wesentlichen lyrisch oder beschreibend sei. Das *waka* zeigt selbst in der frühesten Phase seiner geschichtlichen Entwicklung eine starke Tendenz, der Naturbeschreibung verhaftet zu bleiben.

Gewöhnlich ist es so, daß im *waka* Selbst-Ausdruck und Naturbeschreibung fast zwangsläufig in einer einzigen sprachlichen Einheit von 31 Silben ineinander verwoben sind, so daß es von seiner äußeren Form her gesehen oft unmöglich ist zu entscheiden, ob ein *waka*-Gedicht in erster Linie eine Naturbeschreibung oder ein lyrischer Selbst-Ausdruck des Dichters sein will. Tatsächlich jedoch ist das *waka* hinsichtlich seines ästhetischen Gehalts nach allgemeiner Übereinstimmung essentiell und ausschließlich lyrisch.

In der Tat könnte man das *waka*, allgemein gesprochen, als einen Selbst-Ausdruck durch Naturbeschreibung definieren. Die Gegenstände und Ereignisse der NATUR dienen hier, zusammen mit verschiedenen Mitteln und Techniken der semantischen Assoziation, als ein mächtiges Instrumentarium der Evokation; sie bereichern ästhetisch das poetische ›Feld‹ des *waka*, erweitern seine konnotativen Möglichkeiten und stellen die empirische Basis für die mehrdimensionalen Verzweigungen der semantischen Assoziationen.

»Mond zum Beispiel beschwört sofort den Herbst und durch letzteren das ganze Ausmaß eines semantischen Feldes, NATUR und menschliche Angelegenheiten eingeschlossen, so weit sie mit dem Herbst in Beziehung stehen.« So eine Ganzheit von Assoziationen bezeichnet Y. Onishi[12] als einen »unsichtbaren ästhetischen ›Resonator‹, der, versteckt unter einem noch so kleinen Stückchen NATUR, durch eine Jahrhunderte währende Akkumulation kultureller Erfahrungen des Volkes Gestalt annahm. So sehen wir den Mond vermöge seiner evokativen Kraft erweitert zu einem organischen Ganzen von Assoziationen.«[13]

Dem inneren Bereich der semantischen Assoziationen, der mit den Assoziationen der empirisch artikulierten Dinge in der äußeren NATUR in ihrem Bezug zu den menschlichen Existenz-Erfahrungen verbunden ist und durch sie gestärkt wird, wird damit ein ›Potential‹ gegeben, sich fast unbegrenzt in die universale Ganzheit der sprachlich-empirischen Artikulierungen auszudehnen, die in sich die Welt des *waka* bilden. Folglich nehmen die Einheiten der semantischen Assoziation, die im *waka* vergegenwärtigt werden, vor dem Hintergrund dieser weiten, universalen Ganzheit des assoziativen, mit den menschlichen Angelegenheiten verknüpften Netzwerks der NATUR eine evokative Bedeutung an.

Wir können weiterhin das spezielle Faktum feststellen, daß das assoziative Netzwerk aus natürlichen Dingen und Ereignissen die bemerkenswerte Tendenz aufweist, sich mit nachhaltiger Wirkung immer weiter auszudehnen und das gesamte semantische ›Feld‹ des *waka* so weit wie irgend möglich, ja sogar bis zur Unermeßlichkeit der Unendlichkeit jenseits des ›Felds‹ zu durchdringen.

Infolgedessen finden wir kaum ein *waka*-Gedicht, dieses winzige sprachliche ›Feld‹ aus 31 Silben, das ohne Gefühl für die kosmische Weite der NATUR wäre, gleich, ob sein zentrales Thema nun Liebe oder Leid darstellt.

Wir sehen daher, daß Naturbeschreibung hier als machtvolles Mittel fungiert, eher den nicht-zeitlichen Aspekt der semantischen Assoziation im Satz als dessen zeitlich-syntaktische Entwicklung zu unterstützen. Auf eben diese Weise trägt die Naturbeschreibung ihrerseits zur Verwirklichung des vorher genannten ›Feld‹-bildenden Potentials des *waka* bei.

12. *Naturbeschreibung und yojô*

Wenn wir jedoch von dem Ausdruck ›Naturbeschreibung‹ eine lebendige und realistische Darstellung einiger Aspekte subjektiv erlebter Natur erwarten, sind wir völlig auf dem Holzweg, wie es deutlich in dem folgenden Abschnitt aus dem berühmten Essay ›*Mumyôshô*‹ von Chômei Kamo[14] dargelegt wird:

»Zur Veranschaulichung: Den Schrei des Kuckucks sollte der Dichter zu besingen suchen, indem er Berg und Flur nach ihm durchstreift, während er den Gesang der Grasmücke sehnsüchtig erwartend besinge, aber sich nicht extra aufmache, ihn andernorts aufzuspüren.

Über den Ruf des Hirsches wiederum sollte er dichten, wie ihm beklommen und wehmütig ums Herz wird, aber nicht, daß er sehnsüchtig darauf warte.

Auch nach den Kirschblüten sollte sich der Dichter auf die Suche begeben, aber die Weiden suche er nicht auf.

Seine gespannte Erwartung des ersten Schneefalls möge er in einem *waka* ausdrücken, aber nicht, daß er den feinen Regen des Spätherbstes oder Hagel erwarte.

Er möge ausdrücken, daß er die Kirschblüten mehr schätzt als sein Leben, aber an der roten Herbstfärbung des Ahorns sollte er nicht in gleicher Weise hängen.«[15]

In so einem Kontext mag man mit Recht behaupten, daß die NATUR – die natürlichen Gegenstände und Ereignisse – vom stilistischen Gesichtspunkt her stereotypisiert dargestellt wird, da sie von ihrer faktischen, empirischen Existenz völlig losgelöst wurde. Vielleicht sollten wir besser sagen, daß die Naturgegenstände in konventioneller Weise idealisiert sind, so daß ihre Funktion im sprachlichen ›Feld‹ des *waka* nun in erster Linie darin besteht, eine spezifische Art ästhetischer Fülle zu erbringen, nämlich *yojô*, gestützt durch ein in konventioneller Weise errichtetes assoziatives Netzwerk von speziellen Vorstellungen und Ideen, die durch sie hervorgerufen werden. Anders ausgedrückt: Sie funktionieren nicht länger als Träger von beschreibenden, objektiven Bedeutungen.

Weiterhin wird verständlich, daß die Naturbeschreibung sogar vom syntaktischen Standpunkt her gesehen das Hervorrufen von *yojô* innerhalb der Grenzen der poetischen Sentenz erleichtern soll. Denn *yojô*, die ästhetische Fülle, wird am effektivsten in der nicht-zeitlichen Dimension der Wortassoziationen verwirklicht, wenn der Inhalt des syntaktischen Aspekts einer poetischen Sentenz zu diesem Zweck sorgfältig ausgewählt wurde – besonders wenn Naturbeschreibung ausgewählt wurde –, so daß sich die syntaktische Struktur der Sentenz selbst nicht auffallend gegenüber dem Aspekt der assoziativen Verkettung von Wörtern abheben sollte. Es ist in der Tat ein Hauptmerkmal der Naturbeschreibung, daß ihre syntaktische Struktur, obwohl sie grammatikalisch den zentralen Faktor der Sentenz darstellt, eine besondere Tendenz dazu aufweist, in die Position des ›Hintergrundes‹ gedrängt zu werden, nämlich einer Art von Inszenierung für das gesamte poetische ›Feld‹ eines *waka*.

Daher tendiert der syntaktische Faktor, solange er an der Bildung des *waka* in seiner Eigenschaft als Naturbeschreibung Anteil hat, durch seinen inhärenten Charakter ganz natürlich dazu, in die Zeitlosigkeit der semantischen Assoziationen aufgesogen zu werden. Mit anderen Worten: Wenn es sich bei der syntaktischen Einheit der Sentenz inhaltlich um eine Naturbeschreibung handelt, fördert dies – und hindert nicht – die Bildung einer nicht-zeitlichen Einheit semantischer Assoziationen, die exakt den richtigen Ort für das Hervorrufen von *yojô* darstellt.

Diese Struktur, in der die syntaktische Einheit als Naturbeschreibung der nicht-zeitlichen, assoziativen Einheit untergeordnet wird, fungiert nur als Angelpunkt der Gerinnung des sprachlichen Ausdrucks des *waka* und weist das gesamte poetische ›Feld‹ dem Bereich des *yojô* zu, der ästhetischen, über-syntaktischen Fülle. Diese Struktur war eines der dominierenden und wesentlichen Merkmale des *waka* in der spätklassischen und frühmittelalterlichen Periode seiner historischen Entwicklung.

13. Natur als ein Erkenntnis-›Feld‹

Es blieb jedoch innerhalb dieser extrem speziellen poetischen Struktur Raum für den Dichter, noch einen anderen Schritt zu weiterer Vervollkommnung zu tun.

Auf der vorhergehenden Stufe erwartete man, daß der hauptsächlich aus Naturbeschreibung bestehende syntaktische Aspekt des *waka* mit dem syntaktischen Ausdruck von *omoi,* welches die semantisch artikulierte Selbst-Manifestation von *kokoro* ist, zusammenfließt, sich verknüpft oder verbindet oder zumindest darauf basiert.

Die Frage ist nun: Was wird geschehen, wenn wir ganz einfach *omoi,* diese vermittelnde Phase von *kokoro,* aus dem ganzen schöpferischen Vorgang dieses speziellen Typus *waka* eliminieren? Könnte reine Naturbeschreibung ohne die Dimension von *omoi* noch ein Selbst-Ausdruck des Dichters bleiben? Die Antwort fällt positiv aus.

Denn wenn es stimmt, daß die nicht-artikulierte SUBJEKTIVITÄT *kokoro* (in der engeren Bedeutung) die absolute Quelle der gesamten sinnlich-wahrnehmbaren Tätigkeit des empirischen Selbst des Dichters ist, dann kann die Naturbeschreibung strukturell sehr wohl eine Form seines unmittelbaren Selbst-Ausdrucks sein.

Um diesen Punkt richtig zu verstehen, müssen wir berücksichtigen, daß die Naturbeschreibung in diesem Stadium nicht länger auf der Stufe von *omoi* im Schmelzofen seiner innerlich artikulierenden Tätigkeit herausgearbeitet und gehärtet werden sollte. Vielmehr sollte es eine reine Naturbeschreibung in dem Sinne sein, daß sie direkt mit der äußeren Naturwelt, also natürlichen Dingen und Ereignissen, als ihren Objekten verbunden ist, die vom Dichter in seiner ganzen Subjektivität erkannt, wahrgenommen und gefühlt werden.

Auf diese Weise wird jetzt der Erkenntnis-Bereich von Gefühl und Wahrnehmung in die Struktur der schöpferischen

Tätigkeit des *waka* integriert, die bisher auf die Bereiche von *kokoro* (in seinem weiteren Sinne einschließlich *jô* und *omoi*) und *kotoba* (Wort) beschränkt gewesen war. Durch diese Ausweitung des Bereichs wird es für die Naturbeschreibung strukturell möglich, zu einem Selbst-Ausdruck des Dichters zu werden.

Damit wird die innerlich verknüpfende Tätigkeit, von der man naturgemäß vor allem annimmt, daß sie sich im Bereich von *omoi* abspielt, in den Erkenntnis-Bereich der äußeren Welt überführt, so daß das ganze System der inneren sprachlichen Artikulierung – welches eine direkte Manifestation von *kokoro* (im engeren Sinne) ist – nun unmittelbar in der Dimension der Natur-Erkenntnis wirksam wird, und zwar als ein System von ›Erkenntnis-Mustern‹ oder einer Matrix von Erkenntnis-Artikulierungen, die auf eine besondere Weise die ursprüngliche Nicht-Geformtheit der existentiellen Natur-Erfahrung bestimmen und gliedern.

Daher bildet die tatsächlich vom Dichter betrachtete NATUR in sich selbst eine Art von Natur-›Feld‹, in dem die innerlich wahrnehmbare Tätigkeit seiner SUBJEKTIVITÄT ihren angemessenen Ort findet, äußerlich in Erscheinung zu treten. Das Natur-›Feld‹ erlangt die Bedeutung einer äußerlich in Erscheinung tretenden Form des inneren ›Feldes‹ seines kontemplativen GEWAHRWERDENS, in dem er seinem eigenen inneren SELBST begegnet.

Naturbeschreibung als Produkt einer derartigen existentiellen Erfahrung des Dichters, in der er die NATUR als den äußeren Ort erkennt, an dem er in den unmittelbarsten und innigsten Kontakt mit seinem eigenen inneren SELBST (dem nicht-artikulierten) treten kann, ist nichts anderes als eine Beschreibung der NATUR als seines kontemplativen ›Feldes‹, das seinerseits das poetisch-sprachliche ›Feld‹ des *waka* bildet. Diese spezielle Form der Naturbeschreibung wird auf diese Weise als dynamischer und unmittelbarer Ausdruck bzw. Manifestation der nicht-artikulierten SUBJEKTIVITÄT *kokoro,* der Geistesverfassung, strukturell sanktioniert.

Hier ein Beispiel dieser Art von *waka:*

> Wildgänse fliegen
> über hohe Gipfel
> ziehen Wolken
> während der Mond versinkt
> hinter Kiefern am Bergesrand[16]

Es ist bemerkenswert, daß dieses *waka* einen buddhistischen Ausspruch als Titel hat:
»Zu keiner Zeit sollen Illusionen aufkommen«

Die offensichtlich merkwürdige Tatsache, daß keinerlei logische Verbindung zwischen der syntaktischen Bedeutung des *waka* als Naturbeschreibung und seinem Titel-Spruch besteht, von dem man eine ergänzende Erklärung zum Inhalt des *waka* erwarten würde, offenbart höchst treffend die eigentümliche Struktur dieser Art von Naturbeschreibung.

Wenn auch der syntaktische Inhalt des Titels und der der Naturbeschreibung gegenseitig von keiner Relevanz zu sein scheinen, können wir doch angesichts der vorangegangenen Analyse zum mindesten sicher sein, daß sie, jeder auf seine Weise, auf etwas hindeuten, das letzten Endes mit dem Selbst-Ausdruck von *kokoro* in Beziehung steht, was genau die essentielle Bedeutung des poetischen Akts des *waka* ausmacht.

In dem poetischen Akt dieser Art von Naturbeschreibung sieht man die Gesamtheit des Systems der semantischen Artikulierungen, welche der innere Ort der wahrnehmbaren Manifestation von *kokoro* ist, in erster Linie als ein System von Erkenntnis-Mustern oder einer Matrix von Wahrnehmungs-Erkenntnis-Artikulierungen fungieren; erst in zweiter Linie betrifft es den äußeren sprachlichen Ausdruck. In dieser eigentümlichen Situation wirkt *kokoro* daher direkt auf die noch-nicht-artikulierte Ungeformtheit der Wirklichkeit, artikuliert dort bestimmte Erkenntnis-Formen heraus, und verleiht dem, was es artikuliert hat, Ausdruck im Bereich der äußeren Sprache, woraus die Art von Naturbeschreibung resultiert, um die es sich hier handelt.

Es ist wichtig zu beachten, daß in diese Wahrnehmungs-Erkenntnis-Artikulierung eine spontane, jedoch unkorrigierbare Wahl integriert ist, die ihren Ursprung in der Geistesverfassung hat und eine bestimmte Konfiguration der wahrnehmbaren Welt aus den ursprünglichen Daten des Unbestimmten artikuliert. Die spezifische Konfiguration der auf diese Weise erkenntnismäßig artikulierten Welt bestimmt unmittelbar deren sprachlichen Ausdruck. Das Ergebnis ist die Art von Naturbeschreibung, mit der wir es in diesem Abschnitt zu tun haben.

Daß es von der Bedeutung her, ob nun denotativ oder konnotativ, keine feststellbare Beziehung zwischen dem oben angeführten, die Natur beschreibenden *waka* und dessen Überschrift gibt, bestätigt die Tatsache, daß dasselbe System semantischer Artikulierungen in diesem speziellen Kontext in zwei völlig verschiedenen Dimensionen auf zwei völlig verschiedene Weisen zur Wirklichkeit kommt und daß die Naturbeschreibung mittels der sprachlichen Artikulierung hier tatsächlich eine direkte Wahrnehmungs-Erkenntnis-Artikulierung als spontane, aber unkorrigierbare Manifestation von *kokoro*, der Geistesverfassung, darstellt, während die dazugehörige Überschrift einen analytischen Hinweis auf die besondere Geistesverfas-

sung selbst mittels der begrifflich-beschreibenden Sprache darstellen soll.

Das Natur-›Feld‹, das auf diese Art erkenntnismäßig als eine
unmittelbare Manifestation des inneren Selbst artikuliert wird,
konstituiert in sich selbst ein reines und echtes kontemplatives
›Feld‹, dessen gesamter formbildender Prozeß mit dem Fachausdruck *shizen kanshô* bezeichnet wird, was ›Kontemplation
der Natur‹ bedeutet.

Wir müssen uns jedoch vor Augen halten, daß die spezielle Art
von Naturbeschreibung, mit der wir es hier zu tun haben, in
der Kunst des *waka* nicht als typisch anzusehen ist. Dennoch
hat diese besondere, späte Form der Naturbeschreibung ihre
eigene, bemerkenswerte Bedeutung insofern, als sie einen Schritt
aus dem eigentlichen Bereich des *waka* heraus tut, d. h. heraus
aus der Beschränkung von *kokoro* und *kotoba,* und ihren Bereich bis in das Erkenntnis-›Feld‹ hinein ausdehnt.

Das Auftreten dieser besonderen Art von Naturbeschreibung,
in welcher das semantische ›Feld‹ des *waka* gleichzeitig das Wahr-
nehmungs-Erkenntnis-›Feld‹ in seiner Eigenschaft als kontemplatives ›Feld‹ ist, bezeichnete historisch den Wendepunkt zu
einer strukturellen Neugestaltung des gesamten Systems des
schöpferischen Denkens.

Dieses dreifache ›Feld‹ (semantisch-erkenntnismäßig-kontem-
plativ) als spontane, wahrnehmbare Manifestation von *kokoro*
eröffnete einen weiten neuen Ausblick nicht nur innerhalb der
Grenzen der Dichtkunst, sondern auch in den traditionellen
Kunstgattungen ganz allgemein sowie in der Kunstphilosophie.

1   Zu japanischer Dichtkunst im allgemeinen, einschließlich *waka* und *haiku*, vgl. Donald Keene: ›Japanese literature‹, New York 1955, S. 22–46; G. S. Dombrady: ›Formen der japanischen Lyrik‹, in: Ostasiatische Literaturen, Neues Handbuch der Literaturwissenschaft Bd. 23, Wiesbaden 1984, S. 307–336

2   Vgl. Toshihiko und Toyo Izutsu: ›Poetry and philosophy in Japan‹, in: R. Klibansky (Hsg.): Contemporary philosophy, Florenz 1971, S. 531

3   Die Zeit, in der die berühmte *waka*-Anthologie ›*Shinkokinshû*‹ kompiliert wurde; frühes 13. Jahrhundert.

4   Zu Teika und seiner Bedeutung in der Geschichte der japanischen Gedichtkunst siehe Robert Brower/Earl Minor: ›Fujiwara Teika's superior poems of our time‹, Tokyo 1967, Einleitung

5   Näheres zu diesen Begriffen siehe Kiyoshi Sanekata: ›*Nihon bungei riron*‹ (Japanische Literatur-Theorien), Tokyo 1956

6   Tsurayuki Ki ist einer der Herausgeber des ›*Kokinshû*‹, der ersten Anthologie der *waka*-Dichtung, die 905 auf kaiserliche Anordnung zusammengestellt wurde. Sein gefeiertes Vorwort zu dieser Anthologie gilt als eine der frühesten und wichtigsten theoretischen Abhandlungen zum *waka*.

7   Das ›*Maka shikan*‹ (chines. *Mo-ho-chih-kuan*), ein 10bändiges Werk von Meister Chigi (chines. Chih I, 538–597), ist eine systematische Darlegung des Schulungsweges der Kontemplation, wie er im Tendai-Buddhismus (chines. T'ien T'ai) praktiziert wird.

8   Über die mögliche Verwandtschaft zwischen *kokoro*, wie es im ›*Maka shikan*‹ verstanden wird, und dem Verständnis von *kokoro* bei Teika siehe Taeko Maeda: ›*Waka juttairon no kenkyû*‹ (Studie zur Theorie der 10 Stile des *waka*), Tokyo 1968, S. 250–255

9   Zu *ushin* siehe den Aufsatz von Riichi Kuriyama: ›*Ushin*‹, in: R. Kuriyama (Hsg.): *Nihon bungaku ni okeru bi no kôzô* (Die Struktur des Schönen in der japanischen Literatur), Tokyo 1976, S. 91–104; auch Hisaharu Kugimoto: ›*Chûsei karon no seikaku*‹ (Der Charakter der Poetik im Mittelalter), Tokyo 1969, S. 104–127, und Oscar Benl: ›Die Entwicklung der japanischen Poetik bis zum 16. Jahrhundert‹, Hamburg 1951, S. 70–84

10 Vgl. Yoshinori Onishi: ›*Yûgen to aware*‹ (Yûgen und aware), Tokyo 1943

11 Vgl. Y. Onishi: ›*Bigaku*‹ (Ästhetik), Bd. 2, Tokyo 1969, S. 212–213

12 Y. Onishi: ›*Manyôshû no shizen kanjô*‹ (Natur-Empfindung im Manyôshû), Tokyo 1943, S. 226

13 Toshihiko und Toyo Izutsu, op. cit., S. 533–534

14 Chômei Kamo (1155–1216), hervorragender Dichter und Essayist der Frühen Kamakura-Zeit. Das ›*Mumyôshô*‹ ist seine wichtigste Poetik-Schrift.

15 ›*Mumyôshô*‹, hsg. von Senichi Hisamatsu/Minoru Nishio, in: *Nihon koten bungaku taikei*, Iwanami shoten (Iwanami-Serie der Klassischen Japanischen Literatur), Bd. 65, Tokyo 1958, S. 37–38

16 Auf dieses Gedicht weist Jinichi Konishi in seinem Buch ›*Dô. Chûsei no rinen*‹ (Der Weg – Eine mittelalterliche Idee), Tokyo 1975, S. 171, hin.

Der metaphysische Hintergrund der Theorie des Nô

Eine Analyse der ›Neun Stufen‹ von Motokiyo Zeami[1]

1. Das Konzept von yûgen

Zu den wichtigsten Begriffen im Bereich der japanischen Ästhetik gehört *yûgen*.[2] *Yûgen* wurde als ästhetischer Wert zuerst in die Poetologie eingeführt und blühte plötzlich im 12./13. Jahrhundert auf; den Höhepunkt seiner Popularität erreichte er im Kreise der Dichter am Kaiserhof.

Zeami (1363–1443), selbst Nô-Spieler, Bühnenschriftsteller und vor allem Begründer der Theorie des Nô – wobei er sich als exzellenter Theoretiker erwies, der nicht nur zu seiner Zeit, sondern auch während der ganzen Geschichte der Entwicklung dieser Kunst unerreicht blieb –, erkannte in dem Begriff *yûgen*, der in großem Maße für die poetische Atmosphäre verantwortlich war, das höchste ästhetische Ideal, das durch die Kunst des Nô zu erreichen ist.

Indem er den Begriff *yûgen* übernahm und ihn in sein eigenes, in besonderer Weise ›hinaufführendes‹ ästhetisches System integrierte, entwarf er eine einzigartige und in gewisser Weise die tiefgründigste Theorie der Theaterkunst.

Um die innere Konfiguration der ästhetischen Theorie, wie sie von Zeami entwickelt wurde, analytisch zu erklären, lohnt es die Mühe, zunächst einmal die grundlegende, umfassende Struktur des Begriffs *yûgen* sowohl innerhalb der Poetik-Theorien als auch im Nô zu untersuchen. Darüber hinaus kann uns die Besonderheit der umfassenden Konfiguration von *yûgen*, wie wir gleich sehen werden, auch sehr gute Hinweise auf die typische innere Konfiguration der japanischen Ästhetik im allgemeinen geben.

Yû, der erste Bestandteil des Wortes *yûgen,* bezeichnet normalerweise Schwachheit oder Schattenhaftigkeit in dem Sinne, daß es die durch-sich-selbst-existierende Solidität der Existenz eigentlich negiert oder Nicht-Stofflichkeit andeutet bzw., etwas genauer, die verfeinerte Qualität physischer Körperlichkeit in der Dimension der empirischen Wirklichkeit. *Gen,* der zweite Bestandteil des Wortes, bedeutet Trübheit, Dunkelheit oder Schwärze. Es ist eine durch unergründliche Tiefe verursachte Dunkelheit, so tief, daß unser physisches Augenlicht unmöglich bis auf den Grund gelangen kann, d.h., es ist die Dunkelheit in der Region der unbekannten Tiefe.

Manchmal machen wir die Erfahrung, daß selbst die empirische Welt, in der wir leben und beobachten, wie Dinge und Ereignisse ins Dasein treten und wieder verschwinden, sich vor unseren Augen in einen unfaßbaren und mysteriösen Bereich verwandelt, in dem die Dinge und Ereignisse einen Hauch von *yûgen* annehmen, die empirische Solidität des Durch-sich-selbst-Existierens verlieren, gleichsam in der Luft schweben und somit auf die Anwesenheit der ihnen zugrundeliegenden ursprünglichen, nicht-artikulierten Wirklichkeit hinweisen.

Der ästhetische Wert von *yûgen* (falls er überhaupt als ein ästhetischer angesehen werden kann) schließt einen derartigen speziellen Blick des Menschen ein, der auf die wahrnehmbare Welt gerichtet ist. Die Schönheit von *yûgen,* die einigen Objekten oder Ereignissen zugesprochen wird, muß auf einer derartigen metaphysischen Grundlage in einem derartigen Brennpunkt geboren oder geschaffen werden. Der ästhetische Wert von *yûgen* bezeichnet durch seine umfassende Bedeutung in gewisser Weise sowohl den Seins-Modus als auch den Grund der erkenntnistheoretischen und metaphysischen Wirklichkeit, die von denjenigen Dichtern und Künstlern bestätigt und anerkannt wurde, die *yûgen* als einen der höchsten Werte im Bereich der japanischen Kunst und Poesie einführten und etablierten. Wir können zu recht geltend machen, daß *yûgen* nicht nur ein ästhetischer Begriff oder ein ästhetisches Ideal darstellt, sondern auch ein Kennzeichen für eine Wirklichkeit ist, die tatsächlich von den Dichtern und Künstlern erlebt wird, wenn sie ihr Bewußtsein auf diesen speziellen Aspekt der wahrnehmbaren Welt richten. Es ist wichtiger, diese Tatsache festzuhalten, als die Begriffs-Bedeutung der Sekundär-Ebene zu untersuchen, die von Fall zu Fall manchmal drastisch, manchmal sehr subtil variiert.

Indem sie den Standort des metaphysischen und erkenntnistheoretischen Gewahrwerdens einnehmen, daß alle möglichen Dinge und Ereignisse, die in dieser empirischen Wirklichkeit durch unsere fünf Sinne ins Dasein artikuliert werden, weder ihre einzige Seinsweise noch ihre einzige existentielle Bedeutung anzeigen, starren diese Dichter und Künstler absichtlich auf das Unsichtbare jenseits des Sichtbaren.[3] Sie bemühen sich, über ihre Sinnesgrenzen hinauszugehen. Was ihnen mit ihrer Aufstellung von *yûgen* als Wertbegriff recht zu geben scheint, ist vor allem ihr transzendentales Streben, das Unerreichbare zu erreichen, ihre Sinnes-Möglichkeiten zu erweitern und sogar den Bereich ihrer Erkenntnis auszudehnen.

Aus dem gerade Angeführten sollte genügend deutlich geworden sein, daß *yûgen* nicht nur ein rein ästhetischer, vielmehr ein sehr komplexer Begriff ist, der grundsätzlich und aufs engste mit dem Gewahrwerden des Seins zusammenhängt. Denn wir erkennen in ihm eine inhärente Tendenz, die, wenn sie ausgebaut wird, fast ausschließlich auf ein metaphysisches Gewahrwerden ausgerichtet ist. Dies fügt dem ästhetischen Kern des

Begriffs an sich einen bemerkenswerten Anstrich kontemplativer Nuancen hinzu.

Diesen Punkt betonend, möchten wir weiterhin argumentieren, daß im *yûgen*-Begriff der ästhetische Faktor eher eine sekundäre Entwicklung darstellt. Als ästhetischer Begriff ist *yûgen* ein Gefühl der ästhetischen Harmonie, herbeigeführt und hervorgerufen durch kontemplatives Gewahrwerden. Diese innere Harmonie, die zuerst auf die empirische Dimension der Dinge und Ereignisse projiziert wird, veräußerlicht sich selbst als Objekt von ästhetischem Wert, das durch das kontemplative Subjekt als solches wieder-erkannt wird. Dieser Prozeß kommt zur Vollendung, wenn sich die innere Harmonie durch das kontemplative Subjekt spontan ihren Weg in einen beschreibenden Ausdruck eines ästhetischen Objekts bahnt. Nur dann werden wir zu Zeugen der Geburt der Schönheit von *yûgen*.

Die Schönheit von *yûgen* ist leise, zart und nachklingend, weil sie auf dem Gewahrwerden der Nicht-Stofflichkeit und Begrenztheit des menschlichen Existenz-Bereichs beruht. Es ist eine Schönheit geistigen Strebens und Verlangens, hervorgerufen durch den Wunsch, sinnliche Bilder der nicht-artikulierten, nicht-sinnlichen Wirklichkeit des ewigen Schweigens und Rätselhaften inmitten der wahrnehmbaren Welt zu besitzen.

Wie bereits erwähnt, ist diese innere Charakterisierung von *yûgen* mehr oder weniger auf fast alle typisch japanischen ästhetischen Schlüsselbegriffe anwendbar, wie zum Beispiel *aware, wabi, sabi, shiori, hosomi* usw.[4] Und diese Besonderheit selbst ist auch tief und grundlegend den verschiedenen Aspekten jener japanischen Kunst-Theorie einverwoben, die *geidô*, der ästhetische WEG, genannt wird.

2. Die Subjekt-Objekt-Beziehung in der japanischen Denkweise

Die Grundstruktur des japanischen Denkens kann wohl am besten vom sprachlichen Gesichtspunkt her als eigentlich poetisch-ästhetisch und vom Gesichtspunkt der Natur des Denkens als im wesentlichen kontemplativ charakterisiert werden, wobei zwischen diesen beiden Charakteristika eine notwendige Beziehung besteht.

Eine kurze Betrachtung der rationalen Denkweise vom Gesichtspunkt der ästhetisch-kontemplativen Denkweise her, die wir gerade als das typische Muster des japanischen Denkens angeführt haben, wird zur weiteren Erhellung der Natur des letzteren beitragen.

Die Erkenntnis des Menschen über sein eigenes Selbst und die äußere Welt durch rationales Denken besteht im wesentlichen, so könnte man sagen, aus Vergegenständlichung. Es beginnt mit dem Akt der Setzung von Erkenntnis-Subjekt und -Objekt, wobei jedes als durch sich selbst existierend angesehen wird. In diesem Initial-Akt wird das Subjekt als eine von den erkennbaren Objekten unabhängig existierende und zu ihnen in Opposition stehende Einheit festgesetzt. Unter solchen Bedingungen wird die Gültigkeit von Wahrheit oder Falschheit der Erkenntnis objektiver Dinge und Ereignisse durch den Nachweis erbracht, ob der Inhalt der subjektiven Erkenntnis mit der nichtsubjektiven, d.h. objektiven Seinsweise dieser Dinge und Ereignisse in der äußeren Realität übereinstimmt.

In Wahrheit jedoch können alle diese Dinge und Ereignisse, die in den Bereich der subjektiven Erkenntnis geholt werden – seien sie aus der rein äußerlichen Welt wie zum Beispiel Objekte von Sinneswahrnehmungen, als da sind Berührung, Geschmack, Sehen und Hören, oder seien sie aus der sogenannten inneren Welt und direkt mit dem erkennenden Subjekt selbst verbunden –, unmöglich als solche dargestellt werden, es sei denn primär durch einen Artikulierungs-Prozeß, der durch die biologische Struktur des Menschen bedingt ist, und sekundär durch einen Artikulierungs-Prozeß, der aus der Struktur des erkennenden Bewußtseins des Menschen selbst stammt. Auf diese Weise wird all diesen Dingen und Ereignissen durch das Wirksamwerden dessen, was wir ›ins Dasein bringende‹ Artikulierung nennen könnten, Existenz verliehen. Sie sind in diesem Sinne alle subjektive Objekte, d. h. Objekte, die vorübergehend und zufällig durch den Akt der Artikulation von seiten des Subjekts ins Dasein treten und die daher nur für das menschliche Subjekt, das sie als Objekte einführt, existieren und Gültigkeit besitzen.

So verstanden können alle diese sogenannten ›Objekte‹ von der Natur der Sache her keine durch sich selbst existierenden Gegebenheiten sein, die unabhängig vom Subjekt vorhanden sind. Es muß festgehalten werden, daß das nicht nur für die Existenz einzelner Dinge und Ereignisse gilt, sondern auch für die äußere Anordnung der Dinge, d. h. für das Ganze der äußeren Welt, in der die Dinge und Ereignisse als ebenso viele Objekte aufgestellt werden. Das läßt sich weiterhin mit gleicher Berechtigung auf die innere Bewußtseinswelt als den Ort der Begriffe und Konzepte anwenden; ebenso auf den physisch-leiblichen Aspekt des erkennenden Subjekts als den Ort der Sinneseindrücke und Wahrnehmungen.

Es muß betont werden, daß das nicht bedeutet, einfach die Realität der äußeren Welt zu leugnen, wie es diejenigen tun, die den Standpunkt eines naiven Realismus vertreten. Hier soll nur festgestellt werden, daß, was auch immer durch das erkennende Subjekt artikuliert und als Objekt gesetzt wird, mit anderen Worten: was auch immer benannt wird oder benennbar ist, keine eigene Gültigkeit außer in seiner Eigenschaft als ›subjektives Objekt‹ besitzt.

Dieser Standpunkt ist in Gefahr, leicht als purer Subjektivismus oder Idealismus mißverstanden zu werden, was er nicht ist. Er ist weder Subjektivismus noch Idealismus, denn in seiner Struktur leugnet er nicht nur jegliches ›Objektive‹ als eine durch sich selbst existierende Gegebenheit, sondern gesteht darüber hinaus auch dem erkennenden Subjekt keinerlei Durch-sich-selbst-Existieren zu. Nach dieser Sicht ist das Subjekt dasjenige, was das Objekt artikuliert, aber dasselbe Subjekt artikuliert sich selbst als Subjekt durch seine eigene Bestätigung dessen, was wir oben die ›ins Dasein bringende Artikulierung‹ genannt haben, die darin besteht, ununterbrochen in jedem Moment ein Objekt nach dem anderen zu artikulieren.

Damit ist gemeint, daß das Subjekt, indem es sich vollständig mit seiner eigenen artikulierenden Betätigung identifiziert, sich selbst als das SUBJEKT begründet, d. h. das alles vereinende Bewußtsein, das beides, Subjekt und Objekt, in ihrem gewöhnlichen Verständnis, umfaßt.

3. Die Dimension des Seins und die Dimension des Nichts im japanischen Denken

Die gesamte menschliche Realität umfaßt innerhalb ihrer Grenzen alle Dinge, die durch das Subjekt und das Objekt in ihrer permanenten gegenseitig artikulierenden Wirkung aufeinander zu einem Netzwerk verwoben sind.

Die menschliche Realität in diesem Sinne kann strukturell als eine Art existentiellen ›Feldes‹[5] dargestellt werden, das zwischen dem Subjekt und dem Objekt als seinen zwei Polen vergegenwärtigt wird. Es wäre ganz natürlich, wenn das in dieser Weise konstituierte ›Feld‹ nur für die menschliche Existenz Gültigkeit besäße. Um dasselbe noch einmal von der entgegengesetzten Seite zu formulieren: Die menschliche Existenz taucht auf und verschwindet zusammen mit dem ›Feld‹, d. h., die menschliche Existenz kann sich nicht unabhängig vom ›Feld‹ aufrechterhalten. Wir müßten vielmehr sagen, daß die menschliche Existenz genau aus dem Akt des stetigen und unaufhörlichen Hervorbringens des ›Feldes‹ besteht. Folglich wäre es für den Menschen schier unmöglich, über die Grenzen dieses ›Feldes‹ hinauszugehen und aus ihm herauszutreten, während er gleichzeitig ein menschliches Wesen bleibt.

Auf der Grundlage dieser Erkenntnis der Wesensstruktur der menschlichen Existenz mag man dennoch die Absicht hegen, deren inhärente Beschränkungen zu transzendieren und über sie hinauszugehen. Derart sind Charakter und Motivation der japanischen Form der Kontemplation. Dieselbe Idee kann auch in anderer Weise ausgedrückt werden, indem man sagt, das höchste Ziel der Kontemplation bestehe darin, daß der Mensch unermüdliche Anstrengungen unternimmt, das nicht-determinierte Ganze, die nicht-artikulierte REALITÄT, die jenseits der menschlichen existentiellen Realität ist, immer vor Augen zu haben und sich ihr so weit wie möglich zu nähern. Auch wenn er durch diese Bemühungen nur einen kurzen und flüchtigen Blick auf einen eng begrenzten Aspekt des Nicht-Artikulierten werfen kann, wird dieser Versuch dennoch unternommen.

In der traditionellen Terminologie des japanischen Denkens wird das Nicht-Artikulierte, um das es sich hier handelt, ›NICHTS‹ *(mu)* genannt, während das Artikulierte als ›Sein‹ *(yû oder u)* bezeichnet wird. Das Artikulierte ist somit nichts anderes als die Dimension des Seins in seiner Eigenschaft als empirisches Lebensfeld, das durch die Tätigkeit der ›existentiellen‹ Artikulierung des menschlichen Bewußtseins hervorgebracht wird. Diese Dimension des Seins, die aus dem NICHTS als dessen Grund hervorging, wird zur Vision des ursprünglichen NICHTS durch kontemplative Erfahrung zurückgeführt, wobei seine eigenen Verfestigungen, die durch die Artikulierung erzeugt wurden, aufgelöst werden.

In der metaphysischen Sicht der Japaner ist es dieses NICHTS als das nicht-artikulierte Ganze, das als alleinige Realität betrachtet werden muß. Das Streben des Menschen nach dem NICHTS und die kontemplative Erfahrung als einziges Mittel zur Verwirklichung dieses Strebens erhalten hier ihre Rechtfertigung, ihren Sinn und ihre Bedeutung. Und unter diesem Gesichtspunkt wird dem NICHTS auch der höchste metaphysische Wert zugeschrieben. Erkennt man das NICHTS in dieser Weise als positiven Wert an, ist es nur natürlich, daß der artikulierten Dimension, d. h. der Dimension des Seins, innerhalb dieses speziellen metaphysischen Systems ein negativer Wert zugesprochen wird. Ästhetisch findet der höchste metaphysische Wert des NICHTS seine eigene Spiegelung als ästhetisches Bild in der Darstellung des NICHTS – d. h. des nicht-artikulierten Ganzen, das etwas Reines und Unbeflecktes ist – als höchste SCHÖNHEIT in einem Stadium »bevor sie mit Sein beschmiert und verunreinigt wurde«.[6] Was als der ästhetische Wert des japanischen ästhetischen WEGES *(geidô)* betrachtet wird, die Kunst des Nô als typische Kunstgattung inbegriffen, ist genau der metaphysisch-ästhetische Wert, der in dem hier dargestellten Sinn dem NICHTS zugeschrieben wird.

4. Das kontemplative ›Feld‹

Kontemplative Erfahrung impliziert zuallererst eine negative Haltung gegenüber dem Erkenntnis-Brennpunkt oder vielmehr dessen vollständige Negation, da er einseitig vom Subjekt auf das Objekt gerichtet ist, was weiterhin impliziert, daß das Subjekt auf das logisch-sprachliche Denken zu verzichten hat, dessen hervorragendes Merkmal darin besteht, kausal, sukzessiv und linear zu sein.

Man kann sagen, daß die Art des Denkens, die auf kontemplativer Erfahrung beruht, im wesentlichen durch ihre ›Feld‹-bildende Tätigkeit gekennzeichnet ist. Die Art seiner Entfaltung – wenn wir das Phänomen analytisch betrachten – kann eher assoziativ als logisch genannt werden, eher bildlich als sprachlich, eher dimensional als linear und eher nicht-zeitlich als sukzessiv.

Mit anderen Worten: Man kann sagen, daß das kontemplative Denken, um das es sich hier handelt, in erster Linie aus einer Art dimensionaler Entfaltung besteht, in der mehrere Ebenen des kontemplativen ›Feldes‹ enthalten sind; es ist weniger eine normale konzeptuelle Dialektik mit Begriffs-Einheiten. In seinem sprachlichen Ausdruck legt das kontemplative Denken eher den Akzent auf die assoziative Verknüpfung von Bildern und Begriffen, die von der semantischen Artikulierung herrühren, und weniger auf die syntaktische Beziehung der Begriffe untereinander.

Im folgenden werden wir ein Beispiel für das kontemplative Denken in der Nô-Theorie betrachten, die Zeami entworfen hat, speziell in seiner schmalen Abhandlung ›Die Neun Stufen‹ *Kyû-i* (vgl. S. 133 ff).

In dem gesamten Prozeß kann man vier Hauptstufen unterscheiden, durch die sich das ›Feld‹ der kontemplativen Erfahrung in einer ›hinaufführenden‹ Art auf das NICHTS zu entfaltet. Zur Einführung geben wir zuerst auf der Grundlage dessen, was Zeami selbst in seiner Abhandlung darstellt, eine kurze Erklärung dieser vier Ebenen der kontemplativen Erfahrung. Das wird in einem kurzen Abriß erfolgen, dem sich dann eine Untersuchung des Textes selbst anschließen wird, in dem Zeami seine Ansicht dazu darlegt.

(A) Die erste Stufe des kontemplativen ›Feldes‹ tritt ins Dasein, wenn der Erkenntnis-Brennpunkt des Subjekts – der gewöhnlich einseitig und eindeutig auf einen Punkt weisend auf die äußere Welt gerichtet ist – anfängt, sich allmählich wie zu erweitern und zu zerstreuen, bis er sich selbst in dem Sinne transzendiert, sich in ein gleichzeitig vielfältiges Gewahrwerden zu verwandeln, das sich auf das gesamte ›Feld‹ richtet, welches mit einer besonderen dynamischen Spannung gefüllt ist, die aus der Koexistenz aller Dinge im all-umfassenden Brennpunkt solch eines Gewahrwerdens in einer einzigen nicht-zeitlichen Dimension entsteht. Auf dieser Stufe wird eine unbegrenzte Anzahl von Objekten wahrgenommen, die untereinander mannigfaltige assoziative Verknüpfungen bilden und ein gewaltiges Assoziations-Netzwerk schaffen.

Während sich diese solchermaßen miteinander verbundenen Einheiten in dieser Weise entwickeln, fahren sie in jedem Moment der Entfaltung fort, eine besondere Dimension eines kontemplativen ›Feldes‹ zu bilden. Daher liegt das Charakteristische der ersten Stufe darin, daß der Erkenntnis-Brennpunkt aufhört, erkennend zu sein und sich dabei in ein Gewahrwerden eines ›Feldes‹ wandelt, oder daß wir hier anstelle des Erkenntnis-Subjekts und -Objekts erstens das ›Feld‹ und zweitens das Gewahrwerden des ›Feldes‹ haben, wobei beide noch ihre Unterscheidung voneinander aufrechterhalten, bevor sie sie im nächsten Stadium verlieren.

(B) Die zweite Stufe wird erreicht, wenn diese beiden Elemente, d. h. das gesamte ›Feld‹ und das Gewahrwerden des ›Feldes‹, beginnen, zwischen sich einen Zustand vollendeten Gleichgewichts zu schaffen, in dem das ›Feld‹ und das Gewahrwerden desselben fast nicht voneinander zu unterscheiden sind, obwohl eine schwache Spur ihres ursprünglichen Gegensatzes bestehen bleibt. Alle die Bilder und Formen mit ihrer entsprechenden lebendig frischen Färbung, die man auf der ersten Stufe der kontemplativen Erfahrung klar vor Augen hatte, werden in dem jetzigen Stadium vollständig getilgt. Was bleibt, ist erstens das reine kontemplative Gewahrwerden, das auf nichts gerichtet ist, und zweitens das völlig bildlose, leere ›Feld‹; diese beiden ruhen in der Stille einer vollendeten Harmonie.

(C) Der Übergang von der zweiten zur dritten Stufe des kontemplativen ›Feldes‹ kann im übertragenen Sinn als ein Prozeß dargestellt werden, bei dem sich ein Bild einer physisch sichtbaren Ausdehnung allmählich in ein Bild unergründlicher Tiefe wandelt. Wird diese dritte Stufe tatsächlich erreicht, verschwindet sogar das kontemplative Gewahrwerden. Nachdem alles, einschließlich des Gewahrwerdens selbst, aufgelöst und von dem ›Feld‹ aufgesogen wurde, bleibt nur noch das ›Feld‹, das sich selbst beleuchtet. Es ist jedoch seltsam, daß das Gewahrwerden, das mit den Worten der Grundstruktur dieser Stufe eigentlich an einen Nullpunkt gelangt sein müßte, dennoch beharrlich in einer negativen Form weiter existiert. Diese negative Existenz des Brennpunkts des Gewahrwerdens ist so, daß sie bildlich als der einzige dunkle Fleck dargestellt werden könnte, der das Reflektieren des normalen Lichts inmitten eines unbegrenzt ausgedehnten Beleuchtungs-›Feldes‹ verweigert. Indem es diesen letzten Widerstand bietet, deutet das verschwindende Gewahrwerden indirekt seine verborgene Anwesenheit an.

(D) Die vierte ist die höchste Stufe der kontemplativen Erfahrung. Auf dieser Stufe verschwinden sowohl das Gewahrwerden als auch das ›Feld‹. Alles, was in erkennbaren Formen artikuliert wurde, fällt in die Tiefen der Dunkelheit der Nacht. Jedoch auch hier werden wir zu Zeugen von etwas Unvorstellbarem. Paradoxerweise wird die unergründliche Tiefe selbst plötzlich in grenzenlos strahlendes Licht verwandelt.

Wie wir gesehen haben, basiert die innere Struktur der Ästhetik, die wir bislang analysierten, auf einer Metaphysik, deren höchstes erreichbares Ziel das NICHTS ist, und sie ist dadurch charakterisiert, daß sie die ›hinaufführenden‹ Stufen der kontemplativen Erfahrung direkt in ein ›hinaufführendes‹ System künstlerischer Werte umwandelt. Das ist das hervorstechendste strukturelle Merkmal, das allen traditionellen Formen japanischer Kunst gemeinsam ist, die unter dem Namen des ›ästhetischen WEGES‹ *(geidô)* zusammengefaßt werden.

Vom schöpferischen Akt, so wie er in den japanischen Künsten verstanden wird, könnte man in diesem Sinne sagen, daß er in der Dimension der inneren Erfahrung beginnt und bereits vollendet ist, noch bevor der äußere Akt des künstlerischen Schaffens überhaupt stattzufinden beginnt.

5. ›Die Neun Stufen‹

›Die Neun Stufen‹ ist eine sehr kurze, aber sehr bedeutende Schrift von Zeami[7], die sein voll ausgereiftes Denken repräsentiert und die er höchst wahrscheinlich vor 1427 vollendete.

Die ›neun Stufen‹ verweisen auf zwei verschiedene Dinge. Auf der einen Seite sind sie eine symbolische Darstellung der neun aufeinanderfolgenden Stile der Nô-Kunst, die auf neun einander folgenden Stufen im ›hinaufführenden‹ Prozeß der künstlerischen Schulung hervorgebracht werden. Auf der anderen Seite beschreiben sie in symbolischer Sprache die innere Struktur der Geistesverfassung oder ästhetischen Erfahrung, die im Nô-Spieler Realität geworden ist und die auf jeder Stufe den Grund bildet, von dem aus der Spieler einen speziellen Kunst-Stil entfaltet, entsprechend der jeweiligen Stufe seines Könnens, auf der er sich gerade befindet.

In diesen beiden Bedeutungen konstituieren die ›neun Stufen‹ auch eine hierarchische Anordnung von Werten. Sie bilden nicht nur ein System künstlerischer Stile, sondern auch ein ›hinaufführendes‹ System ästhetischer Werte, nicht nur ein System ästhetischer Erfahrungen, sondern auch ein System von Bewertungs-Maßstäben: durch die Feststellung, welche der

›neun Stufen‹ ein Spieler zu erreichen vermochte, werden die seiner Natur entsprechenden künstlerischen Fähigkeiten genau eingeschätzt.

Es muß auch festgehalten werden, daß jede der ›neun Stufen‹, ganz abgesehen davon, daß sie Teil eines Wert-Systems ist, einen Aspekt aufweist, unter dem sie als Darstellung eines bestimmten künstlerischen Stils betrachtet werden muß, der auf rein äußerlichen oder künstlerisch-technischen Überlegungen beruht. In diesem Sinne ist die Aussage gemeint, daß das höchste Ideal eines Nô-Spielers darin besteht, in der Lage zu sein, mit vollendeter Freiheit und Virtuosität in jedem der künstlerischen Stile zu spielen, die er sich auf seinem Weg zur höchsten Stufe zu eigen gemacht hat.

Die ›neun Stufen‹ sind in drei Hauptstufen unterteilt, nämlich die ›Oberen Drei Blüten‹, die ›Mittleren Drei Stufen‹ und die ›Unteren Drei Stufen‹, in dieser Reihenfolge von oben nach unten. Aber der Einfachheit halber werden wir zur Erhellung speziell des ›hinaufführenden‹ Aspekts ihrer inneren Struktur mit der neunten Stufe beginnen und Stufe für Stufe bis zur höchsten erklimmen.

Im Folgenden wird der gesamte Text der ›Neun Stufen‹[8] mit einem fortlaufenden Kommentar wiedergegeben.

Der grob-schwerfällige Stil
(die niedrigste der Unteren Drei Stufen)

»Ein Flughörnchen mit fünf Fähigkeiten«

Konfuzius sagte[9]: »Ein Flughörnchen hat fünf angeborene Fähigkeiten: das Erklettern von Bäumen, das Schwimmen im Wasser, das Graben von Löchern, das Fliegen und das Laufen. Alle diese Fertigkeiten sind aber nichts weiter als seinen natürlichen Verhältnissen entsprechend« und so weiter. Wo es der künstlerischen Darbietung an verfeinerter Bewegung mangelt, ist sie nur grob und schwerfällig.

Dies ist die Sphäre, in der keine Spur von sorgfältiger Ausarbeitung, ob äußerlich oder innerlich, zu finden ist. Sie ist der Sphäre vergleichbar, in der ein Tier seine wesensgemäßen Fähigkeiten entfaltet, ohne daß Techniken in irgendeiner Form notwendig sind und ohne jede Relevanz für irgendeine der elementarsten Formen von Sinngebung, abgesehen vielleicht von der inhärenten biologischen Bedeutung.

Der kraftvoll-grobe Stil
(die mittlere der Unteren Drei Stufen)

>»Drei Tage nach seiner Geburt steht dem Tiger schon der Sinn danach, einen Ochsen zu vertilgen.«[10]

>Daß der Tiger schon drei Tage nach seiner Geburt eben diese Energie besitzt, ist ein Symbol für eine kraftvolle Gesinnung. Das Vertilgen eines Ochsen (dagegen) kann man als grob bezeichnen.

Genau wie im Falle des ›grob-schwerfälligen Stils‹ wird auch hier auf die angeborenen Fähigkeiten des Tieres verwiesen. In dieser Sphäre gilt das Hauptinteresse jedoch *ki,* der kraftvollen Gesinnung, die in diesem Kontext als eine Art psychische Energie verstanden werden kann und weniger als physische Bewegungen in der empirischen Welt mit ausschließlich äußerlichen Handlungen, worauf im vorhergehenden Fall hingewiesen wurde.

Der kraftvoll-sorgfältige Stil
(die höchste der Unteren Drei Stufen)

>»Goldenen Hammers Form bewegt sich, edles Schwert zuckt kalten Blitz.«[11]

Die sich bewegende Form des Goldenen Hammers symbolisiert den Stil kraftvoller Bewegung. Das kalte Aufblitzen des Heiligen Schwertes deutet den Stil kühl-empfindungsloser Darstellung an und könnte auch entsprechend für die verfeinerten Effekte technischer Perfektion stehen.

Hier tut sich zum ersten Male die Sphäre der technisch sorgfältigen Ausarbeitung auf. Die betreffende Technik hier ist jedoch keine Technik, die eine flexible Entsprechung zu der inneren Geistesverfassung des Spielers – bzw. deren Folge – darstellt. Es handelt sich im Gegenteil um eine Technik, die ziemlich unabhängig oder vielmehr getrennt von der Entwicklung der inneren Aktivität des Spielers vorhanden ist. Daher repräsentiert sie die kühle, präzise und empfindungslose Schönheit einer hochentwickelten Technik, die dem metallischen Glanz eines durch die Luft sausenden Schwertes vergleichbar ist. Es ist eine Schönheit der Einsamkeit.

Der Stil der unbefangenen Schönheit
(die niedrigste der Mittleren Drei Stufen)

»Der Weg, der der wahre ›Weg‹ ist, ist nicht der gewöhnliche Weg.«[12]

Indem man den gewöhnlichen Weg (der technischen Praxis) beschreitet, wird man den wahren WEG kennenlernen. Das bedeutet, aus dem noch Unvollkommenen heraus die Schönheit in Erscheinung treten zu lassen. Daher betrachten wir den ›Stil der unbefangenen Schönheit‹ als das Eingangstor des Schulungsweges der Neun Stufen.

Es muß darauf aufmerksam gemacht werden, daß diese Stufe, die niedrigste der ›Mittleren Drei Stufen‹, und nicht, wie man hätte erwarten können, der ›grob-schwerfällige Stil‹ (die niedrigste der ›Unteren Drei Stufen‹), von Zeami selbst deutlich als die erste Stufe der Einweihung herausgestellt wird. Das weist darauf hin, daß Zeami, wie im obigen Text angedeutet, zwei Aspekte in der künstlerischen Ausführung und Ausbildung unterscheidet: der eine ist rein äußerlich und technischer Art, der andere ist innerlich, geistig oder vielmehr metaphysisch. Die technische Ausbildung, um die es sich hier handelt, wird jedoch nicht so gesehen, daß sie nur zur Erlangung besserer Möglichkeiten des künstlerischen Ausdrucks durchgeführt würde. Im *geidô*-System muß sie als das Mittel betrachtet werden, durch das der Spieler jene innere Geistesverfassung vervollkommnet und erhöht, die ihrerseits in der Dimension der Technik zum Ausdruck gebracht werden soll. Aufgrund seiner inneren Struktur einer ästhetisch-spirituellen Schulung erlaubt dieses *geidô*-System in diesem Sinne der rein technischen Versiertheit nicht, einen echten Stellenwert innerhalb des Systems einzunehmen.

Folglich zählt der ›kraftvoll-sorgfältige Stil‹ (die höchste der ›Unteren Drei Stufen‹) nicht als eine unabhängige Stufe in der spirituell ›hinaufführenden‹ Struktur des *geidô*, obwohl er einen unabhängigen Stil von hoher technischer Verfeinerung darstellt. Ebenso steht es außer Frage, daß der ›grob-schwerfällige Stil‹ und der ›kraftvoll-grobe Stil‹ jeweils nur einen integralen Bestandteil des *geidô* darstellen, denn – obwohl sie jeder einen ›Stil‹ mit unverwechselbarer Qualität repräsentieren – sind sie Bereiche, in denen weder technische noch spirituelle Ausarbeitung von irgendwelcher Bedeutung wären.

Diese drei Stufen besitzen dennoch ihren jeweiligen Stellenwert als die ›Unteren Drei Stufen‹ in der Hierarchie der Neun Stufen. Das rührt daher, daß – abgesehen davon, daß sie die unteren ästhetischen Bereiche darstellen, die auf der Grundlage der typologischen Charakteristika, die mit den inhärenten Anlagen und künstlerischen Neigungen der einzelnen Spieler übereinstimmen, Gestalt annehmen – sie auch als spezielle Bereiche betrachtet werden, in die jene Spieler, die bereits das Niveau der ›Oberen Drei Blüten‹ erreicht haben, gelegentlich zurückkehren *(kyakurai)*. Sie demonstrieren so ihre Virtuosität durch das Spiel in irgendeinem dieser ›Stile‹ auf der Suche nach ästhetischer Tiefe und Variation, um dadurch ihre eigene Kunst weiter zu bereichern.

Das Wichtigste, was es im Hinblick auf den ›Stil der unbefangenen Schönheit‹ (die niedrigste der Mittleren Drei Stufen) festzuhalten gilt, ist die Tatsache, daß erst auf dieser Stufe der Schulungsweg des Nô als *geidô* im wahren Sinne des Wortes beginnt, seine Besonderheit zu offenbaren, nämlich den inneren ›hinaufführenden‹ Prozeß hin zu *mu,* dem NICHTS, dem transzendentalen metaphysischen Wert, der den Ursprung und den Grund des ästhetischen Wertes von *yûgen* bildet.

Ganz anders, als man es vielleicht erwarten könnte, verwendet Zeami dieses höchste ästhetische Wort *yûgen* für diese ›unbefangene Schönheit‹ der Darstellung durch den kindlichen Spieler, der gerade in eben diese Stufe des Nô-Schulungsweges eingeführt wurde[13], ebenso wie er es für die Schönheit, die durch den virtuosen Spieler höchsten Ranges verwirklicht wird, gebraucht, wobei er aber diese beiden voneinander unterscheidet, indem er das *yûgen* des ersteren als ›vorübergehende Blüte‹ bezeichnet, und im Kontrast dazu das des letzteren ›wahre Blüte‹ nennt. Die Schönheit der geistigen Unbefangenheit, die Geistesverfassung des kindlichen Spielers, dessen unbefleckte Unschuld, die sich frei und durch keinerlei bewußte Fertigkeiten behindert manifestieren, können es sehr wohl mit der Schönheit aufnehmen, die der Spieler von höchstmöglicher Vollendung zeigt. Sie weisen sogar insofern eine Wesens-Ähnlichkeit auf, als beide die ursprüngliche Reinheit des Geistes darstellen (d. h. die Dimension des NICHTS, *mu*), der nicht mit Bewußtsein beschmiert ist (d. h. die Dimension des ›Seins‹, *yû*)[14].

Zeami möchte dieser Art von Unbefangenheit oder Unschuld, die für den gesamten *geidô* relevant ist, besondere Bedeutung zumessen; sie ist besonders hier der wichtigste Punkt in Verbindung mit der Stufe der ›unbefangenen Schönheit‹ und steht im Gegensatz zu der ›Unschuld des Tieres‹, die völlig situationsgebunden ist und in der es absolut keine Möglichkeit gibt, über die angeborene biologische Bestimmung hinauszugelangen. Auf der Grundlage dieser Beobachtung hat Zeami der Unschuld der Unbefangenheit des menschlichen Geistes die Hauptrolle auf dieser Stufe zugewiesen, d. h. der Stufe der Einweihung in den *geidô*.

Dies ist die Stufe, auf der sich zum ersten Male eine innere Dimension des Ästhetischen auftut, die in sich die unbegrenzte Möglichkeit des Wachsens und Entfaltens birgt. Und die besondere Schönheit der Unbefangenheit wird aus dem Inneren des Spielers spontan und ganz natürlich sichtbar und tritt mit der unvergleichlichen Lebhaftigkeit, die so charakteristisch für einen heranwachsenden Sprößling ist, in der Kunst zutage, die er auf dieser Stufe der allerersten, dem *geidô* eigenen technischen Einweihung zeigt.

Der Stil umfassender Sorgfalt
(die mittlere der Mittleren Drei Stufen)

>»Eine erschöpfende Aufstellung dessen geben, worauf die Wolken über den Bergen und der Mond über dem Meer hinweisen (und in der Tat alle Dinge im Universum) . . .«[15]

Die Verfassung, in der man eine erschöpfende Aufstellung dessen gibt, worauf die Wolken über den Bergen, der Mond über dem Meer, die blauen Berge, die sich, so weit das Auge reicht, übereinandertürmen, und der umfassende Anblick des ganzen Universums hinweisen. Diese Verfassung entspricht genau dem Schulungsweg des ›Stils umfassender Sorgfalt‹. Genau hier liegt der Scheidepunkt für die Weiterentwicklung zu der nächsthöheren Stufe oder für den Abstieg zu den niedrigeren.

Dies ist die Stufe, auf der der Spieler, der sich zumindest die technische Perfektion im Sinne des *geidô* erwarb, zum ersten Male über eine Gesamt-Überschau des ganzen Gebietes der verschiedenen Formen der Technik in der Nô-Kunst verfügen kann. Diese Gesamt-Überschau oder umfassende Weite ist jedoch keine, die in der nicht-zeitlichen Dimension des inneren Kräftespiels des Geistes angesiedelt ist; sie entspringt vielmehr einer Bewußtseins-Ebene, auf der objektive Erkenntnis, das physische Augenlicht, noch vorherrscht und sozusagen die Grenzen sowohl vertikal als auch horizontal absteckt. Denn das gesamte Feld der technischen Fertigkeiten wurde ja gerade erst erschöpfend abgedeckt, Schritt für Schritt von Punkt zu Punkt und von einem Ende zum anderen, aber es wurde noch nicht zu einer organischen Einheit des inneren Kräftespiels des Bewußtseins sublimiert.

Es muß nebenbei angemerkt werden, daß Zeami im Text sagt: »eine erschöpfende Aufstellung geben von ...«, ein Ausdruck, der auf die objektive, zeitliche Natur der umfassenden Weite deutet, die für diese Stufe charakteristisch ist. Ob dieser objektive, zeitliche, auf einen Punkt ausgerichtete Brennpunkt des Bewußtseins auf dieser Stufe in ein nichtzeitliches, kontemplatives Gewahrwerden transzendiert werden kann, hängt von den Fähigkeiten der einzelnen Spieler ab, die es einigen ermöglichen, zu den höheren Stufen aufzusteigen, und andere zu einer der ›Unteren Drei Stufen‹ absteigen lassen. Dies ist die besondere Eigentümlichkeit dieser Stufe, wie es von Zeami selbst in dem oben zitierten Text sowie in einem andern Werk von ihm, dem ›Verlauf des Schulungswegs der Neun Stufen‹, ausdrücklich vermerkt wird.

Der Stil der wahren, wesensgemäßen Blüte
(die höchste der Mittleren Drei Stufen)

»Frühlingsnebelstreifen breiten sich hell schimmernd aus, die Sonne versinkt und die zehntausend Berge sind in Rot getaucht.«

Der weite Blick auf die von dem einen Sonnenball im klaren Blau des Himmels erleuchteten zehntausend Berge, die sich klar voneinander abheben – das ist der ›Stil der wahren, wesensgemäßen Blüte‹. Dies ist das Stadium, in dem man über die Stufe des ›Stils umfassender Sorgfalt‹ hinausgekommen ist und zum ersten Male den Bereich der ›Blüte‹ betritt.

Der Erkenntnis-Brennpunkt des Bewußtseins ist ebenso verschwunden wie die untergehende Sonne, die unter den Horizont sinkt und im letzten Augenblick der Szenerie strahlenden Glanz verleiht. An seiner Stelle kommt der nicht-zeitliche, alles umfassende Brennpunkt des kontemplativen Gewahrwerdens empor, der alle Elemente und Bestandteile des Bewußtseins so wie die weiße Mittagssonne am wolkenlosen Himmel über der weiten Landschaft auslöscht. Er wandelt mit einem Schlag die gesamte Ansicht der empirischen Umgebung in etwas von symbolischer Natur; die Welt der Erscheinungen konstituiert, ohne die ihrem Wesen entsprechende Erscheinungsweise zu verlieren, eine nicht-zeitliche Dimension eines kontemplativen Feldes.

Dies ist die Stufe, auf der die Erscheinungswelt selbst als kontemplatives Feld fungiert. Alle Dinge und Ereignisse in der Welt, die ihre empirische und sinnlich-wahrnehmbare Lebendigkeit der verschiedenen Farben und Formen beibehalten und dadurch noch stärker offenbaren, existieren erleuchtet und sich ›klar voneinander abhebend‹ in einer einzigen nicht-zeitlichen Einheit im kontemplativen Gewahrwerden, dessen Brennpunkt allseitig eingestellt ist.

Es ist bedeutsam, daß Zeami das Wort ›Blüte‹ *(hana)*[16] hier auf dieser Stufe zum ersten Male innerhalb des ›hinaufführenden‹

Systems der Neun Stufen gebraucht. ›Blüte‹, das im Sinne der ›wahren, wesensgemäßen Blüte‹ verwendet wird, ist in diesem System ein Symbol für eine besondere Art von Schönheit, die aus der metaphysischen Läuterung des Geistes erwächst, der ein gewisses Niveau kontemplativen Gewahrwerdens erreicht hat. Sie ist ein ästhetischer Wert, der sich aus der Geistesverfassung, die in ›hinaufführender Weise‹ auf *mu,* das NICHTS, gerichtet ist, herleitet und mit ihr übereinstimmt. Sie muß daher streng von einer rein technisch bewirkten Schönheit unterschieden werden und ebenso von der bereits erwähnten ›vorübergehenden Blüte‹.

Der Stil der ruhig-ausgewogenen Blüte
(die niedrigste der Oberen Drei Blüten)

»In eine silberne Schale Schnee häufen«[17]

Schnee in eine silberne Schale gehäuft: ein makelloser Anblick von leuchtendem Weiß; wahrlich ein Bild harmonischer Ausgewogenheit, das sehr gut den Stil der ›ruhig-ausgewogenen Blüte‹ repräsentieren kann.

Auf dieser Stufe gibt es die lebhafte Schönheit der Erscheinungswelt nicht mehr. Das Innere und das Äußere, das Subjektive und das Objektive, der Wahrnehmende und das Wahrzunehmende, das Feld und das Gewahrwerden des Feldes, das Beinhaltete und der Beinhaltende: welches dieser Gegensatz-Paare wir auch immer als den höchsten Bereich der Artikulierung postulieren, wir sehen in jedem Fall die ursprünglichen Pole der Wirklichkeit, die fast ineinanderfließen, aber dennoch schwache Spuren artikulierter Grenzen hinterlassen und zwischen sich ein harmonisches Gleichgewicht herstellen, so wie eine Silberschale und darin aufgehäufter Schnee sich gegenseitig in leuchtender Fülle silbrigen Lichts reflektieren. So ist die ganze

Wirklichkeit und so ist auch die ganze Spannweite des Bewußtseins, und zwischen den beiden wird ein Zustand vollendeten Gleichgewichts bewahrt. Sonst gibt es nichts. Dies ist das Ganze, das ist.

Der Stil der Blüte der innersten Tiefe
(die mittlere der Oberen Drei Blüten)

> »Der Schnee bedeckt tausend Berge. Wie kommt es, daß nur ein einziger Gipfel nicht weiß ist?«[18]

> In einer alten Überlieferung heißt es: »Der Berg Fuji ist so hoch, daß der Schnee nicht schmilzt.« Diesen Ausspruch kritisierte ein Chinese, indem er sagte, daß es besser lauten sollte: »Der Berg Fuji ist so tief, daß ...« usw. Das Höchste ist das Tiefste. Die Höhe hat ihre Grenzen, während die Tiefe nicht ausgelotet werden kann. So ist der tiefe Anblick eines einzigen nicht-weißen Gipfels inmitten tausend schneebedeckter Berge dem ›Stil der Blüte der innersten Tiefe‹ vergleichbar.

Zur philosophischen Bedeutung dessen, was auf dieser Stufe erfahren wird, wurden bereits oben in dem Abschnitt über ›die dritte Stufe der kontemplativen Erfahrung‹ hinlängliche Erläuterungen gegeben.

Auf der vorhergehenden Stufe wurde ein vollkommenes Gleichgewicht zwischen dem inneren kontemplativen Gewahr werden und dem inneren kontemplativen Feld geschaffen, wobei beide jedoch ihren gewöhnlichen Zustand des ›Seins‹ oder ihre positive Existenz beibehielten. Auf dieser Stufe dagegen verliert die niemals zu vereinbarende Polarität zwischen ›Sein‹ und ›Nichtsein‹ ihre Gültigkeit als ein rational unveränderbares Gesetz. Hier eröffnet sich zum ersten Male ein transzendentaler Bereich, der es einem Ambivalenten (Mittleren Weg) zwischen diesen beiden, dem ›Sein‹ und dem ›Nichtsein‹, erlaubt, Realität zu werden.

Das Gewahrwerden, von dem vorausgesetzt wird, daß es in seinem normalen Zustand an ein Ende gekommen ist, existiert in einer negativen Form als das Zentrum des kontemplativen Feldes weiter, so wie ein nicht-weißgewordener einziger Gipfel, der inmitten tausend schneebedeckter Berge nicht von Schnee bedeckt ist.

Zeami bezeichnet in der Tat den ästhetischen Stil dieser Stufe als einen Zustand »des Mittleren Weges (Ambivalenz) zwischen ›Sein‹ *(yû)* und ›Nichtsein‹ *(mu)*«.[19] Diese Idee des Ambivalenten (Mittleren Weges), die in diesem transzendentalen Feld Realität wird, scheint ihren adäquatesten Ausdruck in dem berühmten Schlüsselbegriff des Nô *senu-hima* (wörtlich ›Intervall des Nicht-Spielens‹) zu finden.

Senu-hima kann man sich als einen freien Raum oder als Leere (die Region des ›Nichtseins‹) zwischen zwei Handlungen (der Region des ›Seins‹) bildlich vergegenwärtigen. Der freie Raum ist nach dieser Auffassung ein inneres Kontinuum, das die zwei äußerlich unterbrochenen Handlungen miteinander verbindet.

Auf der Bühne legt der Spieler, der diesen Zustand zum Ausdruck bringt, den Akzent weit weniger auf die äußere als auf die innere Bewegung. Solange sich eine äußere Bewegung positiv als äußere Bewegung bejaht, wird die innere Bewegung nur negativ oder passiv durch sie ausgedrückt. Nur wenn die äußere Bewegung zum Stillstand kommt, findet die innere Bewegung einen äußeren Ort, an dem sie sich in positiver Weise bezeugen kann.

Auf diese Weise wird ›Sein‹ stets als ›Sein‹ ausgedrückt, dem unmittelbar ›Nichtsein‹ folgt, während ›Nichtsein‹ als ›Nichtsein‹ ausgedrückt wird, das erfüllt und durchtränkt ist mit ›Sein‹.[20]

Der Stil der Blüte von geheimnisvoller Einzigartigkeit
(die höchste der Oberen Drei Blüten)

»Um Mitternacht strahlt in Shinra hell die Sonne.«[21]

Die ›geheimnisvolle Einzigartigkeit‹ entzieht sich jeglicher Beschreibung mit Worten und ist durch Denkprozesse nicht zu erfassen. Heller Sonnenschein um Mitternacht, wie sollte das in dem Bereich liegen, der durch Worte noch mitteilbar ist? Wie sollte es! Für die Kunst tiefer Empfindung *(yûgen),* die ein virtuoser Spieler des Nô-Weges darbietet, reichen keine Worte des Lobes aus; sie reißt unmittelbar zu selbstvergessener Bewunderung hin. Diese ästhetische Wirkung des den ›Anblick transzendierenden Anblicks‹[22], die dem ranglosen Rang eigen ist, ist selbst die Blüte von geheimnisvoller Einzigartigkeit.

Selbst die Spuren der beiden letzten noch verbliebenen Artikulierungen, nämlich des kontemplativen Feldes und des verborgenen kontemplativen Gewahrwerdens des Feldes, verschwinden auf dieser Stufe. Als Folge davon versinkt die artikulierende Betätigung des menschlichen Geistes und mit ihr all das, was artikuliert worden war, im Abgrund der Dunkelheit. Aber diese abgrundtiefe Dunkelheit kann zur selben Zeit auch die strahlende Helligkeit des Sonnenlichts sein. Dunkelheit und strahlende Helligkeit sind in diesem Fall frei ineinander überführbar, denn keines von beiden entspringt der artikulierenden Tätigkeit des Geistes. Sie sind vielmehr zwei Formen der Selbst-Manifestation des ursprünglichen NICHTS, des Nicht-Artikulierten, das in sich alle möglichen Dinge umschließt. In der Tat erlebt man auf dieser Stufe, daß sich der Abgrund ganz plötzlich in blendendes Licht verwandelt.

Zeami selbst definiert den ästhetischen Stil dieser Stufe als die transzendentale Nicht-Dualität der ›inneren Landschaft‹.[23] In diesem Zusammenhang möchten wir daran erinnern, daß die erste der beiden vorangegangenen Stufen, nämlich die Stufe des

Stils der ›ruhig-ausgewogenen Blüte‹, ganz deutlich durch das dort verwirklichte Gleichgewicht zwischen den beiden Bereichen von *yû* gekennzeichnet ist, nämlich erstens dem Bereich der positiven Existenz des kontemplativen Gewahrwerdens und zweitens dem Bereich der positiven Existenz des kontemplativen Feldes. Die zweite voraufgegangene Stufe, d. h. die Stufe des Stils der ›Blüte der innersten Tiefe‹, ist durch das Ambivalente (den Mittleren Weg) zwischen *yû* (der positiven Existenz des kontemplativen Feldes) und *mu* (der negativen Existenz des kontemplativen Gewahrwerdens) gekennzeichnet. Man kann sagen, daß im Gegensatz zu diesen beiden die vorliegende Stufe durch die absolute Nicht-Dualität charakterisiert ist. Denn hier wird *yû* (Sein) mit *mu* (Nichtsein) gleichgesetzt und *mu* mit *yû*.

Ein zeitgenössischer Forscher und Kritiker des japanischen Denkens machte folgende Äußerung: »Dies ist eine geistige Verfassung, in der *mu mu* ins Dasein bringt.«[24] Und Zeami selbst: »Hiermit gelangt der ›hinaufführende‹ Weg des Nô an sein Ende.«[25]

ANMERKUNGEN

1 Dieser Essay wurde schon früher als selbständiger Aufsatz in ›Sophia Perennis‹, The Bulletin of the Iranian Academy of Philosophy, hsg. von Hadi Sharifi und Peter L. Wilson, vol. I, No. 2, Teheran 1975 veröffentlicht.

2 Vgl. Yasushi Yamagiwa: › *Bigaku – Nihon bigaku e no rinen*‹ (Ästhetik – Ideen zu einer japanischen Ästhetik), Tokyo 1941, besonders S. 220–238

3 Zu diesem Aspekt des Geistes der japanischen Kultur siehe Kitarô Nishida: ›*Nihon bunka no mondai*‹ (Probleme der japanischen Kultur), Tokyo 1940

4 Zur Bedeutung dieser Schlüsselbegriffe der japanischen Ästhetik siehe R. Kuriyama (Hsg.): ›*Nihon bungaku ni okeru bi no kôzô*‹, op. cit.

5 Zur Natur und Struktur des Konzepts vom kontemplativen ›Feld‹ siehe Toshihiko Izutsu: ›Philosophie des Zen-Buddhismus‹, Essay I: ›Der wahre

Mensch ohne Rang – Das Problem der Feldwahrnehmung im Zen‹, Reinbek 1979, S. 11–57

6   Zur Idee des »Nichts, das mit ›Sein‹ beschmiert wurde« siehe Shinichi Hisamatsu: ›Zettai shutai dô‹ (Der Weg des absoluten Subjekts), Tokyo 1948, S. 110–111

7   Vgl. Asaji Nose: ›Zeami jûrokubushû hyôshaku‹ (Kommentar zu Zeamis 16 Abhandlungen über das Nô), 2 Bde, Tokyo 1973, Einleitung

8   Die folgende Übersetzung basiert auf der kritischen Edition der ›Neun Stufen‹ von Minoru Nishio, enthalten in ›Nihon koten bungaku taikei‹ Bd. 65, op. cit., S. 448–450. Vgl. auch die deutsche Übersetzung von Oscar Benl in: ›Seami Motokiyo und der Geist des Nô-Schauspiels‹, Wiesbaden 1953, S. 126–129 sowie die französische von René Sieffert in: ›La Tradition secrète du Nô‹, Editions Gallimard 1960, S. 175–176

9   Dieser Ausspruch, den Zeami hier Konfuzius zuschreibt, ist in Wahrheit einem der Kommentare aus der T'ang-Zeit zu Hsün-tsu (jap. Junshi) entnommen.

10 Zitat aus dem 27. Kapitel des Zen-Werkes ›Sekimon monji zen‹; dieser Spruch ist in der Zen-Literatur häufig zu finden. (Anm. d. Übers.)

11 Zitat aus dem 12. Kapitel der berühmten chinesischen Zen-Schrift ›Bi-yän-lu‹ (jap. Hekiganroku), wörtlich zitiert nach der Übersetzung von Wilhelm Gundert: ›Bi-yän-lu. Meister Yüan-wu's Niederschrift von der smaragdenen Felsenwand‹, Bd. I, München 1973, S. 244 (Anm. d. Übers.)

12 Diese berühmten Eingangsverse des ›Tao-te-ching‹ von Laotse werden herkömmlicherweise auf zwei verschiedene Weisen interpretiert, obwohl sie letztendlich auf dasselbe hinauslaufen: a. der Weg, der gewöhnlich als Weg bezeichnet wird, ist nicht der wahre WEG, und b. der WEG, der es wirklich wert ist, als der WEG angesehen zu werden, ist kein Weg, wie er gewöhnlich verstanden wird. Zeami vertritt hier offensichtlich die zweite Interpretation. Zu den verschiedenen Übersetzungen, d. h. Interpretationen, auf Deutsch vgl. z. B. ›Laotse. Tao te king‹, übers. von Richard Wilhelm, Düsseldorf/Köln 1976, S. 41; ›Laotse. Tao te king‹, übers. von Günther Debon, Stuttgart 1967, S. 27; Oscar Benl: ›Seami Motokiyo . . .‹, op. cit., S. 128

13 Diese Feststellung beruht auf dem, was Zeami selbst in seinen Schriften ›Fûshi kaden‹ und ›Yûgaku shûdô fûken‹ sagt.

14 Das Wort yû, das ›Sein‹ bedeutet, darf nicht mit dem gleichlautenden yû von yûgen verwechselt werden, das vorher erläutert wurde. Diese beiden sind zwei gänzlich verschiedene Wörter, die mit zwei unterschiedlichen Schriftzeichen geschrieben werden.

15 Zitat aus dem 53. Kapitel des ›Bi-yän-lu‹ (siehe Anm. 11). Diese und andere gleichartige Zen-Sprüche, die Zeami oft in seinen Werken verwendet, wer-

den von ihm in den meisten Fällen in seiner eigenen Weise interpretiert. Diese repräsentiert nicht unbedingt das authentische zen-buddhistische Verständnis. Zu dem Zitat hier vgl. Gundert, op. cit., Bd. III, S. 40

16 Der Fachausdruck *hana* oder Blüte besitzt in Zeamis Vokabular ein breites Spektrum von Bedeutungen, je nach Anwendung. Im vorliegenden Kontext wird das Wort im Sinne der Schönheit benutzt, die der nicht-zeitlichen, kontemplativen Bewußtseins-Dimension entspringt.

17 Zitat aus dem 13. Kapitel des ›Bi-yän-lu‹, vgl. Gundert, op. cit., Bd. I, S. 251–257. Es ist ein berühmter Zen-Spruch, der häufig als *kôan* benutzt wird.

18 Dieser Ausspruch stammt aus dem wichtigen chinesischen Zen-Text ›Wu-teng hui-yüan‹ (jap. *Gotô egen*). Die deutsche Übersetzung wurde wörtlich übernommen von O. Benl: ›Seami Motokiyo …‹ op. cit., S. 126

19 Dieser Ausdruck findet sich in Zeamis ›Kyûi shûdô shidai‹ (Der Verlauf des Schulungsweges der Neun Stufen), dessen Text weiter unten in diesem Buch übersetzt ist (vgl. S. 136 ff).

20 Zur philosophischen Bedeutung von *senu-hima* im Zusammenhang mit der Beziehung zwischen *yû* und *mu* vgl. Yusuke Yamaguchi: ›Mo no geijutsu‹ (Die Kunst des Nichts), Tokyo 1939, S. 3–9 und Juzô Ueda: ›Nihon no bi no seishin‹ (Der Geist des Schönen in Japan), Tokyo 1944, S. 184–188

21 Dieses Bild findet sich mit unterschiedlichen Worten in verschiedenen Zen-Texten. Shinra, auch Shiragi genannt, ist das alte Königreich Silla, das 57–935 in Südkorea bestand; dieser Name verweist hier vage auf ein weit entferntes Land jenseits des Horizonts.

22 Der japanische Ausdruck dafür lautet *riken,* ein von Zeami geprägter Begriff. Vgl. Jinichi Konishi: ›Nôgakuron kenkyû‹ (Studien zur Theorie des Nô), Tokyo 1972, S. 136–141

23 In seinem oben genannten ›Kyûi shûdô shidai‹

24 J. Karaki: ›Chûsei no bungaku‹ (Literatur des Mittelalters in Japan), Tokyo 1966, S. 148 f

25 In seinem oben genannten ›Kyûi shûdô shidai‹

Der Tee-Weg

Die Kunst des räumlichen Gewahrwerdens

1. Einleitung

Der Brauch, Tee zu trinken, hatte sich in Japan bereits im 8. Jahrhundert in der vornehmen Gesellschaft, besonders bei Aristokraten und Mönchen, eingebürgert. Wir müssen jedoch noch bis zum 15. Jahrhundert warten, um zu erleben, wie diese tägliche Gewohnheit oder zuweilen auch gesellschaftliche Veranstaltung des Teetrinkens so sehr verfeinert wurde, daß sie die Form einer speziellen ›Kunst‹ annahm und sich schließlich als einzigartige Kunstgattung unter dem Namen ›Tee-Weg‹ in der ästhetisch-spirituellen Tradition durchsetzte, um bis auf den heutigen Tag überliefert zu werden.[1]

Es war Jukô Murata (1422–1502), der den ersten Schritt zur Gestaltung des ›Tee-Wegs‹ tat, die dann von Jôô Takeno (1504 bis 1555) weitergeführt wurde. Aber im allgemeinen wird Sôeki Sen Rikyû (1522–1591) als der wahre Begründer dieses WEGES angesehen, durch den der ›Tee-Weg‹ oder, um genauer zu sein, der ›Tee-Weg in der Art des *wabi*-Stils‹ den mächtigsten und reinsten Antrieb und Impuls zu der entscheidenden Wende erhielt, die ihn zu seinem Höhepunkt führen sollte.

Die Folge war, daß diese Art des *wabi*-Stils, die ganz allein durch Rikyû zu dessen Lebzeiten vollendet und im Tee-WEG fest verankert worden war, in drastischer Weise die Bedeutung des gesamten Umfangs des ästhetischen Lebensstils sowie die Vorbilder künstlerischen Ausdrucks und künstlerischer Wertschätzung der Japaner veränderte, besonders im Hinblick auf die Erfahrungen des täglichen Lebens. Das ging so weit, daß in manchen Fällen das, was bislang als positiv bewertet worden war, sich ins Negative wandelte, während das bisher als negativ Betrachtete positiv wurde.

Neben die Wertschätzung der reichen Fülle lebhafter Farben, des blendenden Glanzes und Prunks von Goldbrokat und des vielfarbigen Seidendamasts – ein Geschmack, wie er sich seit der Heian-Periode in der Hofkleidung, den Mönchs-Stolen, den Bühnenkostümen der Nô-Spieler usw. uneingeschränkt kundtat – trat nun eine Vorliebe für das Farblose und für den seltsam gedämpften Ton einer einzigen, verblaßten Farbe wie Kohlengrau, grünliches Aschgrau, bräunlich-grünliches Aschgrau, grau-grünliches Aschgrau usw.

Bei den Gestaltungs-Merkmalen wurden zum ersten Male Asymmetrie, Unvollständigkeit, Unvollkommenheit, Formlosigkeit und rauhe Einfachheit – im Gegensatz zu höchster Verfeinerung, Zartheit, Symmetrie, Makellosigkeit – als ästhetische Eigenschaften hoch geschätzt, um nur ganz allgemein einige der äußeren Aspekte dieses Phänomens anzuführen.

Das Auftauchen dieses allgemeinen Trends deckt sich genau mit der raschen Verbreitung des neuen Begriffs *wabi*, der sich innerhalb der Domäne des Tee-Wegs entwickelt hatte. Theoretisch gesehen wäre es außerdem für solche ästhetischen Werte, wie sie gerade angeführt wurden, auch gar nicht möglich, außerhalb des strukturellen Bereichs des besonderen ästhetisch-metaphysischen Begriffs und Stils von *wabi* eine geeignete Grundlage für ihre Gültigkeit zu finden. Angesichts dieser Beobachtung kann getrost behauptet werden, daß die vielfältigen Übergänge und Erneuerungen, die seither etwas typisch Japanisches auf den verschiedensten Gebieten des allgemeinen ästhetischen Lebens und der Erfahrung hervorgebracht haben, ihren Ursprung direkt oder indirekt dem Tee-Weg und dessen Begriff *wabi* verdanken.

Einer der hervorstechendsten Fakten des Tee-Wegs ist, daß es sich um eine kombinierte Kunstform handelt, die so unterschiedliche Bereiche wie Architektur, Landschaftsgartenbau, Blumen-Kunst, Duft-Kunst, Töpfer-Kunst, Kalligraphie, Malerei usw. in eins zusammenfaßt. Man meint, daß jeder dieser Kunst-Bereiche auf seine eigene Weise denselben einen Geist des Tee-Wegs, nämlich die ästhetisch-metaphysische Idee von *wabi*, manifestiert bzw. ausdrückt. Folglich könnte es, schematisch betrachtet, so scheinen, als ob wir, um den Tee-Weg zu verstehen, nur die Idee von *wabi* zu verstehen brauchten, und um sie zu verstehen, uns nur mit den verschiedenen Kunstwerken im *wabi*-Stil vertraut machen und die charakteristischen Merkmale, die sich in jedem von ihnen manifestieren, verstehen müßten, so daß wir sie auf wenige Generalnenner zusammenfassen könnten.

Aus Gründen, die wir gleich darlegen werden, erweist sich jedoch dieses allgemein übliche Verfahren, den Begriff von *wabi* durch genaue Untersuchung seiner verschiedenen konkreten Kunst-Objekte zu gewinnen, als strukturell ungerechtfertigt. Das höchste, was man durch solch ein Vorgehen erreichen kann, ist ein Verständnis des sogenannten ›*wabi*-Geschmacks‹, der häufig mit dem wahren Wesen des Begriffs *wabi* als einem ästhetischen Wert verwechselt wird. Letzterer kann nur auf der Grundlage der Vergegenwärtigung der inneren Metaphysik der Struktur von *wabi*, wie sie der Tee-Kunst eigen ist, richtig erfaßt werden.

Wir werden damit beginnen, die eigentliche Idee von *wabi* in ihrem rein metaphysischen Aspekt herauszuarbeiten.

2. Die Metaphysik von wabi

Das Wort ›*wabi*‹ war schon einige Jahrhunderte lang in Gebrauch, bevor es als ein ästhetischer Fachausdruck speziell in den Tee-Weg Eingang fand. In der klassischen Literatur wie zum Beispiel dem *waka* wird es oft zur Beschreibung oder Äußerung eines Zustands von Mangel, Verlust, Beraubung, Verlorensein, Hoffnungslosigkeit, Kummer, Harm usw. benutzt; es weist auf eine stark gefühlsmäßige Durchsetzung des subjektiven Aspekts des Geistes hin, mit einer Spur poetischer Eleganz.

Das Wort *wabi* innerhalb des Tee-Wegs hat sein vorhergehendes Gegenstück, nämlich *suki*. Im Gegensatz zu diesem Wort *suki* und dessen Hintergrund hat sich das Wort *wabi* im Bereich der ›Kunst‹ des Tee-Trinkens – welche die vorangegangene Phase der Entwicklung des ›Tee-Wegs‹ war – zu einem Fachausdruck entwickelt, der im ersten Stadium speziell ethisch-ästhetische Konnotationen annahm.

Das Wort *suki* bedeutete ursprünglich ›künstlerischer Enthusiasmus‹, eine besondere, subjektive Haltung des Menschen in seinem Lebensstil, die ästhetischem Gefühl und Empfindungsvermögen ein unverhältnismäßiges Übergewicht gegenüber dem pragmatischen Gefühl der Nützlichkeit einräumt.

Eine derartige Haltung schafft sich notwendigerweise ein besonderes ästhetisches, unpragmatisches Wertsystem, das sich in zwei mögliche Richtungen entwickeln kann: eine führt zu ästhetischer Schwelgerei in Reichtum und Fülle äußerlicher Ausdrücke, und die andere führt zu einem ästhetischen Idealismus, der seinem Wesen nach mit der metaphysisch-ethischen Strenge eines Eremiten übereinstimmt. Erstere wurde in der Tat die Richtung, die die Idee von *suki* im engeren Sinn repräsentiert, während letztere eine besondere Art ›ästhetischer Askese‹ hervorbrachte, die hauptsächlich mit der Konnotation des Terminus *wabi* in der Tee-Kunst in Beziehung steht.

Das Wort *suki* im ersteren, d. h. engeren Sinn des ›ästhetischen Genusses‹ erlangte in der Kunst des Teetrinkens die besondere Bedeutung der künstlerischen Haltung eines Menschen, dessen

Geschmack verfeinert genug ist, um nicht eher zu ruhen, als bis er eine Sammlung kompletter Austattungen anspruchsvoller Kunst-Objekte besitzt, die als Tee-Utensilien verwendet werden.[2] Diese Art ›ästhetischen Genusses‹ in der Kunst des Tee-trinkens im 15./16. Jahrhundert lag ganz auf der Linie der dekorativen Authentizität ästhetischer Verfeinerung bei Hofe. Sie war jedoch, wie man sich gut vorstellen kann, völlig unvereinbar mit jener besonderen inneren Erarbeitung ethisch-ästhetischer Askese, die unter den aristokratischen Eremiten und auch unter den Mönchen des Zen und anderer buddhistischer Schulen in hohem Maß gepflegt worden war.

Diese Kreise zeigten in ihrer *waka*-Poesie und ihren Essays deutlich ihre Abneigung gegenüber dem äußerlichen und rein positiven Zugang zu den ästhetischen Werten, den sie als oberflächlich und ungeschliffen betrachteten. Zum Beispiel waren sie der Meinung, daß man die Schönheit der Natur, die einen positiven ästhetischen Wert darstellt, nicht so sehr auf dem momentanen Höhepunkt ihrer vollständigen Aktualisierung schätzen sollte, sondern eher in ihrem Prozeß des Sich-Verflüchtigens und Abnehmens oder sogar in den Spuren, die sie nach ihrem Verschwinden hinterläßt.[3] Sie gingen so weit, den Zustand von *wabi*, wie er im gewöhnlichen, nicht fachspezifischen Sinn verstanden wird (Mangel, Verlust, Hoffnungslosigkeit, Verlorensein und ähnliches), mit der existentiellen Wirklichkeit des Menschen gleichzusetzen und fanden darin einen wahren Aufenthaltsort ethisch-ästhetischer Genügsamkeit.

Das Bemerkenswerte, das hier zu beobachten ist, ist die Tatsache, daß diese Menschen nicht nur ihrem Verständnis von *wabi* als ästhetischer Idee in Gedichten und Essays verbalen Ausdruck verliehen, sondern daß sie schließlich ein ungewöhnliches Mittel entdeckten, um dieses spezielle Verständnis der Idee von *wabi* auszudrücken. *Wabi* erhielt ästhetischen Vorrang und wurde perfekt in die Empfindungsstruktur einer spirituellanschaulichen Kunst, nämlich den Tee-Weg, eingebunden. Darüber hinaus war *wabi* im Tee-Weg nicht länger ein bloßer Begriff zur Bezeichnung ästhetischer Askese. Vielmehr wurde *wabi* auf dem Höhepunkt seiner Entwicklung zum höchsten ästhetisch-ethischen Wert und lieferte dem Tee-Weg damit einen soliden metaphysischen Hintergrund.

Wir wollen nun versuchen, die innere Struktur des Begriffs *wabi* innerhalb des Tee-Wegs zu analysieren. Zuerst werden wir seinen metaphysischen Aspekt erläutern und danach seinen ästhetischen Aspekt erörtern, der einen integralen Bestandteil des ersteren darstellt.

Den Anhängern des Tee-Wegs zufolge fand die Metaphysik von *wabi* in den folgenden beiden berühmten *waka* ihren poetischen Ausdruck. Das erste Gedicht stammt von Teika, das zweite von Ietaka[4].

Die beiden Gedichte wurden in den Text des ›*Nambôroku*‹ (siehe dessen Übersetzung in Teil II, Seite 176 ff) aufgenommen und mit den kommentierenden Worten Rikyûs versehen. Nach Rikyû drücken sie symbolisch die beiden unterschiedlichen strukturellen Aspekte des metaphysisch-ästhetischen Geistes von *wabi* aus.

> Wie weit man auch blickt
> weder Blüten noch leuchtend verfärbtes Ahornlaub.
> Am Ufer
> nur eine riedgedeckte Hütte
> in der herbstlichen Abenddämmerung.[5]

> Denen, die nur Kirschblüten
> sehnsüchtig erwarten,
> wie gern würd' ich ihnen zeigen
> mitten im Schnee das sprossende Grün
> im Bergdorf zur Frühlingszeit![6]

In seinem Kommentar zu dem ersten Gedicht verwendet Rikyû den Ausdruck *muichimotsu no kyôgai*, das bedeutet ›der Bereich, in dem es kein einziges Ding gibt‹ oder ›der Zustand ohne Besitz‹; es ist einer der charakteristischen Fachausdrücke der Zen-Metaphysik. Hieraus ist ersichtlich, daß Rikyû in diesem Gedicht ganz deutlich einen Aspekt höchster Verwirklichung von *wabi* erkennt, nämlich den subjektiv-objektiven Zustand des kontemplativen Feldes im Zen-Buddhismus, in dem weder irgendwelche Objekte der sinnlich-wahrnehmbaren Artikulierung zu beobachten sind noch die artikulierende Tätigkeit des Bewußtseins in Aktion tritt. Dennoch gilt es als gegeben, daß jedes einzelne Objekt, das einmal wahrnehmbar artikuliert wurde, immer noch da ist, selbst nachdem es völlig ausgelöscht wurde, und zwar in Form einer metaphysischen inneren Artikulierung innerhalb des Bereichs der Nicht-Artikulierung.

So scheint das erste Gedicht, wenn wir Rikyûs Interpretation folgen, den Prozeß der metaphysischen ›Hineinziehung‹ von sinnlich-wahrnehmbaren Dingen und Ereignissen ins ›NICHTS‹, d. h. das nicht-artikulierte Ganze, anzudeuten. Die innere Landschaft des nach dem Bereich des NICHTS strebenden, kontemplativen Subjekts wird hier in symbolischer Weise dargestellt.

Die einmal sinnlich-wahrnehmbar artikulierten Dinge und Ereignisse fahren fort, eines nach dem anderen aus dem kontemplativen Feld zurückzutreten, indem sie nach und nach ihre eigenen Artikulierungen innerhalb der wahrnehmbaren Dimension des Seins in den Zustand des NICHTS vor aller Wahrnehmung ›hineinziehen‹. Aber die Erinnerung an die Blüten und Ahornblätter, deren sinnlich-wahrnehmbare Existenz verbal artikuliert und danach negiert wurde, ist in dem Gedicht noch vorhanden, wenn auch in einer negativen Form, wie so viele innere Artikulierungen dieses Bereichs.

In diesem poetischen Feld bleibt nur eine einzelne Hütte positiv artikuliert in der blassen, dämmerigen Atmosphäre übrig, wie halb mit ihr verschmolzen, und deutet damit den inneren Aufenthaltsort eines Einsiedlers an, den Ort seines kontemplativen Gewahrwerdens.

Das zweite Gedicht erschließt seine metaphysische Bedeutung nur, wenn es in diesem besonderen Kontext in seiner Beziehung zu ersterem verstanden wird. Im Gegensatz zum metaphysischen ›Zurückkehren‹, d. h. dem Prozeß des ›Hineinziehens‹ aller Dinge in das NICHTS (das nicht-artikulierte Ganze), der durch das erste Gedicht repräsentiert wird, scheint sich das zweite auf die metaphysische ›Entfaltung‹ aus dem NICHTS zu beziehen. Wenn alle sinnlich-wahrnehmbaren Artikulierungen versinken und völlig verschwunden sind, findet der negative Prozeß des ›Hineinziehens‹ ein Ende. Erst dann wird der sich spontan ausdrückende Prozeß metaphysischer ›Entfaltung‹ in Gang gesetzt.

Auf dieser Stufe der kontemplativen Erfahrung wird die sinnlich-wahrnehmbare Artikulierung oft symbolisch durch einen einzelnen Punkt auf der vollkommen weißen Oberfläche eines makellosen Kreises dargestellt. Als Künstler sieht Rikyû die Übereinstimmung zwischen der ursprünglichen, wahrnehmbaren Artikulierung der metaphysischen WIRKLICH-KEIT und ihren Ur-Ausdrucksformen in dem poetischen Bild vom sprossenden Grün, das aus dem Boden zwischen dem Schnee in lebendiger Farbigkeit hervorbricht.

Der Begriff *wabi*, in solcher Weise metaphysisch aufgefaßt, weist ein augenfälliges Merkmal in seiner Struktur auf. Er bezieht sich vor allem auf einen speziellen metaphysischen oder existentiellen Bereich, der gleichsam irgendwo zwischen dem Wahrnehmbaren und dem Vor-Wahrnehmbaren oder dem artikulierten und dem nicht-artikulierten Ganzen anzusiedeln ist. Diese Struktur, die in ihrer Dynamik des Hineinziehens und Entfaltens in das bzw. aus dem NICHTS zu beobachten ist,

ist die einzige, fundamentale Basis des ästhetischen Begriffs von *wabi*.

Wenn die wahrnehmbaren Dinge und Ereignisse aus der Sicht von *wabi* betrachtet werden, d. h. einer besonderen Metaphysik des NICHTS, weisen sie selbstverständlich eine ganz bezeichnende innere Konfiguration auf, nämlich die zeitliche Spiegelung der inneren Dynamik der nicht-zeitlichen Struktur des NICHTS. Mit anderen Worten: Der Prozeß der inneren Dynamik von Hineinziehen und Entfalten findet seine Entsprechung in den sinnlich-wahrnehmbaren Bewegungen und Veränderungen, die, obwohl sie äußerlich undeutlich und unsichtbar sind, stetig weitergehen und zunehmend ihre Spuren in den Tiefen der wahrnehmbaren Dinge hinterlassen, wie man es sich am Beispiel der Jahresringe eines Baumes vergegenwärtigen kann.

Dies würde die Tatsache erklären, daß solche Dinge wie ein verwitterter Felsen, ein dem Wetter ausgesetztes und dadurch faserig gewordenes Stück Holz, ein Stück alten, mehrfarbigen Brokats, dessen Farben schon verblaßt und matt geworden sind, ein uralter Grenzstein, der jetzt völlig einsam irgendwo steht und bald ganz verschwunden und unwiderruflich dahin sein wird, eine derart magische Faszination auf die sensiblen Gemüter der ›*wabi*-Menschen‹ ausübten.

In den speziellen inneren Konfigurationen von Erscheinungen dieser Art fanden die ›*wabi*-Menschen‹ die tieferen Bedeutungen der existentiellen Wirklichkeit, die sie als die wesentlichen Bestandteile des metaphysisch-ästhetischen Feldes von *wabi* ansahen. So erhielt *wabi* als ästhetischer Begriff konnotative Bedeutungen, welche unweigerlich im Geist eine Reihe von Vorstellungen hervorrufen, die mit Worten wie ›innere Anreicherung‹, ›Betagtheit‹, ›Alter‹ etc. assoziiert sind.[7]

In der Tat ist es die durch die positiven Möglichkeiten und reichen Spuren innerer Artikulierung gestützte Knappheit bzw.

Armut der äußeren Artikulierungen, die das hervorstechendste Merkmal von *wabi* als ästhetischem Wert ausmacht.

Es ist gut, sich in diesem Zusammenhang an die bereits erwähnte metaphysische Struktur von *wabi* zu erinnern, die in ihrer Ambivalenz zwischen ›Sein‹ und ›Nichtsein‹ durch eine besondere Eigenschaft charakterisiert ist, nämlich die innere Dynamik der Artikulierung – ein Potential, das sich mit dem NICHTS als seiner Achse in zwei entgegengesetzte Formen entwickeln kann: Hineinziehen und Entfalten.

Es wäre nur natürlich, wenn diese beiden entgegengesetzten metaphysischen Prozesse – deren einer darin besteht, die wahrnehmbaren Artikulierungen zum Verschwinden zu veranlassen, während der andere sie zum Hervortreten ermuntert – zwei völlig verschiedene ästhetische Wirkungen hervorbrächten, nachdem sie einmal ihren Weg in den Bereich künstlerischen Ausdrucks gefunden haben.

Die Knappheit der Artikulierung, also die Eigenschaft, die sowohl für die ›hineinziehende‹ als auch die ›entfaltende‹ Form von *wabi* gilt, bildet natürlicherweise das Grundprinzip, auf Grund dessen die Zahl der auffallenden äußeren Merkmale, Zeichen und Formen der Kunstobjekte auf ein Minimum reduziert wird, wodurch eines der Hauptcharakteristika von *wabi*, wie es sich im Bereich der konkret-anschaulichen Kunst manifestiert, entsteht: die Einfachheit oder Schlichtheit der äußeren Formen.

Auf der anderen Seite ist auch die andere metaphysische Eigenschaft von *wabi* wirksam, nämlich die oben angeführte innere Dynamik der Artikulierung, die in entscheidender Weise die Qualität des schöpferischen Ausdrucks sowie die grundlegende Haltung des schöpferischen Subjekts in seiner Kreativität bestimmt.

Das unmittelbare Ergebnis all dessen ist die äußerlich gleiche Knappheit der Artikulierung, die in sich zwei gegensätzliche

Momente birgt: ›Hineinziehung‹ und ›Entfaltung‹, Dämpfen und Ermuntern, negativ und positiv, anti-expressiv und expressiv, dunkel-matt und strahlend-lebendig usw., deren symbolische Deutungen wir bereits in den oben angeführten beiden *waka*-Gedichten in dem deutlichen Kontrast eines grauen Flecks einer Fischerhütte im sich ausbreitenden Dämmerlicht und den lebendig grünen Flecken der Frühlingssprossen im Schnee erkennen konnten.

In der ästhetischen Struktur von *wabi* als einer konkret-anschaulichen Kunst wird der ›hineinziehende‹ Aspekt, wie er uns im ersten der beiden Gedichte entgegentritt, gegenüber dem ›entfaltenden‹ Aspekt als grundlegender und fundamentaler angesehen. Ersterer, der dazu neigt, sich fast immer in der Form eines anti-expressiven Ausdrucks zu verwirklichen, bringt eine beeindruckend einzigartige Kunstform hervor, die nicht in Gefahr gerät, rein äußerlich mit einer der normalen Kunstformen verwechselt zu werden, die durch die positiv expressive Kreativität geschaffen werden.

Im Gegensatz dazu zeigt der ›entfaltende‹ Aspekt gewöhnlich fast keine auffallenden Besonderheiten, zumindest nicht in den äußeren Konfigurationen seines schöpferischen Ausdrucks, wenn man einmal von der Ausdruckskraft der asymmetrischen Einfachheit und Klarheit absieht, deren beeindruckende Wirkung oftmals das Auge völlig fesselt. Für die im wesentlichen klare Einfachheit von *wabi* in dessen ›entfaltendem‹ Aspekt sind weder die Mattheit noch die Verschwommenheit von Bedeutung, die für den ›hineinziehenden‹ Aspekt des *wabi*-Ausdrucks so charakteristisch sind.

Sowieso ist in beiden Fällen die ›Einfachheit‹ oder Knappheit der äußeren Artikulierung (welche, wie wir gesehen haben, das gemeinsame Merkmal des *wabi*-Ausdrucks ist) letzten Endes nur in dem Sinne von Bedeutung, als sie ein Mittel darstellt, durch das einer besonderen Konfiguration eines wahrnehmbaren Dinges, die eine Einheit des ästhetischen ›Felds‹ von *wabi* bildet, ein direkter und umfassender Ausdruck verliehen wird. Dabei wird eher die nicht-zeitliche Dynamik der metaphysischen Struktur der WIRKLICHKEIT gespiegelt und nicht so sehr der statische Zustand der Vollendung am Endpunkt ihrer wahrnehmbaren Entwicklung zum Ausdruck gebracht.

Die äußere ›Einfachheit‹ von *wabi* beruht daher auf der Dynamik der ungewissen Balance, die in den Dimensionen der äußeren Formen auftritt und in Harmonie ist mit ihrem völligen Durchtränktsein von den Möglichkeiten und Spuren der inneren Artikulierungen, die sie auch stützen.[8]

Diese archetypische Konfiguration von *wabi* wirkt als ästhetische Determinante bzw. Muster beim Artikulieren jeder Einheit der Sinneserfahrung, indem sie ein ganzes Gebiet an Gefühlen und Empfindungen, speziell des Raumempfindens, Farbempfindens und akustischen Empfindens bis hin zu Geruchs-, Tast- und Geschmackssinn, abdeckt.

Wabi, das sich nun zu einer unabhängigen, voll ausgereiften ästhetischen Kategorie entwickelt hatte, schuf verschiedene Kunstarten, Kunstgegenstände und Kunsterzeugnisse im *wabi*-Stil in den mit dem Tee-Weg in Beziehung stehenden Kunstfeldern wie Architektur, Inneneinrichtung, Kunst des Blumenarrangements beim Tee, Kunst des Landschaftsgartens, Duft-Kunst, Töpfer-Kunst usw., wie bereits erwähnt.

Besonders auf dem Gebiet der Keramik entfaltete sich die ästhetische Sensibilität von *wabi* in vollem Umfang. Seine entschiedenste und prägnanteste Form fand der *wabi*-Ausdruck in dem besonderen Typus der *raku*-Teeschale. Mit ihrer ganzen Form, ihrer Gleichmäßigkeit und Ebenheit der Struktur, ihrer gebrochenen, monochromen Farbgebung, ihrer funktionellen Einfachheit, ihrer räumlich tastbaren Wirkung usw. gilt sie als ideale Verkörperung von *wabi* selbst, wie kristallisiert in einer ästhetischen Empfindung. Daher wird die *raku*-Teeschale als

Hinweis auf das kontemplative Feld von *wabi* empfunden, uns an die ursprünglichen Artikulierungen des menschlichen Bewußtseins erinnernd.

3. Raumbewußtsein und schöpferische Subjektivität in der Tee-Kunst

Es ist kaum vorstellbar, daß der Akt des ›Teetrinkens‹ irgendeine seriöse Kunst hervorbringen könnte. Dennoch basieren der Tee-Weg im *wabi*-Stil und die ihm eng verbundenen Kunstgebiete gerade auf diesem faktischen Akt des Teetrinkens. Hier begegnen wir in der Tat einem einzigartigen Phänomen: Das eigentliche Teetrinken bildet durch einen äußerst sorgfältig ausgearbeiteten künstlerischen Prozeß und spezielle Bedingungen und Umstände in sich selbst eine dynamische, anschauliche Kunst, die als eine besondere Form räumlicher Kunst betrachtet werden kann.

Raum und Raumbewußtsein spielen eine ungewöhnlich wichtige Rolle nicht nur im gesamten Verlauf der Kunst des Teetrinkens, sondern auch in der Struktur des kontemplativen Feldes von *wabi* als Ganzem. Tatsächlich drückt sich *wabi* speziell in der Kunst des Teetrinkens als eine besondere Form des Raumbewußtseins aus.

Wenn wir durch den Filter teleologischer Erkenntnis, die unserem empirischen Bewußtsein inhärent ist, den zeitlichen Aspekt der wahrnehmbaren Welt sowie der Dinge und Ereignisse, die darin auftauchen, betrachten, erkennen wir notwendigerweise zahlreiche Linien kausaler Beziehungen, die sich zwischen diesen Dingen und Ereignissen überschneiden, wobei jede von ihnen hinter sich eine Spur ihrer eigenen zeitlichen Entwicklung zurückläßt. Auf diese Weise erhalten wir das Bild der Wirklichkeit unter dem Gesichtspunkt der Zeitlichkeit kausaler Abfolgen.

Wenn wir dagegen dieselbe wahrnehmbare Welt in eine andere Matrix bringen, zum Beispiel der räumlichen als eine der Alternativen zur zeitlichen, würde dadurch eine völlig andere Konfiguration der Wirklichkeit artikuliert werden, wie man sich leicht vorstellen kann. Bei diesem räumlichen Erfassen der wahrnehmbaren Welt würden wir als erstes die Koexistenz von unendlich mannigfaltigen Dingen und Ereignissen vor dem Hintergrund eines grenzenlosen, nicht-zeitlichen Raumes erkennen, die miteinander in Einklang sind und sich voneinander abheben, wobei jedes eine Rolle in der unermeßlichen Ausdehnung des Netzes von Wechselbeziehungen übernimmt.

Hinsichtlich dieses räumlichen, nicht-zeitlichen Bildes der Wirklichkeit müssen zwei höchst wichtige Punkte angeführt werden. Erstens: Anders als in der Wirklichkeit, die als ein empirisches Feld kausaler Abfolgen vorgestellt wird, werden hier keinerlei Beziehungen von Vorausgegangenem und Nachfolgendem zwischen den Dingen und Ereignissen, die in Erscheinung treten, als gegeben angenommen, noch gibt es irgendwelche Hauptzentren, um die sich die Dinge und Ereignisse verdichteten und drehten und an denen das Beziehungs-Kontinuum der Koexistenz aufhören würde.

In diesem nicht-zeitlichen, räumlichen Bild der Realität muß das Netzwerk der Beziehungs-Kontinuität zwischen Dingen und Ereignissen, die die Komponenten des homogenen existentiellen Feldes bilden, in seiner grenzenlosen Ausdehnung geschildert werden, ohne daß es irgendeine unabhängige Beziehungs-Einheit gäbe, die ein in sich abgeschlossenes und sich selbst bezweckendes Ganzes darstellt, obwohl es notwendigerweise einen Brennpunkt der SUBJEKTIVITÄT geben muß, der irgendwo innerhalb des Feldes gesetzt wird.

Das, was dieses räumliche Bild der Wirklichkeit aufrechterhält, ist eher ein Gewahrwerden der Vielfalt und Mannigfaltigkeit von zufälligen Wechselbeziehungen, Übereinstimmungen und Gegensätzen zwischen den Dingen, und weniger das Gewahrwerden ihrer zeitlich-kausalen Abfolge.

Der zweite hier anzuführende Punkt ist, daß in dieser Weltsicht die notwendigen Verbindungen der Determinanten für das Auftauchen von Dingen und Ereignissen nicht zu finden sind, oder besser gesagt, in dieser empirischen Dimension des Seins selbst nicht wie im Falle normaler Kausal-Beziehungen nach ihnen gesucht wird. Die Gültigkeit der notwendigen Verbindungen der Determinanten kann in diesem System nur zwei-dimensional gefunden werden, d. h. in dem metaphysisch-hinaufführenden Verhältnis zwischen dem Vor-Wahrnehmbaren und dem Wahrnehmbaren.[9]

In dieser besonderen, vorrangig räumlichen Sicht bilden die Dinge und Ereignisse der wahrnehmbaren Welt in einem nicht-zeitlichen Raum ein ausgedehntes Netzwerk von zufälligen Begegnungen, die sich aus Koexistenz, Übereinstimmung, Wechselbeziehung und Gegensatz ergeben, welche in einer universalen Existenz mit ihrer inneren Dynamik zusammenlaufen. In einer solchen Perspektive erscheint selbst das, was gewöhnlich als Zeitlichkeit angesehen wird, in einem völlig anderen Licht, denn sie wird hier einfach mit einer ewigen ›Unbeständigkeit-Vergänglichkeit‹ *(mujô)* gleichgesetzt, d. h. einer Serie von zufälligen Einheiten, vorhergehenden und nachfolgenden, die Seite an Seite in ein und demselben Feld vorhanden sind und aus der Räumlichkeit der zeitlichen Abfolge resultieren.

Man kann sagen, daß der Tee-Weg mit seinem zeremoniellen Akt des Teetrinkens eine Kunst darstellt, der es gelungen ist, in höchst ungewöhnlicher Weise die Erkenntnis dieser räumlichen Sicht der Wirklichkeit zu vergegenwärtigen, die nichts anderes als das kontemplative Feld des Tee-Wegs darstellt. Um einen Blick auf die Struktur dieser räumlichen Sicht der Wirklichkeit zu werfen, wie sie in der Tee-Kunst verwirklicht wird, wollen wir mit einer kurzen Beschreibung der typischen Form eines Teeraums beginnen.

Ein Teeraum im *wabi*-Stil ist in seinem Mindestausmaß noch kleiner als die Breite von zwei *tatami*-Matten[10] und maximal viereinhalb Matten groß. Die Deckenhöhe beträgt weniger als sechs Fuß. In diesem kleinen Zimmer ist der Raum des Bodens, der Decke und der Wände in noch kleinere Einheiten weiter unterteilt, so daß keine größere Raumeinheit als Masse übrigbleibt.

Die Decke besteht aus einer Anzahl verschieden großer Abschnitte in verschiedener Höhe mit verschiedenen Winkeln und aus verschiedenen Materialien, während der Boden gleichmäßig durch die Umrandungslinien der *tatami*-Matten unterteilt ist.

Die Wand wird häufig durch kleine viereckige Fenster asymmetrisch unterbrochen, die alle in gitterartiger Unterteilung mit Papier beklebt sind. Die an den vier Ecken und zwischen den Wänden gesetzten Holzpfeiler sind normalerweise von schlanker Form.

Selbst solche Dinge wie Bambusknoten, Astlöcher und knorrige Baumabschnitte werden mit präzisester Berechnung als bedeutsame Einheiten, die positive ›Figuren‹ im ›Feld‹ des integralen Raumes bilden, plaziert.

In diesem Zusammenhang ist es interessant anzumerken, daß es sogar eine spezielle Erfindung zur Benutzung eines sogenannten ›Zahnstocher-Pfeilers‹ *(yôjibashira)* gibt. Dieser Ausdruck bezieht sich auf einen Holz-Eckpfosten, so dünn wie ein Zahnstocher, von dem nur der obere Teil – ein Viertel seiner Gesamtlänge und direkt mit der Deckeneinfassung verbunden – sichtbar ist, während sein unterer Teil allmählich immer dünner wird und seine Spitze auf der Maueroberfläche zurückläßt.

Materielle Festigkeit und Masse werden gewöhnlich gemieden bzw. so weit wie möglich reduziert. Sowohl räumliche Erweiterung als auch lineare Ausdehnung werden oft durch den Gebrauch kurzer dünner Bambusstangen unterbrochen oder behindert.[11]

Auf diese Weise sind Quantität und Qualität jeder einzelnen Linie und Raumeinheit minutiös auskalkuliert, um nicht den sichtbaren Effekt irgendeines einzelnen herausragenden Zentrums zu erzeugen, das in sich abgeschlossen und auf sich selbst begrenzt wäre und dadurch ein Übergewicht über die anderen Teile erhielte. Vielmehr ist jede Linien- und Raumeinheit mit ihren jeweiligen speziellen Charakteristika – in Form, Farbe, Größe, Material usw. – in gleicher Weise als individuelle Komponente des organischen Ganzen des wahrnehmbaren Feldes wirksam und erzeugt ein ästhetisches Gleichgewicht, das durch divergierende Beziehungsformen wie Verhältnis, Balance, Übereinstimmung, Kontrast, Einklang, Koordination usw. entsteht.[12]

Darüber hinaus scheint der visuelle Effekt, der aus dem Mangel an materiellen Eindrücken von Festigkeit und Masse resultiert und durch das gedämpfte Licht, das durch die weißen Papierscheiben fällt, hervorgerufen wird, dem Anblick einen Anflug von Vergeistigung zu verleihen, oder vielleicht sollten wir sagen, einen zarten Schleier über das gesamte räumliche Feld ästhetischer Sättigung zu legen. Das ist die Besonderheit des Inneren eines Teeraums im *wabi*-Stil, bzw. so sollte es sein.

Das Teehäuschen, das den Teeraum beherbergt, wird ›sôan‹ (strohgedeckte Hütte, Einsiedlerklause) genannt. Der Ausdruck *sôan* bezeichnet in seiner ursprünglichen Bedeutung einen temporären Zufluchtsort eines Reisenden, der in alten Zeiten gewöhnlich eine weite, ungebändigte Wildnis zu durchqueren hatte. Hohe Binsen, die überall üppig wucherten, wurden einfach so, wie sie auf dem Feld standen, gebündelt und oben verknotet; auf der Stelle entstand so ein Graszelt, ein Schutz für die Nacht. Am nächsten Morgen löste sich das Zelt durch das Aufbinden des Knotens von selbst auf und verschwand wieder spurlos in der ursprünglichen Wildnis der NATUR. Der symbolische, tiefere Sinn liegt hierbei in dem flüchtigen Gerinnen von Phänomenen und deren erneuter Auflösung.

Tatsächlich ist das Teehäuschen im *sôan*-Stil so gestaltet, daß die Grenzen zwischen dem darin sich entfaltenden Leben der Menschen und der es umgebenden NATUR auf ein Minimum reduziert sind. Verwundbar und flüchtig wie ein Graszelt scheint es jederzeit durch eine Sturmböe vernichtet werden zu können, aber es ist gerade gut genug, den Menschen für eine Nacht vor sanftem Regen und Tau zu schützen. Als flüchtige Verfestigung des Phänomenalen ohne ›Existenz durch sich selbst‹ scheint das Häuschen seine Un-Ausdrücklichkeit und seine existentielle Anspruchslosigkeit vor dem Hintergrund der weiten räumlichen Ausdehnung der NATUR zu repräsentieren.

Darüber hinaus dient die Struktur des winzigen Teehäuschens im *sôan*-Stil dazu, den in ihm weilenden Menschen das Gefühl zu vermitteln, in direktem Kontakt zur Natur und zum Universum um ihn herum zu stehen: mit dem Himmel durch das dünne Strohdach und mit der Erde, den Bäumen und dem Wind durch die erlesenen Materialien des Häuschens. Indem sein waches Raumbewußtsein und Vorstellungsvermögen voll aktiviert werden, fühlt er unmittelbar in seinem eigenen Sein das Pulsieren der NATUR, mit der er hier im Einklang ist.

Auf diese Weise ist das Raumbewußtsein des Menschen im Teeraum keineswegs auf den winzigen physischen Ort des Raumes beschränkt, in den er sich zurückgezogen hat. Der verkleinerte Raum selbst entpuppt sich im Gegenteil als mächtiges Instrument für den Menschen, sein inneres Raumbewußtsein unbegrenzt auszudehnen. Jede einzelne Raumeinheit, jeder Zentimeter der Linien, ja sogar ein einzelner Fleck sind in dem Feld seines Raumbewußtseins an ihrer richtigen Stelle, wobei die Vorstellungen der unendlich weiten Ausdehnung des ganzen Universums den Hintergrund bilden.

Die Teegeräte werden hereingebracht und direkt auf den Boden aus *tatami*-Matten gestellt. Sie sind in Anzahl und Art streng begrenzt und bestehen aus einigen wenigen Utensilien, die der Gastgeber jedesmal selbst sorgfältig auswählt und zusammenstellt, dabei ihre Verschiedenartigkeit betonend, so daß sie untereinander in Farbe, Form, Material und Typus ein harmonisches Ganzes bilden, das auf Relations-Prinzipien wie Kontrast, Koordination, Proportion, dynamischer Balance beruht.

Die wenigen, erlesenen Stücke, eines von jeder Art, werden asymmetrisch auf dem speziellen Platz vor dem Sitz des Gastgebers aufgestellt, der ›Matte für die Tee-Utensilien‹ heißt, wobei jedes einzelne in seiner richtigen Position mit den anderen einen angemessenen Winkel zu bilden hat, in Übereinstimmung mit den strengen Regeln, die genaueste Präzision und Exaktheit, meßbar in Zentimetern oder der Anzahl von Schlingen in der *tatami*-Matte, verlangen.

Arrangement und Auswahl dieser Dinge sollten jedoch nicht die geringste Spur von künstlicher Zusammenstellung aufweisen. Ein unverdächtig natürliches Aussehen des Bodens, auf dem ein paar Utensilien in anscheinend zufälliger Größe, Farbe und Form aufgestellt wurden, die mit den anderen Einheiten des Innenraumes in Einklang sind, verwirklicht in der Tat in seiner ruhigen Zeitlosigkeit ein exquisites, organisches Ganzes räumlicher Ausgewogenheit.

Diese räumliche Nicht-Zeitlichkeit als Schuß und der zeitliche Prozeß der Aktivität des Teezubereitens und Teetrinkens als Kette – um eine Metapher aus der Webkunst zu gebrauchen – werden in das ›Feld‹ der Tee-Kunst einverwoben. Jede zarte Bewegung der Finger und Hände, der kleinste Wechsel der Stellung eines jeden Tee-Utensils auf dem Boden oder irgendeine subtile Verschiebung des Brennpunkts innerhalb des Gesamt-Arrangements der Dinge webt Augenblick für Augenblick ganz frisch ein neues räumliches Feld.

Das schöpferische Pulsieren des ›Feldes‹, das seinen Umkreis in alle Richtungen jenseits der Umfriedung von Raum und Teehäuschen ausdehnt, sich mit den Lauten des Windes vermischt und mit den schwankenden Bewegungen der Bäume übereinstimmt, wird so empfunden, daß es am Ende mit der metaphysischen Dynamik des Kosmos in seiner unaufhörlichen Kreativität eins wird, d. h. mit der Aktivität der hervorbringenden Artikulierung, nämlich dem ›Hineinziehen‹ und dem ›Entfalten‹ in und aus dem nicht-artikulierten Ganzen.

Auf dieser Stufe gibt es dann keinerlei Regeln und Normen der Tee-Kunst mehr, um dem Menschen sein Verhalten und seine Aktivitäten auf dem Tee-Weg vorzuschreiben. Denn das nicht-artikulierte SELBST, die absolute SUBJEKTIVITÄT in ihrer transzendentalen Freiheit und Spontaneität, ist in der Tat die einzige repräsentative Subjektivität des kreativen Ausdrucks des Tee-Wegs und der *wabi*-Kunst.[13] Sie ist weder subjektiv noch objektiv – es handelt sich eben nicht darum, daß der Mensch im Raum ist oder daß der Raum mit dem Menschen darinnen vorhanden ist. Was ›hier und jetzt‹ vergegenwärtigt wird, ist nicht mehr und nicht weniger als das allumfassende ›Feld‹ selbst, eine Manifestation des nicht-artikulierten SELBST, das mit der SUBJEKTIVITÄT des schöpferischen, hervorbringenden Ausdrucks des NICHTS eins ist. Wenn wir uns noch weiter darum bemühen wollten, eine Darstellung aus der Situation heraus zu geben, könnten wir ganz einfach sagen, daß im Teeraum des Teehäuschens der empirische Prozeß des Teezubereitens und Teetrinkens vor sich geht. Rikyû selbst bezieht sich darauf in seinem folgenden *waka*:

> Die Kunst des Tees,
> muß man wissen,
> ist nichts anderes
> als Wasser kochen,
> Tee zubereiten und trinken.[14]

Alle empirischen Handlungen, Regungen, Bewegungen und Veränderungen sind daher nichts anderes als das unaufhörlich Feld-bildende Pulsieren der sich selbst artikulierenden Schöpfung des NICHTS, als das nicht-artikulierte Ganze.

1 Zur geschichtlichen Entwicklung der Tee-Kunst vgl. Tatsusaburo Haya-shiya/Masao Nakamura/Seizo Hayashiya: ›Japanese Arts and Tea Cere-mony‹, New York/Tokyo 1974. Dieses Buch liefert auch Anschauungs-material zu den Kunstobjekten, die speziell zur Tee-Zeremonie gehören, und zu den wichtigsten Begriffen und Ideen im Zusammenhang mit dieser Kunst. Vgl. auch Kakuzo Okakura: ›Das Buch vom Tee‹, Insel Taschen-buch 1979

2 Dieser Abschnitt über *suki* basiert auf dem ›Shôtetsu monogatari‹ von Shôtetsu (1380–1459), einer berühmten Schrift zur Theorie der Dicht-kunst, enthalten in ›Nihon koten bungaku taikei‹ Bd. 65, op. cit. S. 230

3 Diese Idee liegt zum Beispiel der gesamten berühmten Schrift ›Tsurezure-gusa‹ von Kenkô Yoshida zugrunde, die von 1324–1331 niedergeschrieben wurde. Vgl. die deutsche Übersetzung von Oscar Benl: ›Betrachtungen aus der Stille. Tsurezuregusa‹, Frankfurt/Main 1963

4 Ietaka Fujiwara (1158–1237), ein herausragender Dichter der Shinkokin-Zeit, der zusammen mit Teika das ›Shinkokin-shû‹ kompilierte.

5 Ein Gedicht von Teika

6 Ein Gedicht von Ietaka. Dieses Gedicht zitiert auch Sen'ichi Hisamatsu in seinem ›The Vocabulary of Japanese Literary Aesthetics‹, Center for East Asian Cultural Studies, Tokyo 1963, S. 61

7 Vgl. Yoshinori Onishi: ›Fûgaron‹ (Studie zu *fûga*), Tokyo 1940

8 Vgl. Shôgo Kinbara: ›Tôyô bijutsu‹ (Ostasiatische Kunst), Tokyo 1941, S. 133–135

9 Vgl. Shûzô Kuki: ›Bungeiron‹ (Studie zur Literatur), Tokyo 1967, S. 6–7

10 Die Standardgröße einer *tatami*-Matte beträgt 6×3 japanische Fuß (1 Fuß = 30,3 cm), d. h. ca. 182×91 cm.

11 Vgl. Shûichi Katô: ›Nihon bungakushi josetsu‹ (Einführung in die japanische Literaturgeschichte), Bd. 1, Tokyo 1975, S. 277

12 Vgl. Shôgo Kinbara: ›Bi no kôzô‹ (Die Struktur des Schönen), Tokyo 1942, S. 13–14; Tetsurô Watsuji: ›Fûdo‹ (Über die geographischen und klimati-schen Merkmale von Philosophien, erschienen 1928/29), Tokyo 1971, S. 190–191

13 Vgl. Shinichi Hisamatsu: ›Sadô no tetsugaku‹ (Die Philosophie des Tee-Wegs), Tokyo 1973, S. 145–151

14 Dieses Gedicht findet sich im Abschnitt ›Metsugo‹ der Schrift ›Nambôroku‹ (Niederschrift des Mönchs Nambô).

Haiku

Ein existentielles Ereignis

1. Vom waka zum haiku

Das *haiku* wurde ursprünglich *hokku* genannt, was soviel wie Erstvers eines *renga* (Kettengedichts) bedeutet, das geschichtlich der Vorläufer des *haiku* war und als Verbindungsbrücke zwischen *waka* und letzterem diente. Das *haiku* war geboren, als den Erstversen *(hokku)* des Kettengedichts *(renga)* Selbständigkeit zugebilligt wurde.

Das *haiku* besteht also aus einem Satz (oder Sätzen), der aus 17 Silben komponiert ist und die innere Aufteilung in 5/7/5, also formal das genaue Äquivalent der oberen Strophe eines *waka,* aufweist.

Das herausragende Merkmal des *haiku* als Gedichtform besteht genau wie beim *waka* in der Tatsache, daß es extrem kurz ist – noch kürzer als ein *waka* – und daß seine extreme Verkleinerung der linguistischen Einheit die Bildung eines nichtzeitlichen, poetisch-sprachlichen ›Feldes‹ fördert.

Darüber hinaus spielt auch beim *haiku* die NATUR die wichtigste Rolle, sowohl in der Form natürlicher Dinge und Ereignisse als auch der ›Jahreszeiten-Worte‹ *kigo,* deren Vorhandensein in dem Sinne unverzichtbar ist, daß ohne sie das poetische ›Feld‹ aus siebzehn Silben keinen Anspruch darauf hat, *haiku* genannt zu werden.

So kann man zwischen dem *haiku* und seinem Vorläufer, dem *waka,* noch immer viele hauptsächlich formale Ähnlichkeiten erkennen. Mit Erstaunen sehen wir jedoch, daß im Gegensatz zu dieser langsamen und gemäßigten Entwicklung vom *waka* zum *haiku* in der äußeren sprachlichen Form, die sich über Jahrhunderte erstreckte, die innere Disposition und Konfiguration in der Zwischenzeit eine drastische Entwicklung durchmachte. Es ist noch erstaunlicher, daß diese drastische innere Entwicklung ordnungsgemäß und absolut gradlinig innerhalb der Grenzen des ursprünglichen Struktur-Rahmens stattfand, dessen inneres Grundschema Jahrhunderte früher in der Kunst des *waka* erstellt worden war, als die besondere Beziehung zwischen *kokoro* (der schöpferischen Subjektivität) und *kotoba* (Wort) von Teika Fujiwara dargestellt und herausgearbeitet wurde. Nachdem die innere Entwicklung an die äußerste Grenze der Ausarbeitung in der positiven Richtung gelangt war, begann sie in die negative Richtung umzuschlagen; negativ in dem Sinn, daß das gesamte Schema in seiner organischen Ganzheit gleichsam umgekehrt wurde, so daß als Folge davon das ursprüngliche Struktur-Schema nur in negativer Weise intakt blieb.

Die Frage nach dem Hauptgrund für diese strukturelle Umkehrung beiseite lassend, wollen wir uns hier mit ein oder zwei Beispielen zufrieden geben, die provisorisch den Charakter dieses Phänomens beleuchten mögen. Der positive Wert von *ushin* (mit Geist, mit Gesinnung) als einem schöpferischen Stil des *waka* und einer schöpferischen Haltung des *waka*-Dichters, entwickelte sich im *haiku* zu *mushin* (ohne Geist, ohne Gesinnung). Ein anderes Beispiel: *yojô* (ästhetische Fülle oder ästhetisches Durchtränktsein) als ästhetischer Schlüsselwert des *waka* findet im Bereich des *haiku* sein Gegenstück in *yohaku* (leerer oder freier Raum). *Yojô* ist, wie wir bereits in unserem vorangegangenen Essay über das *waka* verdeutlicht haben, eine ›Geistesverfassung‹, die in positiver Weise in einem poetischen ›Feld‹ als semantischer Überfluß eines sprachlichen Ausdrucks gegenwärtig wird. *Yohaku* ist im Gegensatz dazu das noch-nicht-artikulierte Ganze selbst als der leere Hintergrund eines sprachlichen Ausdrucks. *Yojô* und *yohaku* stellen jeweils wesentliche ästhetische Werte des *waka* bzw. *haiku* dar.

Zeitgenössische Literaturkritiker und -wissenschaftler führen oft zur Erklärung dieser positiv-negativ-Umkehrung an, daß die mittelalterlichen Künste und das künstlerische Denken »eine drastische Umwandlung dadurch erfuhren, daß sie durch den Filter von *mu*, d. h. des Nichts oder der Negativität, gingen«.

Die äußere Welt bedeutet beim *waka* vor allem die NATUR, die in erster Linie als semantischer ›Evozierer‹ oder Resonator verstanden wird, eine der wichtigsten Konstituenten des poetisch-sprachlichen ›Feldes‹. Sie ist in der Tat eine bloße Verlängerung der inneren Artikulierung, d. h. der Vorstellungen und Begriffe. Selbst in der speziellen späteren Form der ›Natur-Beschreibung‹ bestätigt die Tatsache, daß die NATUR äußerlich als Erkenntnis-Objekt postuliert wird, nicht notwendigerweise die Ansicht, daß sie im *waka* eine gegebene Größe darstellt, die völlig unabhängig vom erkennenden Subjekt existiert. Denn die erkennende Tätigkeit ist in diesem Kontext nichts anderes als eine Verlängerung der inneren Tätigkeit der Artikulierung. Die NATUR ist in der Welt des *waka* letzten Endes ein artikuliertes ›Feld‹ mit dreifacher Bedeutung: semantisch, erkenntnismäßig und kontemplativ.

Beim *haiku* wird der NATUR – natürlichen Dingen und Ereignissen – im Gegensatz dazu eine objektive Tatsächlichkeit inmitten der empirischen Wirklichkeit zugesprochen, woraus man jedoch nicht folgern darf, daß das *haiku* eine rein objektive Beschreibung der NATUR als einer konkreten, empirischen Wirklichkeit darstellt. Eher wird die NATUR, der der *haiku*-Dichter in seiner schöpferischen Tätigkeit gegenübersteht und mit der er umgehen soll, als etwas angesehen, das in sich im wesentlichen empirisch, objektiv und tatsächlich ist. Anders ausgedrückt: In der schöpferischen Aktivität des *haiku* wird das Hauptgewicht auf die erfahrbare Wirklichkeit des Dichters gelegt, der sich auf eine dialektische Begegnung mit der NATUR und der objektiven äußeren Welt einläßt. Und diese erfahrbare Wirklichkeit des Dichters angesichts der NATUR setzt notwendigerweise voraus, daß diese NATUR mit objektiver Solidität außerhalb postuliert wird, so als ob sie ontologisch eine vom Subjekt völlig unabhängige Größe sei.

2. Hai-i oder der Geist des haiku

Da das herausragendste und wesentlichste Merkmal des *haiku*, das es vom *waka* und *renga* (Kettengedicht)[1] unterscheidet, in der besonderen dialektischen Begegnung des schöpferischen Subjekts mit der äußeren Welt in seiner schöpferischen Aktivität zu bestehen scheint, werden wir unsere Analyse des *haiku* von diesem speziellen Gesichtspunkt her beginnen. Die gesamte Idee wird in höchst bedeutsamer Weise durch den Fachausdruck *hai-i* (Geist des *haiku*)[2] repräsentiert.

Wie wir bereits erwähnten, gleicht das *haiku* als siebzehnsilbiger Vers formal der oberen Strophe eines *waka*, unabhängig davon, daß jedes *haiku* ein *kigo* (Jahreszeitenwort) enthalten muß. Dennoch bringt die bloße Erfüllung dieser Forderung nicht notwendigerweise ein *haiku* hervor, wenn es dem Gedicht, wie das oft der Fall ist, an *hai-i* mangelt.

Ein Vers aus 17 Silben mit der inneren Einteilung 5/7/5 ohne *hai-i* würde, selbst wenn er ein *kigo* (Jahreszeitenwort) enthielte, kein *haiku* ausmachen; er könnte im äußersten Fall ein unvollendetes *waka* darstellen. Das, was ein *haiku* wirklich zum *haiku* macht, ist nicht seine formale Struktur, sondern vielmehr der Geist des *haiku*, *hai-i*.

Bashô (der nach allgemeiner Übereinstimmung den höchsten Rang aller *haiku*-Dichter einnimmt), der die Theorie des *haiku* bis zur höchsten Vollendung ausarbeitete, brachte die Bedeutung des *hai-i* an den Tag. Er entwickelte seine Gedanken unter besonderer Betonung des *hai-i*, so daß dieser Begriff sehr stark in die innere Struktur und Theorie des *haiku* integriert und mit vielfältiger Bedeutung und organischer Flexibilität versehen wurde.

In enger Beziehung zum *hai-i* steht ein weiterer Fachausdruck: *haigon* (*haikai*-Wort oder Wort des *haiku*-Geistes). Bezüglich *hai-i* und *haigon* wurde uns von einem der herausragendsten Schüler Bashôs, Dohô Hattori, eine Bemerkung Bashôs überliefert, die dem Sinn nach folgendermaßen lautet: ›Eine Weide in sanftem Frühlingsregen‹ ist ein Thema, das sowohl dem Ausdruck wie dem Inhalt nach vor allem der Welt des *renga* (Kettengedicht) angehört – die poetische Anlage des *renga* wurde, im Gegensatz zum *haiku*, mit der des *waka* übereinstimmend empfunden –, während ›eine Krähe, die im Schlick eines Reisfeldes nach einer Schnecke pickt‹ ganz dem *haiku* entspricht.[3]

Aus so einer Bemerkung könnten wir leicht schließen, daß bei der Naturbeschreibung ein scharfer Gegensatz zwischen *haiku* und *waka* hinsichtlich Themenwahl und Ausdrucksweise zu beobachten sei. Wir könnten uns weiterhin vorstellen, daß die NATUR, wie sie vom *waka*-Dichter als poetisches Thema aufgefaßt wird, mehr oder weniger elegant, ästhetisch kultiviert oder poetisch verfeinert erscheint, während die Naturbeschreibung im *haiku* offensichtlich dem profanen Leben nahesteht, bis hin zum Vulgären. Eine derartige Interpretation der Bemerkung Bashôs mag im Sinne einer groben Skizze des Gegensatzes in der äußeren Erscheinung der Naturbeschreibung zwischen *haiku* und *waka* von der Wahrheit vielleicht nicht allzu weit entfernt sein. Sie kann uns jedoch in die simple, dafür um so gefährlichere Falle des Mißverstehens der fundamentalen inneren Struktur eines *haiku* führen.

Denn empirische Objektivität und profane Deutlichkeit, die Ausdrucks-Stil sowie Themenwahl speziell des *haiku* kennzeichnen, sind nichts anderes als Ergebnis oder offenkundige Wirkung der schöpferischen Aktivität des *haiku*, in Übereinstimmung mit den Geboten seiner inneren Struktur. In keinster Weise verweisen sie auf den Hauptfaktor, der die eigentliche innere Struktur des *haiku* bestimmt, durch die sein innerstes Wesen und Charakter gebildet werden.

> Das Gestade des Sees
> ruhig und klar,
> herbstliches Wasser.

Dieses Gedicht führt Buson Yosa[4] als Beispiel dafür an, bedauerlich ›schwach‹ im *hai-i* (Geist des *haiku*) zu sein, wobei es ohne weiteres seiner poetischen Anlage und seiner Natur nach die obere Strophe eines *waka* abgeben könne, aber eben kein *haiku*.

Gewiß wird die NATUR in diesem *haiku* nicht idealisiert oder stereotyp dargestellt. Sie besitzt empirische Konkretheit. Und Worte wie ›herbstliches Wasser‹ und ›das Gestade des Sees‹ gehören definitiv nicht zu einem *waka*, denn von Standpunkt des *waka* her erscheinen sie ein bißchen zu ungeschliffen und profan. Außerdem sind diese Worte wegen ihrer alltäglichen Vertrautheit und literarischen Neuheit wenigstens teilweise als *haigon* ausgewiesen, und zwar insofern, als sie noch nicht durch die Verwendung in der Welt des *waka* abgedroschen klingen. Dennoch wird dieses *haiku*, obwohl es ästhetisch mehr als passabel ist, als unvollkommenes *haiku* hingestellt, da es ihm an *hai-i*, dem Geist des *haiku*, mangelt.

Zum einen bezieht sich *hai-i* auf die Art, wie das schöpferische Subjekt sich existentiell in die äußere Welt, nämlich NATUR und menschliche Angelegenheiten, einbringt. Zum anderen bezieht es sich in einer äußerst komplizierten, paradoxen und organischen Weise auf die verborgene innere Struktur des *haiku* in seiner Ganzheit.

Da *hai-i* auf diese Weise eine Hauptrolle im *haiku* spielt, könnten wir es mit Recht von einer Reihe verschiedener Blickwinkel her betrachten. Hier werden wir uns mit ihm in Verbindung mit verschiedenen Schlüsselbegriffen wie *fueki* (Beständigkeit), *ryûkô* (Flüchtigkeit) und *fûga no makoto* (Lauterkeit des ästhetisch Schöpferischen) auseinandersetzen.

3. Die Dynamik der Subjekt-Objekt-Beziehung

Befassen wir uns mit *hai-i* zuallererst in Verbindung mit der Frage nach der NATUR, die dem *haiku* eigen ist. Denn diese Erörterung wird uns den Hauptunterschied zwischen *waka* und *haiku* enthüllen.

Der Grund dafür, warum das oben erwähnte *haiku* als mangelhaft in bezug auf *hai-i* gilt, liegt darin, daß in seiner Naturbeschreibung das dynamische Moment der dialektischen Begegnung des erkennenden, schöpferischen Subjekts mit der NATUR überhaupt nicht sichtbar wird, obwohl die Darstellung der NATUR selbst eher hinreichend objektiv-beschreibend als subjektiv-expressiv ist.

In der Welt des *haiku* wird die NATUR (und gleichermaßen die menschlichen Angelegenheiten) nicht bloß wahrgenommen, erkannt und beschrieben. Sie muß vom Dichter auf der Stelle in ihrem dynamischen Moment und ihrer unmittelbar erfahrbaren Gegenwärtigkeit ›aufgegriffen‹ werden als sinnlich-wahrnehmbares Drama, in dem die existentielle Gesamtheit des schöpferisch-erkennenden Subjekts der äußeren Welt begegnet. Jedes Ereignis der Subjekt-Objekt-Begegnung findet ein für allemal statt, dauert nur einen Augenblick, endet ein für allemal und ›verschwindet, ohne eine Spur zu hinterlassen‹

im NICHTS, dem nicht-wahrnehmbaren, nicht-artikulierten Ganzen.

Das *haiku* muß man vor allem als dynamisch betrachten. Dynamik darf in diesem Kontext allerdings nicht als bloße Bewegung verstanden werden, die mit der Nicht-Bewegung in derselben wahrnehmbaren Dimension wechselseitig austauschbar ist. Die Dynamik des *haiku* beruht nicht nur auf der Vergänglichkeit, die objektiv in der äußeren Welt erkennbar ist, sondern ebenso auf der Vergänglichkeit des erkennenden Subjekts. Oder noch präziser ausgedrückt: Sie ist das Moment, das in einer flüchtigen Begegnung zwischen der Vergänglichkeit des erkennenden Subjekts und der Vergänglichkeit des erkannten Objekts gegenwärtig ist. Und die Begegnung ereignet sich in der wahrnehmbaren Wirklichkeit als einer Manifestation des NICHTS, des nicht-artikulierten Ganzen, das die Quelle sowohl des erkennenden Subjekts als auch des erkannten Objekts ist, die beide unter exakt gleichen Bedingungen in derselben Eigenschaft einer sichtbar gewordenen Erscheinungsweise des Ganzen aktiv sind. Alle sinnlich-wahrnehmbaren Dinge und Ereignisse, ebenso wie das sinnlich-wahrnehmbare, erkennende Subjekt, sind ohne Ausnahme notwendigerweise und essentiell beweglich, dynamisch und funktionell.

In der Welt des *haiku* wird Nicht-Bewegung im wahren Sinne dieses Wortes nur in der transzendentalen Dimension vergegenwärtigt.

Ein alter Teich
ein Frosch hüpft hinein
der Klang des Wassers

In diesem berühmten *haiku*[5] ist vor dem Hintergrund des NICHTS oder der transzendentalen Stille das winzigste Naturereignis dazu ausersehen, das gesamte Gewicht des dynamischen Moments des *haiku* zu tragen.

Der schwache Klang des Wassers, der für sich auch nicht die geringste ästhetische Bedeutung besitzt und ästhetisch keinerlei Sinn ergibt, verursacht durch sein Erkanntwerden von dem erkennend-schöpferischen Subjekt das wahrnehmbare Ereignis der Subjekt-Objekt-Begegnung, die ein metaphysisches ›Feld‹ ewiger Gegenwart inmitten der wahrnehmbaren Zeit und des wahrnehmbaren Raums hervorbringt.[6]

Wie aus diesem Beispiel deutlich wird, erfordert die gesamte schöpferisch-erkennende Aktivität des *haiku*, daß weniger der ästhetische Sinn des Dichters als vielmehr vor allem dessen erkennende Aktivität der Sinneswahrnehmung und intuitiven Erkenntnis selbst völlig von diesem speziellen Gewahrwerden durchgedrungen sein sollte, wie es gerade angeführt wurde.

In dieser Beziehung weist das *haiku* einen bemerkenswerten Unterschied zum *waka* auf. Kurz gesagt ist das *waka* eine Welt aus *kokoro* (Gesinnung) und *kotoba* (Wort), während das *haiku* ein Ereignis dialektischer Konfrontation zwischen erkennendem Subjekt und äußerem Objekt darstellt.

In der schöpferischen Wirklichkeit des *haiku* darf es keinerlei Zwischenraum, auch nicht von Haaresbreite, zwischen der Geistesverfassung und dem erkennend-wahrnehmbaren Akt geben. Mit anderen Worten: Die Geistesverfassung ist höchst unmittelbar mit dem erkennenden Akt der Wahrnehmung selbst verbunden, ohne jegliches Dazwischentreten der inneren Aktivität semantischer Artikulierung. Die Geistesverfassung, das nicht-artikulierte existentielle Ganze der SUBJEKTIVITÄT – in der vollständigen Identifikation mit dem NICHTS an sich – trifft direkt auf die nicht-artikulierte existentielle Wirklichkeit des OBJEKTS, nämlich *honjô*.

Die dialektische Entsprechung zwischem dem SUBJEKT und dem OBJEKT vergegenwärtigt durch sich selbst ein ›Feld‹, das mit einer Art von erkennendem GEWAHRWERDEN durchtränkt ist. In diesem ›Feld‹ des erkennenden GEWAHR-

WERDENS als dem wahrnehmbaren Ort der dialektischen Entsprechung von SUBJEKT und OBJEKT enthüllt das OBJEKT sein *honjô* in seinem augenblicklichen Erscheinungsbild, d. h. in einem speziellen Zeichen *(bi)* unter all den unbegrenzten, möglichen Zeichen seiner selbst.

Es ist dieses spezielle *bi*, was das SUBJEKT in Bewegung bringt. In unmittelbarer Reaktion auf die Motivierung durch dieses *bi* wird das SUBJEKT seinerseits durch seine eigene Sinnes-Artikulierung des *bi* und der direkten Wahrnehmung desselben erkennbar aktiviert.

Das dynamische Aufgreifen des Zeichens *(bi)* und der unmittelbare, beschreibende Ausdruck desselben bringen den gesamten Prozeß des schöpferisch-erkennenden ›Ereignisses‹ des *haiku* zum Abschluß. Dieser ganze Prozeß kann nur dann in idealer Weise zur Ausführung kommen, wenn er in vollkommener Übereinstimmung mit *fûga no makoto*, der ›Lauterkeit des ästhetisch Schöpferischen‹, steht.

4. Fûga no makoto

Die ›Lauterkeit des ästhetisch Schöpferischen‹, *fûga no makoto*, wie Bashô es nennt, ist eine aufsteigend strukturierte und ästhetisch gefärbte Geistesverfassung des schöpferischen Subjekts. Sie ist der Hauptfaktor, der in fundamentaler Weise Qualität und Wert des schöpferisch-erkennenden Ereignisses des *haiku* sowie dessen ästhetisches Produkt bestimmt – noch vor dem aktuellen Vorgang der schöpferischen Aktivität des Dichters.

Fûga no makoto, die ›Lauterkeit des ästhetisch Schöpferischen‹, stimmt nach Bashô mit der ›Lauterkeit des kosmisch Schöpferischen‹, *zôka no makoto*, überein.

Das Schöpferische der NATUR wird oft als *mu-i no i*, d. h. ›etwas tun, ohne irgend etwas zu tun‹, beschrieben. Es ist eine ichlose oder subjektlose Schöpfung.

Bashô betont, daß das ästhetisch-existentielle Gewahrwerden des Dichters mit dem kosmischen GEWAHRWERDEN des Schöpferischen der NATUR in Übereinstimmung und letzten Endes identisch sein sollte. Diesem höchsten Ziel der Identifikation seines ästhetisch-existentiellen Gewahrwerdens mit dem kosmisch-schöpferischen GEWAHRWERDEN des *mu-i no i* sollte der Dichter unablässig und sehnsuchtsvoll entgegenstreben. Auf diese Weise wird die künstlerische Geistesverfassung der ›Lauterkeit des ästhetisch Schöpferischen‹ in sich als fundamentaler Quellgrund bewertet, der alle ästhetischen Werte hervorbringt und nach dem der Dichter mit allen existentiellen Konsequenzen trachtet.

In diesem Sinne gehört auch das *haiku* zum ›ästhetischen WEG‹ *(geidô)* als eines seiner Derivate. Dazu konstatierte Bashô selbst: »Das *waka* von Saigyô[7], die *renga* von Sôgi[8], die Bilder von Sesshû[9], die Tee-Kunst von Rikyû[10] – es ist ein einzelner Faden erkennbar, der sie alle aneinanderreiht.«[11] Mit dem ›einzelnen Faden‹ ist hier in diesem Kontext das existentielle Streben nach *fûga no makoto,* der ›Lauterkeit des ästhetisch Schöpferischen‹, gemeint.

Wenn das ›Feld‹ der ›Lauterkeit des kosmisch Schöpferischen‹ und das der ›Lauterkeit des ästhetisch Schöpferischen‹ in eine vollkommene Einheit zusammenfließen und das existentiell-ästhetische ›Feld‹ des schöpferischen GEWAHRWERDENS bilden, erhält die NATUR an sich und für sich für den Dichter ästhetischen Wert.

Für den Dichter daher, der nach *fûga no makoto* strebt, »wird alles vor seinen Augen zu nichts anderem als einer Blüte und alles in seinen Gedanken zu nichts anderem als dem Mond«.[12]

Blüte und Mond, die empirischen Dinge der NATUR, die durch seine Sinne und Empfindungen als reine Erkenntnis-Objekte wahrgenommen werden, erlangen hier ästhetisch-existentielle Bedeutung und Wertschätzung, ohne daß sie irgendeine Veränderung erfahren. Der reine Akt der empirischen Erkenntnis des Dichters birgt in sich gleichzeitig den Akt der ästhetischen Erkenntnis.

In diesem Sinne ist die Geistesverfassung im *haiku* unmittelbar und direkt mit Empfindung und Sinneswahrnehmung verknüpft, während es im *waka* die innere Tätigkeit der semantischen Artikulierung ist, die unwiderruflich mit der Geistesverfassung zusammenhängt.

Das Schlichte, Profane oder sogar Vulgäre des *haiku*-Ausdrucks – im Gegensatz zur Kultiviertheit des ästhetischen Idealismus beim *waka* – erlangt nur in diesem strukturellen Rahmen des *haiku* als einer existentiell-ästhetischen Erfahrung diese große Bedeutung.

»Seine Geistesverfassung auf kontemplativer Höhe haltend, sollte der Dichter zum Profanen seiner Erfahrungswirklichkeit zurückkehren.« Es wäre ein großer Fehler, diese berühmte Ermahnung Bashôs in der Weise verstehen zu wollen, daß man dem, worauf die erste Satzhälfte hinweist, die absolute Priorität zugesteht, während man das Profane der Erfahrungswirklichkeit, das in der zweiten Hälfte genannt wird, nur als ein notwendiges Übel betrachtet, das den Zustand der kontemplativen ›Geisteshöhe‹ begleitet. Denn vom Standpunkt des *haiku* her gesehen ist das, was zwischen der Geistesverfassung und der Erfahrungswirklichkeit existiert, nicht eine derart einseitige Beziehung. Es ist vielmehr eine beiderseitige und wechselseitige Beziehung. Die ›Höhe‹ der Geistesverfassung wird nur durch ihre wahrnehmbare Manifestation strukturell bestätigt, d. h. in diesem speziellen Kontext durch die ›Profanität‹ der Erfahrungswirklichkeit, die ihrerseits durch die Geistesverfassung in positiver und lebendiger Weise zu einer wahren sinnlich-wahrnehmbaren Wirklichkeit aktiviert wird.[13]

5. Fueki (Beständigkeit) und ryûkô (Flüchtigkeit)

Die Erfahrungswirklichkeit, die durch die sinnlich-wahrnehmbare Begegnung zwischen dem erkennenden Subjekt und dem erkannten Objekt konstituiert wird, ist in sich selbst die Dimension von *ryûkô*, was Flüchtigkeit der Erscheinungen bedeutet. *Ryûkô* ist einer der Schlüsselbegriffe der von Bashô aufgestellten *haiku*-Theorie.

Mit *ryûkô* steht ein weiterer Begriff in enger Verbindung: *fueki* (Beständigkeit). Die Dimension von *fueki* ist die nicht-wahrnehmbare Zeitlosigkeit.

Man muß unbedingt beachten, daß dieses wichtige Begriffspaar *fueki* und *ryûkô* zu ein und derselben Zeit in systematischer Weise auf die beiden verschiedenen Struktur-Aspekte des *haiku* angewendet wird, nämlich den ontologischen und den stilistischen. Im ontologischen Kontext bedeutet *ryûkô* wörtlich: Flüchtigkeit der Erscheinungen, und *fueki:* nicht-wahrnehmbare Beständigkeit. Im stilistischen Kontext dagegen bedeutet ersteres flüchtige Modernität, und letzteres eine standardisierte ästhetische Norm.

Obwohl *fueki* und *ryûkô* vollkommen relative und sich gegenseitig ergänzende Begriffe sind, erhält letzterer in der *haiku*-Struktur einen positiven Brennpunkt. Anders ausgedrückt: In seinem ontologischen Aspekt wird der zentrale Brennpunkt auf die Flüchtigkeit der Erscheinungen der Erfahrungs-Erkenntnis-Wirklichkeit eingestellt und nicht so sehr auf die noumenale Wirklichkeit, und in seinem stilistischen Aspekt auf die flüchtige Modernität und Neuheit und nicht so sehr auf die standardisierte ästhetische Beständigkeit.

Wie wir gleich deutlich machen werden, steht diese offenkundige Priorität, die im *haiku* der ›Flüchtigkeit‹ *(ryûkô)* gegenüber der ›Beständigkeit‹ *(fueki)* sowohl in der stilistischen als auch der ontologischen Bedeutung eingeräumt wird, dennoch auf dem Fundament einer recht komplizierten und fließenden Struktur von Wechselbeziehungen.

Da der ontologische Aspekt die Grundlage bildet, auf der der stilistische aufbaut, wollen wir zunächst die Begriffe *fueki* und *ryûkô* im Hinblick auf ihre ontologische Bedeutung betrachten.

Wie gerade dargestellt wurde, existieren *fueki* und *ryûkô* in gegenseitig voneinander abhängiger Weise: das eine als der metaphysische Grund und das andere als seine Erscheinungsweise. Hier ist es am wichtigsten, festzuhalten, daß das ästhetisch Schöpferische des *haiku* in dieser Struktur notwendigerweise der Dimension des Phänomenalen *(ryûkô)* angehört, was natürlich auch für die autonome, spontane Entfaltung der NATUR gilt, da sich beide in ihrer Befähigung zu wahrnehmbarer schöpferischer Artikulierung gleichen.

Das ontologisch-schöpferische ›Feld‹ des Phänomenalen ist in sich das ästhetisch-schöpferische ›Feld‹ des *haiku*-Ereignisses. Entsprechend wird im sprachlichen ›Feld‹ des *haiku* die Flüchtigkeit der Erscheinungen *(ryûkô)* dazu veranlaßt, eine positive Form anzunehmen, während der metaphysischen Beständigkeit *(fueki)* die Position einer verborgenen, negativen Existenz als dazugehöriger Hintergrund zugewiesen wird. Die gesamte Struktur des *haiku* ist jedoch so angelegt, daß, je stärker das Moment der Flüchtigkeit ausgedrückt wird, desto höher und intensiver das verborgene Potential der nicht-wahrnehmbaren Beständigkeit *(fueki)* ist.

Tatsächlich ist im *haiku* die dynamische Intensität und Lebendigkeit des Ausdrucks der Flüchtigkeit des Phänomenalen in sich eine indirekte Art der Ausrichtung des Brennpunkts auf die negative Gegenwart der Unermeßlichkeit des nicht-artikulierten Ganzen, demgegenüber das Phänomenale nichts anderes als ein winziges Stückchen dahineilender Vergänglichkeit darstellt.

Wenden wir uns nun dem stilistischen Aspekt zu. Die Gleich-setzung des ästhetisch Schöpferischen als vollständigem Gan-zen mit der existentiellen Aktivität des schöpferischen Subjekts bestimmt das stilistische Prinzip, demzufolge der Stil des *haiku*-Ausdrucks sich im wesentlichen durch das dynamische Mo-ment der existentiellen Erscheinungsweise auszeichnen sollte: Unaufhörlichkeit, Wechsel, Unbeständigkeit, Flüchtigkeit und Umwandlung.

Das stilistische Prinzip muß vollkommen übereinstimmend und zeitgleich mit dem dynamischen Wechsel von wahrnehm-barer Zeit und wahrnehmbarem Raum aktiv werden. Die stili-stische ›Modernität‹ sollte im Kontext des *haiku* eine ›Moderni-tät‹ exakt im Sinne von *ryûkô* (wahrnehmbare, existentielle Vergänglichkeit) sein. Beim *haiku* ist stilistische Modernität des Ausdrucks kein Zubehör in der Art einer stilistischen Verschö-nerung, vielmehr etwas Essentielles, das für die Wahrheit der schöpferischen Aktivität in dem Sinne garantiert, daß sie fest in der sinnlich-wahrnehmbaren Existenz des *haiku*-Dichters ver-wurzelt ist, die vollständig mit der flüchtigen Erscheinungs-weise der Wirklichkeit selbst gleichgesetzt wird.

Da es Bashôs Theorie von *fueki* und *ryûkô* auf die strukturelle Übereinstimmung zwischen dem Schöpferischen der NATUR und dem ästhetisch-existentiell Schöpferischen des Menschen ankommt, können all die zahllosen Stadien der wahrnehm-baren historischen Entfaltung *(ryûkô)* im Stil des *haiku*-Aus-drucks, jedes aus sich selbst heraus, gleichermaßen als authen-tisch und wahr anerkannt werden, solange sie ein Stadium der wirklichen Entfaltung ästhetischer Erscheinungsweise konsti-tuieren. So wie jede Einheit der ästhetisch-existentiellen Erfah-rung unwiderruflich vergeht und von Augenblick zu Augen-blick verstreicht, so entfaltet sich die stilistische Erscheinungs-form des *haiku*-Ausdrucks kontinuierlich im Laufe der Zeit. Keines von beiden hört auch nur für einen Moment auf. Diese

Flüchtigkeit-Entfaltung *(ryûkô)*, diese Modernität in sich ist das *haiku*, wie es im stilistischen Sinn zu verstehen ist.

Die Theorie des *haiku* erfährt hier die Gültigkeit und Rechtfertigung für ihre nachdrückliche Behauptung, daß ›Modernität‹ der vitale Faktor des stilistischen Aspekts des *haiku* sei.

Auf diese Weise sehen wir Bashôs *ryûkô*-Theorie mit ihrer existentiellen und ethischen Strenge sowohl im stilistischen Sinne der Modernität als auch im ontologischen Sinne der Flüchtigkeit des Phänomenalen als einen mächtigen Ansporn dahingehend wirken, das *haiku* mit seiner raison d'être dem *waka* gegenüber zu versehen, das seinerseits den Aspekt des *fueki* betont, der durch die Geistesverfassung, die nicht-wahrnehmbare SUBJEKTIVITÄT, repräsentiert wird.

6. *Yohaku (leerer Raum) und das poetische* ›Feld‹ *des haiku*

Das poetische ›Feld‹ des *haiku* ist im wesentlichen ein existentiell-erkenntnismäßiges ›Feld‹, in dem das dialektische Ereignis der Subjekt-Objekt-Begegnung stattfindet. Das erkenntnismäßig-existentielle Ereignis selbst erzeugt fortlaufend von Moment zu Moment das poetische ›Feld‹ des *haiku*. In jedem einzelnen der konkret stattfindenden Vorgänge dialektischer Begegnung werden erhellende Übereinstimmungen zwischen dem Subjekt und dem Objekt in ihren Erscheinungsweisen Realität. Sowohl das schöpferisch-erkennende Subjekt als auch das erkannte Objekt erschließen einander von Moment zu Moment ihre eigenen Erscheinungs-Aspekte in ihrer grenzenlosen Vielfalt und Farbigkeit. Ein bestimmter Erscheinungs-Aspekt des schöpferisch-erkennenden Subjekts beleuchtet draußen einen bestimmten speziellen Aspekt des erkannten Objekts, das seinerseits wiederum den selbst-erhellenden Brennpunkt auf einen anderen speziellen Aspekt des erkennenden Subjekts richtet, und immer so weiter; und jede Phase dieser erhellenden

Übereinstimmung bildet das potentielle poetische ›Feld‹ des Ereignisses selbst. Das erkennende Subjekt und das erkannte Objekt sind nur die beiden Pole, die das Energie-›Feld‹ des wahrnehmbaren, existentiellen Ereignisses konstituieren, welches das sprachliche ›Feld‹ des *haiku* mit seiner zentripetalen Dynamik darzustellen versucht.

Im poetischen ›Feld‹ des *haiku* verweist die zentrale Dynamik des positiven sprachlichen Ausdrucks mit Nachdruck auf die Existenz von *yohaku* (leerer Raum)[14], der nicht-ausgedrückten Gesamtheit der NATUR und der menschlichen Angelegenheiten in der wahrnehmbaren Zeit und im wahrnehmbaren Raum, die den positiven Bereich des Ausgedrückten umgeben und gleichzeitig den transzendentalen Hintergrund des nicht-artikulierten GANZEN andeuten, aus dem heraus sich alle wahrnehmbaren Dinge und Ereignisse selbst manifestieren und in den sie zurückkehren, wenn sie ihre eigenen sinnlich-wahrnehmbaren Artikulierungen wieder aufheben.

In diesem Zusammenhang mögen wir uns das *yojô* des *waka* in Erinnerung rufen. *Yojô* ist die ästhetische Fülle, die in einer positiven Weise in der Dimension des positiven sprachlichen Ausdrucks aktualisiert wird. In derselben Weise wie die semantische, assoziative Verknüpfung von Vorstellungen und Begriffen sich zentrifugal ausbreitet, vergrößert die ästhetische Fülle ihre Resonanz wie Wasser, das herausrieselt, in alle Richtungen des semantischen Assoziations-Netzwerks so weit die wahrnehmbar-semantische Artikulierung nur reicht, bis sie womöglich an die äußerste Grenze der kosmischen Ausdehnung gelangt.

In diesem Sinne ist die ästhetische Fülle, *yojô,* völlig mit dem sprachlichen ›Feld‹ des *waka* verschmolzen; beide dehnen sich Hand in Hand aus, schwingen ineinander und werfen gegenseitig ihr Echo zurück. Im Falle des *waka* wird die Unendlichkeit, das Nicht-Wißbare, noch in derselben Dimension, in derselben Ausdehnung des semantischen ›Feldes‹ postuliert, obwohl es jenseits der Möglichkeit ästhetisch-semantischer Artikulierung bleibt.

Im Gegensatz zum *yojô* existiert das *yohaku* des *haiku* in negativer Weise als leerer Raum, der den positiven sprachlichen Ausdruck umgibt und somit auf den Rest der nicht-ausgedrückten Gesamtheit der Phänomene und die transzendentale Dimension des nicht-wahrnehmbaren GANZEN weist. Das heißt, daß in diesem speziellen Fall das nicht-wahrnehmbare GANZE, das Nicht-Wißbare, nicht in der horizontalen Ausdehnung der semantischen Artikulierung zu finden, sondern ontologisch in einer völlig andern Dimension angesiedelt ist. Dementsprechend wird auf seine Anwesenheit nur durch eine völlige Abwesenheit wahrnehmbarer Artikulierung hingewiesen.

Das sprachliche ›Feld‹ des *haiku* ist im wesentlichen eher zentripetal als zentrifugal. Es vergegenwärtigt den dynamischen Brennpunkt einer speziellen wahrnehmbaren Artikulierung. Das wahrnehmbar Artikulierte ragt heraus inmitten der potentiellen Spannung der Negativität von *yohaku*, dem leeren Raum.

Wenn wir die poetischen ›Felder‹ von *haiku* und *waka* als semantische Räume betrachten, können wir das *waka* als einen gleichförmigen und homogenen Raum darstellen, der mit positiven ›Formen‹, Vorstellungen und Begriffen durchtränkt ist, ohne irgendeinen Leerraum zu lassen, wohingegen das *haiku* als Raum vorgestellt werden kann, der in sich einen einzelnen Fleck einer positiven ›Form‹ eines wahrnehmbaren Ereignisses enthält. Dieser einzelne Fleck einer positiven ›Form‹ hat die Bedeutung eines magischen Flecks, durch den sich ein bloßer Raum in *yohaku*, einen ›leeren Raum‹, verwandelt, der mit einer potentiellen Spannung durchtränkt ist, die auf das nicht-artikulierte GANZE hinweist und von ihm gestützt wird.

Wir wollen diesen Aufsatz mit einer Übersetzung repräsentativer *waka* und *haiku* abschließen, je zwei für beide Gattungen, in der Hoffnung, daß die Übersetzung ein wenig den Gegensatz, der zwischen diesen beiden japanischen Gedichtarten gerade hervorgehoben wurde, erhellen wird.

waka 1:

> Tief in den Bergen
> wenn man den Ruf des Hirsches vernimmt,
> der sich einsam durch das bunte Herbstlaub
> seinen Weg bahnt,
> wie traurig ist
> der Herbst.[15]

waka 2:

> An einem milden Frühlingstag
> in den linden Strahlen der Sonne
> ruhig das Herz.
> Ohne Unterlaß
> rieseln die Kirschblütenblätter.[16]

haiku 1:

> Stille ... !
> Tief bohrt sich in den Fels
> das Sirren der Zikaden ...[17]

haiku 2:

> Rauher Wellengang!
> Weit nach Sado hinüber spannt sich
> der Himmelsfluß ...[18]

1 Vgl. A. Nose: ›Renku geijutsu no seikaku‹ (Der Charakter der Kunst des Kettengedichts), Tokyo 1943. Siehe auch Toshihiko und Toyo Izutsu: ›Poetry and Philosophy in Japan‹, op. cit. S. 538–541, und G.S. Dombrady: ›Die Kettendichtung‹, in: Neues Handbuch der Literaturwissenschaft Bd. 23, op. cit. S. 323–329

2 Zu detaillierten Erläuterungen der Schlüsselbegriffe des *haiku*, einschließlich *hai-i* und *haigon*, siehe Riichi Kuriyama: ›Bashô no haikaibiron‹ (Studie zur *haikai*-Ästhetik Bashôs), Tokyo 1971

3 Enthalten in ›Shirosôshi‹ (Das Weiße Büchlein), in: Nôichi Imoto (Hsg.): ›Nihon koten bungaku taikei‹, Iwanami shoten, Bd. 64, Tokyo 1975, S. 384. Vgl. die deutsche Übersetzung dieser Schrift von Horst Hammitzsch: ›Das Shirosôshi, ein Kapitel aus dem Sansôshi des Hattori Dohô. Eine Quellenschrift zur Poetik des haikai‹, in: Zeitschrift der Deutschen Morgenländischen Gesellschaft, 107/2 (1957), S. 459–510

4 Buson (1716–1783) ist ein bekannter *haiku*-Dichter und Maler. Das herausragendste Merkmal seiner Gedichte ist die lebendige Schönheit der Sinnlichkeit, die in scharfem Kontrast zum *wabi*-Geist Bashôs steht.

5 Eines der berühmtesten *haiku* von Bashô (Anm. d. Übers.)

6 Vgl. Kitarô Nishida: ›Nihon bunka no mondai‹ (Fragen zur japanischen Kultur), Tokyo 1940, S. 90

7 Saigyô (1118–1190), ein berühmter Dichter-Mönch, von dessen *waka* nicht weniger als 94 in das ›Shinkokinshû‹ aufgenommen wurden.

8 Sôgi (1421–1502), eine führende Gestalt in der Geschichte des *renga*.

9 Sesshû (1420–1506), ein Maler-Mönch, der den Höhepunkt in der japanischen Schwarz-Weiß-Malerei des Zen-Buddhismus markiert.

10 Zu Rikyû vgl. den vorangegangenen Essay

11 Dieser Ausspruch Bashôs entstammt seinem ›Oi no kobumi‹ (Kleine Schrift aus dem Tragekorb), einem seiner Reiseberichte, den er 1687–1688 schrieb.

12 Ein Zitat ebenfalls aus dem ›Oi no kobumi‹

13 Vgl. Toshihiko und Toyo Izutsu: ›Far eastern existentialism‹, in: Joseph Strelka (Hsg.): The personality of the critic, Pennsylvania 1973, S. 40–67

14 Zur ästhetischen Bedeutung des ›leeren Raumes‹ in der japanischen Kunst vgl. Yusuke Yamaguchi: ›Mu no geijutsu‹ (Die Kunst des Nichts), Tokyo 1939

15 Aus den Herbstgedichten des ›Kokinshû‹ (Anm. d. Übers.)

16 Aus den Frühlingsgedichten des ›Kokinshû‹ (Anm. d. Übers.)

17 Verfaßt von Bashô. Übersetzung von G.S. Dombrady: ›Bashô. Auf schma-
    len Pfaden durchs Hinterland‹, Mainz 1985, S. 185, 298 (Anm. d. Übers.)
18 Verfaßt von Bashô. Übersetzung von G.S. Dombrady, op. cit. S. 221 + 309
    (Anm. d. Übers.)

Teil II

Originaltexte

*Aus dem Japanischen übertragen
von Franziska Ehmcke*

Zur Kunstform des waka

Teika Fujiwara: ›Maigetsushô‹

Teika Fujiwara (1162–1241), der zur berühmten Fujiwara-Familie gehörte, war ein Sohn des Shunzei Fujiwara (1114 bis 1204), der als Dichter und Poetologe die höchste Position am Kaiserhof innehatte, sich unumstrittener Autorität erfreute und mit dem Ruhm dichterischer Würden gekrönt war. Wie sein Vater machte sich auch Teika, der mit einem ungewöhnlich scharfen Geist und einem exquisit verfeinerten Geschmack begabt war, in der literarischen Welt seiner Zeit nicht nur als Dichter höchsten Ranges, sondern auch als vorderster Theoretiker der *waka*-Dichtkunst einen Namen. Er war in der Tat ein repräsentativer Literat der ästhetischen Kultur der Shinkokin-Zeit, eines Abschnitts der japanischen Geschichte, benannt nach der achten Kaiserlichen Anthologie, dem ›Shinkokinshû‹, dessen Mit-Kompilator er war.

Das hier übersetzte ›*Maigetsushô*‹ ist seine Ars poetica. Es ist freilich nicht das erste Werk, das in dieser Literaturgattung geschrieben wurde. Es hat in der Tat eine Anzahl bedeutender Vorgänger. Aber von allen Abhandlungen über die Dichtkunst, die in der Frühphase der Entwicklung der Poetologie in Japan geschrieben wurden, darf man es mit Recht als die beste und wertvollste betrachten, da es den Kanon des poetischen Geschmacks erstellte, der seitdem einen bemerkenswerten Einfluß auf die Entfaltung poetischen Gefühls und poetischer Empfindsamkeit in der Geschichte der japanischen Literatur ausübte.

Das ›*Maigetsushô*‹ ist auch in anderer Hinsicht von Bedeutung. Über die Grenzen des Bereichs der *waka*-Dichtkunst hinaus wirkte es in den folgenden Jahrhunderten als mächtiger Antrieb zu Entstehung und Ausformung dessen, was heutzutage als *geidô* oder ›Weg der Künste‹ bekannt ist. Praktisch alle späteren Formen der japanischen Kunst wurden von den ästhetischen Idealen, die Teika in seinem Werk so trefflich zum Ausdruck brachte, inspiriert.

Obwohl in der Vergangenheit Zweifel an der Autorschaft dieses Werks laut wurden, stimmen die meisten japanischen Philologen und Literaturwissenschaftler heute bezüglich seiner Echtheit überein. Die Schrift ist ein Brief mit Ratschlägen und Ermahnungen, adressiert an einen Mann am Kaiserhof, der unter Teika Fujiwaras Anleitung in die Kunst des *waka* eingeführt wurde. Der Name des Empfängers ist jedoch unbekannt.

Eure monatlichen einhundert Gedichte habe ich erhalten und sorgfältig durchgeschaut. Eure Gedichte sind diesmal wirklich hervorragend. Wenn ich bedenke, daß ich schon lange Jahre Euer unwürdiger Lehrer bin, darf ich nun nicht länger Euren lang gehegten Wunsch abschlagen und übermittle Euch deshalb einen Teil der in meiner Familie überlieferten Unterweisungen, die mein Vorfahr uns hinterließ. Durch diesen Entschluß werden sie möglicherweise zur Zielscheibe des Gespötts der Nachwelt werden. Nun, wie dem auch sei, als echter Nachfahre einer Dichterfamilie habt Ihr jedenfalls unermüdlich Gedichte verfaßt und mir übermittelt, womit ich außerordentlich zufrieden bin.

Nun, wie ich Euch schon früher mitteilte, sollte man in Muße die auf kaiserlichen Befehl zusammengestellten *waka*-Anthologien seit dem ›*Manyôshû*‹[1] studieren und deren sich im Laufe der Geschichte verändernde Gestalt kennenlernen. Aber damit will ich beileibe nicht sagen, daß jedes *waka* als Vorbild dienen möge, nur weil es in den kaiserlichen Anthologien enthalten ist. Je nach Dichter und Zeitalter nimmt die Qualität der *waka* zu oder ab. In der Zeit des ›Manyôshû‹, die in der Tat weit zurückliegt, war die Gesinnung der Menschen schlicht und rein, und selbst wenn die Menschen heutzutage den *Manyô*-Stil erlernten, würden sie niemals in derselben Weise dichten können. Besonders jemand, der noch am Anfang der Dichtkunst steht, sollte niemals im alten Stil zu dichten suchen. Natürlich, wenn jemand nach langen Studien- und Übungsjahren zum Meister über Form und Gehalt des *waka* geworden ist, wäre es unsinnig, ihn als Menschen von vollendetem Geschmack zu bezeichnen, wenn er nicht auch mit Stil und Kompositionsweise der *Manyô*-Gedichte vertraut wäre. Aber selbst ein erfahrener Dichter kann beim Dichten von *waka* im *Manyô*-Stil nicht sorgfältig genug sein. Es gilt dabei unbedingt alle Formen und Ausdrücke zu meiden, die den rauhen und ungeschliffenen Gebräuchen weltlicher Angelegenheiten zu nahe kommen (obwohl die Dichter des ›Manyôshû‹ sich häufig ihrer bedienten). Das muß hier jetzt nicht genauer erläutert werden, Ihr werdet es aus dem Folgenden ersehen.

Da ein Großteil Eurer einhundert *waka* diesmal im alten Stil der *Manyô*-Gedichte verfaßt ist, seid Ihr vielleicht unangenehm berührt und verliert die Lust am Dichten, wenn ich so zu Euch spreche, aber ich möchte, daß Ihr eine Weile nicht mehr in diesem alten Stil dichtet. Von jetzt an solltet Ihr Euch ein bis zwei Jahre lang ganz den grundlegenden Stilen des *waka* widmen.

Mit der grundlegenden Gestalt des *waka* sind die vier Stile von den zehn Stilen gemeint, die ich an anderer Stelle ausführlich dargestellt habe: *der Stil unergründlichen Nachhalls, der Stil der feinen Angemessenheit, der Stil von bezaubernder Schönheit* und *der Stil tiefer Gesinnung.* Manchmal begegnet man auch unter denen, die diesen vier grundlegenden Stilen zuzurechnen sind, Gedichten, die in altmodischem Stil verfaßt wurden; in diesem Fall werden sie trotz ihrer altmodischen Art nicht als gezwungen empfunden.

Nun, wenn Ihr erst einmal dahin gelangt seid, ganz nach Belieben Gedichte von unverfälschter, anmutiger Gestalt zu schreiben, werden Euch Stile wie *der erhaben-große Stil, der Stil anschaulicher Schlichtheit, der geistreiche Stil, der stellenweise besonders reizvolle Stil* und *der kunstvoll ausgearbeitete Stil* ganz leicht fallen.

Der kraftvoll-schroffe Stil (wörtlich: Dämonen bezwingender Stil) dagegen ist nicht so leicht zu beherrschen. Aber nach intensivem Ringen darum werdet Ihr ihn sicherlich auch zu meistern wissen. Mit diesen Worten will ich aber nicht sagen, daß der *kraftvoll-schroffe Stil* den höchsten Gedicht-Stil darstellt. Nur birgt er für den Anfänger viele Schwierigkeiten in sich.

Vor allen Dingen ist das *waka* eine japanische Dichtkunst und sollte, wie schon meine Vorgänger schriftlich niederlegten, voll Sanftheit und tiefer Empfindung sein. In der Tat sollten auch die furchterregendsten Dinge, werden sie erst einmal im Gedicht besungen, anmutig klingen. Und welchen Nutzen könnte es haben, von Natur aus sanfte Dinge wie Blüten oder den Mond in schauderlicher Manier darzustellen?

Nun, unter den genannten zehn Stilen gibt es keinen, der besser als der *Stil tiefer Gesinnung (ushintai)* das Wesen der japanischen Dichtkunst verkörpern könnte. Es ist äußerst schwierig, ihn zu meistern. Bald dieses, bald jenes zu dichten, wird einen keinesfalls diesem Ideal näherbringen. Nur wenn man in einen Zustand ruhiger und klarer Gesinnung gelangt, vermag man im *Stil tiefer Gesinnung* zu dichten. Ein als gut zu bezeichnendes *waka* ist daher allein dasjenige, das die Tiefe von *kokoro* (Gesinnung) aufweist. Bemüht sich der Dichter jedoch zu sehr um *kokoro* und überlegt zu viel hin und her, schießt er über das

Ziel hinaus, der Stil des Gedichts wird unsolide und unverständlich, und sein *waka* ist am Ende erbärmlicher als eines ohne *kokoro*. Die Grenze zwischen diesen beiden Verhaltensweisen ist von größter Wichtigkeit. Das solltet Ihr um so mehr beachten.

Wer sich auf diesen Weg begibt, darf niemals, und sei es auch nur für einen kurzen Moment, seine der Dichtkunst ergebene Gesinnung vergessen und nachlässig-unüberlegt drauflos dichten. Produziert man Gedichte ohne das rechte Empfinden für den Stil, zieht man Tadel und Mißbilligung seiner Mitmenschen auf sich, was einerseits zum Anlaß dafür werden kann, daß man sich gänzlich vom Dichten zurückzieht, und andererseits, daß der Weg der *waka*-Kunst in Verfall gerät.

So wird zum Beispiel von einem Dichter berichtet, der sich, von Tadel getroffen, zu Tode grämte. Oder von einem anderen, der Meisterwerke dichtete, die man ihm aber stahl und unter anderem Namen veröffentlichte. Nach seinem Tode erschien er dem Plagiator im Traum und flehte ihn an, ihm seine Gedichte zurückzugeben, woraufhin die Gedichte ganz aus den kaiserlichen Anthologien gestrichen wurden.

Dies sind nicht die einzigen Beispiele, aber sie sind wirklich ergreifend! Daher soll man *waka,* ob schon Tage vor einem Gedichtwettstreit oder erst dort an Ort und Stelle verfaßt, mit großer Sorgfalt dichten und prüfen, bevor man sie vorlegt. Schnelles, unbedachtes Vorgehen zieht auf alle Fälle Schlimmes nach sich.

Ihr solltet Euch daher immer um Gedichte bemühen, die von ›tiefer Gesinnung‹ sind. Natürlich wird es auch Zeiten geben, in denen man nicht in diesem Stil zu dichten vermag. Ist die Empfindung getrübt und der Herzensgrund verwirrt, dann wird der *Stil tiefer Gesinnung* nicht gelingen, mag man sich auch noch so sehr anstrengen. Und je mehr er sich darum bemüht, desto schwächer wird das künstlerische Vermögen des Dichters, und es entstehen Gedichte ohne rechtes Stilempfinden. In solchen

Zeiten sollte man mit Gedichten über Landschafts-Stimmungen beginnen, die von Gestalt und Wortwahl heiter sind und auch keine besondere Tiefe aufweisen, aber die es dem Dichter ermöglichen, in angenehm klingender Weise zu dichten.

Das ist besonders dann zu beachten, wenn man plötzlich zum Dichten aufgefordert wird. Hat man erst einmal vier, fünf oder zehn solcher Gedichte verfaßt, vergehen die verworrenen Empfindungen, die Gemütsverfassung wird rein und klar, und der Dichter wird nun in der Lage sein, im *Stil tiefer Gesinnung* zu dichten. Auch bei der Vorgabe von Themen wie ›Liebe‹ oder ›Erinnerung‹ sollte man meiner Meinung nach einzig und allein im *Stil tiefer Gesinnung* dichten. Wie könnte es denn gelingen, wenn nicht in diesem Stil?[2]

Nun, diese Qualität der tiefen Gesinnung *(ushin)* sollte auch in den anderen neun Stilen enthalten sein. Daher wird man sie auch im *Stil unergründlichen Nachhalls,* im *erhaben-großen Stil* sowie in allen übrigen Stilen gleichermaßen finden. In der Tat ist jedes Gedicht, dem es an *kokoro* (Gesinnung) mangelt, von minderer Qualität, ganz gleich in welchem Stil es auch komponiert sein mag.

Der *Stil tiefer Gesinnung,* den ich als einen der zehn Stile vorgestellt habe, ist aber nun nicht gleichzusetzen mit der Qualität der tiefen Gesinnung *(ushin),* die die anderen Stile besitzen sollten. Hier wird der *Stil tiefer Gesinnung* vielmehr als eigenständiger Stil aufgefaßt, bei dem vor allem die Verwirklichung von *ushin* im Vordergrund des Dichtens steht. Aber auch in den Gedichten der anderen Stilarten sollte die Qualität der tiefen Gesinnung aufrechterhalten bleiben.

Ebenfalls von großer Bedeutung für die Dichtkunst sind Auswahl und Verwendung der Wörter. Wörter haben verschiedene Qualitäten: einige sind stark, einige schwach, einige prall, einige flach. Das gründlichst zu studieren, starke Wörter nur mit starken zu verbinden und wiederum schwachen Wörtern nur schwache zuzugesellen, so über die Wortwahl immer wieder und wieder nachzudenken, so daß nichts ›Pralles‹ oder ›Fla-ches‹ mehr hervorsticht und sich das Gedicht am Ende fließend anhört und gelingt: das ist wahrlich für einen Dichter das Aller-wichtigste.

Genau genommen ist ein Wort an sich weder gut noch schlecht, aber je nachdem, wie man die Worte im *waka* mit-einander verbindet, wird das Gedicht hervorragend oder mise-rabel. Verknüpft man zum Beispiel tief empfindsame Worte mit kraftvoll-schroffen, wird das Ergebnis scheußlich sein. Deshalb hinterließ mein verstorbener Vater Shunzei die Anweisung, daß *kokoro* (Geistesverfassung) die Quelle darstellen müsse, aus der man die Worte wähle.[4]

Jemand verglich einmal die Dichtkunst mit Blüte und Frucht und stellte dabei fest, daß die alten Gedichte wohl die Frucht be-saßen, aber die Blüte darüber vergaßen, während die neueren Dichter sich nur um die Blüte bemühen und um die Frucht überhaupt nicht kümmern. Dem kann ich nur zustimmen. Auch scheint es mir, daß sich dieser Gedanke schon im Vorwort zum ›Kokinshû‹ findet.[3]

Nun, es sei mir erlaubt, dazu folgende Ansichten und unbe-deutende Gedanken ein bißchen weiter zu spinnen; sie mögen der Erwägung wert sein. Das, was hier ›Frucht‹ genannt wurde, entspricht *kokoro* und ›Blüte‹ den Worten. Man muß den alten Gedichten nicht in jedem Fall die ›Frucht‹ zusprechen, bloß weil deren Worte kraftvoll klingen. Denn auch für die Schöpfungen der alten Dichter gilt, daß ein *waka* ohne *kokoro* als ›fruchtlos‹ (d. h. nicht wahr) zu bezeichnen ist. Und bei den Gedichten der heutigen Lyriker sind es meiner Meinung nach diejenigen *waka,* die sich durch Schönheit und Aufrichtigkeit[4] auszeichnen, die ›frucht-tragend‹ (d. h. wahr) genannt werden können.

Wenn man nun verkündet, daß die tiefe Gesinnung *(kokoro)* an erster Stelle zu berücksichtigen sei, dann sieht es so aus, als ob man den Worten *(kotoba)* nur den zweiten Rang zuspräche. Sagt man, daß es vor allem auf die Worte ankomme, klingt das wiederum so, als ob es auch ohne tiefe Gesinnung ginge. Letzten Endes muß sich ein Gedicht in Gesinnung und Worten gleichermaßen auszeichnen, wenn es als gut bezeichnet werden soll. Gesinnung und Worte müssen meiner Ansicht nach so zusammengehören wie rechter und linker Flügel beim Vogel.

Über Gedichte, die sich in Gesinnung und Worten gleichermaßen auszeichnen, brauchen wir weiter kein Wort zu verlieren. Ansonsten halte ich es immer noch für besser, daß die Worte unbeholfen sind, als daß es an Gesinnung fehlt.

Trotz dieser Bemerkungen weiß ich wirklich nicht, wie ich die ideale Gestalt des *waka* definieren sollte. Man kann den wahren Weg der Dichtkunst in Wirklichkeit nur selbst erkennen. Das, was andere empfehlen, ist nicht maßgebend. Daher sind auch die in den verschiedenen Schulen überlieferten Ideale des hervorragenden Gedicht-Stils *(shûitsu)* ganz unterschiedlich. Shun-e[5] betonte, daß ein Gedicht vor allem schlicht und natürlich sein solle, und bevorzugte er nicht für seine Gedichte diesen Stil? Toshiyori[6] dagegen schätzte ganz besonders den erhabenhohen Stil. Und darüber hinaus wurden noch viele andere Ansichten geäußert. Ich bin mir bewußt, daß mein begrenztes Denkvermögen nicht alle Möglichkeiten auf diesem Gebiet erfassen kann.

Alles, in das man Einblick gewinnt, wird zu einer bedeutenden und ernsten Angelegenheit, das ist ganz normal. Das gilt, so meine ich, auch ganz besonders für den Weg des *waka*. Wenn ich im Geiste meine Gedichte aus Vergangenheit und Gegenwart Revue passieren lasse, muß ich erkennen, daß die von mir verfaßten *waka*, heute mehr noch als damals, einfach schlecht sind und es mir nur ganz selten gelingt, ein Gedicht herauszubringen, das meinen Vorstellungen entspricht. Ich sehe jetzt, wie wahr die Lehre unserer alten Weisen ist: Je näher man dem Gipfel kommt, desto höher erscheint er.

Nun, die Gestalt eines *waka*, das ich als ›herausragenden Stil‹ *(shûitsutai)* bezeichnen würde, sieht so aus: Es transzendiert alle

Erscheinungen und bleibt keiner verhaftet; es scheint zu keinem der zehn Stile zu gehören und doch jedes ihrer Merkmale zu enthalten; es ruft ein über die Worte hinausgehendes Gefühl hervor, und man hat die Empfindung, als ob man einen Menschen vor sich hätte, dessen Gesinnung aufrichtig und dessen Kleidung untadelig ist.

Für gewöhnlich verstehen die Leute unter dem ›herausragenden Stil‹ *(shûitsutai)* schmucklose, flache Gedichte, die leicht und fließend geschrieben wurden, intellektuell etwas zurückstehen und vom Ton her würdevoll sind. Das zeugt von Unverstand. Wenn solche *waka* als ›herausragende Gedichte‹ zu bezeichnen wären, könnte man alle Gedichte in diesem Stil verfassen.

Wenn aber mitten aus der völligen Konzentration auf den Vorgang des Dichtens und aus durchsichtig-klar gewordenen Gedanken heraus der Dichter beginnt, ohne das geringste Anzeichen dafür, daß er sich gerade darum bemüht, ganz unvorhergesehen und gleichsam von der Seite her ohne Mühe Gedichte zu verfassen, dann werden sich darunter sicherlich ›herausragende Gedichte‹ finden.

Waka dieses Stils könnte man so beschreiben: Zunächst einmal sind sie von tiefer Gesinnung *(kokoro),* erhaben (im poetischen Ausdruck) und geistreich (in der rhetorischen Technik); sie sind reich an Gefühl, das über die Worte hinausgeht, und von vornehmer Gestalt; die Zusammenstellung der Worte ist jedesmal anders, und doch klingen sie ruhig; sie sind raffiniert, erzeugen eine verborgene Atmosphäre und sind einfach ungewöhnlich. Bei dieser Konfiguration der Gedichte muß auch *kokoro* ruhig und beständig sein.

Man darf sich nicht bewußt darum bemühen, so ein *waka* dichten zu wollen. Nachdem man eine gewisse Übung erlangt hat, wird es wie von selbst aus dem Pinsel fließen.

Es kann auch geschehen, daß einem sowohl alte als auch heutige Gedichte so vorkommen, als ob es ihnen nicht gelungen sei, zu einem vollendeten Ausdruck zu finden. Das zeigt, wie sehr man sich noch im Anfangsstadium befindet. Denn es gibt Dichter, die sich absichtlich nur bis zu einem gewissen Grad explizit in Worten ausdrücken. So andeutend und unbestimmt zu dichten, ist nur einem großen Könner möglich. Wenn nun ein Dichter aus Neid trotz seiner noch unvollkommenen Fähigkeiten so zu dichten beginnt, bleibt er kläglich auf der Strecke und macht sich nur lächerlich.

Ganz allgemein gefallen mir Gedichte nicht, die von besonders gescheiter Ausdrucksweise sind. Auch so ein gescheites Gedicht mag wohl angehen, wenn es einigermaßen natürlich vorgebracht wird; wird es aber durch allerlei Mittel und Kniffe des Dichters gewaltsam gedrechselt, so ist es einfach scheußlich und ernüchternd.

Zur Technik der ›Entlehnung aus anderen Gedichten‹ meine ich, wie ich Euch auch schon früher mitgeteilt habe, daß ein hervorragender Dichter sehr wohl Teile eines berühmten Blüten-Gedichts in seine eigene Blüten-Komposition oder Teile aus einem fremden Mond-Gedicht in sein eigenes einbauen kann. Normalerweise sollte man jedoch lieber danach trachten, Teile aus einem Frühlings-Gedicht in ein Herbst- oder Winter-Gedicht zu übernehmen oder ein Zitat, das ursprünglich aus einem Liebes-Gedicht stammt, in ein Gedicht der Rubrik ›Vermischtes‹ oder der Jahreszeiten einzugliedern, aber so, daß die Entlehnung als solche erkennbar bleibt.

Man sollte aber in ein und dasselbe *waka* nicht zu viele Wendungen aus anderen Gedichten einbauen. Dabei gehe man so vor, daß man etwa zwei wichtige Teile aufnimmt und sie jeweils in der oberen und der unteren Strophe des neuen Gedichts getrennt plaziert. Zum Beispiel könnte man aus dem Gedicht: »In der Abenddämmerung / jenseits der Wolkenbänke / verweilen meine Gedanken / sich sehnend nach dem geliebten Menschen / fern und unerreichbar wie der Himmel« die Teile ›jenseits der Wolkenbänke‹ und ›verweilen meine Gedanken‹

herausnehmen und einen davon in der oberen und den anderen in der unteren Strophe des neuen Gedichts einsetzen, wobei dieses nun nicht das Thema ›Liebe‹ besingen, sondern eher zur Kategorie ›Vermischtes‹ oder ›Jahresheiten‹ gehören sollte.

Ich las ein zeitgenössisches Gedicht, das aus dem angeführten Gedicht außer den beiden schon genannten Stellen auch noch ›in der Abenddämmerung‹ entlehnt hatte. Es klang nicht schlecht, wohl weil man einen Ausdruck wie ›in der Abenddämmerung‹ gut hinzufügen kann. Aber man sollte nicht zu viele Wendungen, die zu originell oder gewichtig klingen, integrieren. Plaziert man auf der anderen Seite die entlehnten Stellen so unauffällig, daß sie als Entlehnungen gar nicht ins Auge fallen, welchen Sinn sollte dann der Gebrauch dieser Kompositions-Technik haben? All dieses sollte man bei der Anwendung von Entlehnungen aus einem anderen bekannten Gedicht recht bedenken.

Bei der Einfügung von Gedicht-Überschriften sollte man diese, wenn es sich um nur ein Schriftzeichen handelt[7], in jedem Fall in die untere Strophe aufnehmen. Bei Überschriften mit zwei, drei und mehr Schriftzeichen sollte man sie in die obere und untere Strophe verteilen. Nach meiner Meinung ist es unschön, die Schriftzeichen des kompletten Titels an einer Stelle einzufügen. Auch muß man es als unüberlegt bezeichnen, wenn ein Dichter eine entlehnte Überschrift in die ersten fünf Silben der oberen Strophe einbaut. Sicherlich findet man auch für diese Vorgehensweise Beispiele unter den klassischen ›herausragenden Gedichten‹ *(shûitsu)*, aber diese sollte sich ein Dichter nicht zum Vorbild nehmen. Im Gegenteil, er sollte es strengstens vermeiden. Wie mir allerdings auch gesagt wurde, gilt für exzellente Gedichte die Beschränkung durch diese Regel, niemals eine Überschrift in die ersten fünf Silben zu übernehmen, selbstverständlich nicht.

Von allen ›Krankheiten‹ bei Gedichten ist die ›Krankheit‹ *byôtô* (gleichlautender Strophenanfang)[8] nicht so schwerwie-

gend, während die ›Krankheit‹ *seiin* (gleichlautendes Strophen-
ende)[9] unbedingt zu meiden ist. Natürlich ist auch ein Gedicht
mit der ›Krankheit‹ *byôtô* schlechter als eines ohne. Da die sogenannten ›vier Krankheiten‹, ›acht Krankheiten‹ usw. alle allgemein bekannt sind, erübrigt es sich, sie hier noch einmal genauer zu betrachten. Bei Gedichten, die so hervorragend sind,
daß sie immun gegen alle möglichen ›Krankheiten‹ sind, lohnt
es sich überhaupt nicht, über irgendeine derselben ein Wort zu
verlieren. Und auch nicht bei Gedichten, die nicht nur schlecht
sind, sondern überdies noch an diesen Gedicht-›Krankheiten‹
leiden. Man sollte auf der Hut sein, nicht dieselbe Wendung in
drei, vier oder sogar zehn Gedichten zu gebrauchen. Ist es
eine unauffällige, allgemein gebräuchliche Wendung, mag die
Wiederholung noch angehen. Aber es ist erbärmlich, wenn
ein auffälliger, seltener Ausdruck, mag er auch gar nicht lang
sein und nur aus zwei bis drei Zeichen bestehen, in mehreren
Gedichten auftaucht.

Schon mein verstorbener Vater Shunzei pflegte Dichter davor zu warnen, es dahin kommen zu lassen, daß über seine Vorliebe für gewisse Wendungen allgemein gesprochen wird. Auch
ich halte so etwas wahrlich für schlecht. Worte wie ›Wolken‹,
›Wind‹ oder ›Abenddämmerung‹ kann man, so oft man will, in
seinen Gedichten verwenden, das halte ich nicht für schlimm.
Auch wenn ein Dichter mehrmals denselben Ausdruck benutzt, aber damit gute, ja bewundernswerte Gedichte schafft,
kümmert mich das wenig. Aber wenn in scheußlichen Pseudo-
Gedichten dieselben Worte wirr durcheinander auftauchen,
dann ist das abscheulich.

Es heißt, daß heutzutage einige hervorragende Gedicht-
Experten Wortfolgen wie ›Frühling bei Tagesanbruch‹ oder
›Herbst in der Abenddämmerung‹ in ihren Gedichten verwenden. Damit bin ich nun überhaupt nicht einverstanden. Es
klingt zwar elegant, ›Frühling bei Tagesanbruch‹ oder ›Herbst
in der Abenddämmerung‹ zu sagen, aber das bedeutet doch

nichts weiter als ›Tagesanbruch im Frühling‹ und ›Abenddämmerung im Herbst‹. Sollte sich wirklich durch bloßes Umstel-
len von Worten ein neuer, hervorragender Sinn ergeben, mag
das höchst vortrefflich sein, aber da das hier keineswegs der Fall
ist, erscheint mir die ganze Prozedur nicht der Mühe wert. Es ist
im Gegenteil äußerst töricht. Ich bin sogar der Meinung, daß
diese Art der Gedicht-Komposition zum Verfall des *waka* bei-
trägt. Um so verwerflicher ist diese Art des Dichtens. Ich kann
Euch nur immer wieder davor warnen.

In die ›zehn Stile‹, die ich in den vorigen Abschnitten erörtert
habe, soll man die Dichter je nach ihrer künstlerischen Veranlagung einführen. Sowohl der Talentierte als auch der Untalen-
tierte werden eine in ihrer Natur liegende Ausdrucksweise besitzen. Was sollte es also nützen, wenn man jemanden, der von
Natur aus zum ›Stil unergründlichen Nachhalls‹ prädestiniert
ist, zum Dichten im ›kraftvoll-schroffen Stil‹ anhalten wollte,
oder jemanden im ›kunstvoll ausgearbeiteten Stil‹ unterweisen
will, der besonders für den ›erhaben-großen Stil‹ talentiert ist.

Heißt es nicht, daß auch Buddha seine Lehren über die verschiedenen Wahrheiten (dharma) je nach Fähigkeit der Menschen, seine Lehre aufzunehmen, weitergab? Ein Dichter, der
jemanden in die Dichtkunst einführt, sollte auch nicht im ge-
ringsten von diesem Grundsatz abweichen.

Wie sehr auch ein Dichter einen Stil favorisieren mag, der
ihm von Natur aus liegt: wenn er diesen Stil einem anderen beibringen will, der dafür keinerlei Veranlagung besitzt, wird er
ihm damit ein großes Hindernis in den Weg legen. Erst nachdem er genau beobachtet hat, welche Art von *waka* der andere
zu dichten imstande ist, sollte er ihn in einem der genannten
›zehn Stile‹ unterweisen. Und für welchen Stil man sich auch
entschieden haben mag, stets sollte man daran denken, nach
Redlichkeit und Rechtschaffenheit zu streben.

Nun will ich damit jedoch nicht behaupten, daß man sich nur
auf einen Stil konzentrieren und die restlichen einfach beiseite

lassen soll. Es ist jedoch nichts dagegen einzuwenden, daß der Stil, der einem von Natur aus liegt, zum Fundament wird, von dem aus man, wenn man ihn richtig beherrscht, sich die anderen Stile erarbeitet. Aber man muß sich davor hüten, den wahren Weg zu vernachlässigen und sich in falsche Richtungen zu begeben.

Heutzutage gibt es Dichter, die sich Schulter an Schulter messen und von denen jeder überzeugt ist, es in der Dichtkunst weit gebracht zu haben. Sie können den Grundregeln der Dichtkunst kein Verständnis entgegenbringen und unterweisen ihre Schüler, nur in der von ihnen gepflegten Art zu dichten. Sie haben auch nicht die geringste Ahnung vom Weg des Dichtens. Was könnte daran gut sein, daß ein Meister seinen Schüler nur in seiner eigenen Art zu dichten unterweist, wenn dieser viel tiefer als er über die Dinge nachdenkt und von Natur aus hervorragende Gedichte verfassen kann?

Mir scheint, darauf haben auch Toshiyori Minamoto und Kiyosuke Fujiwara[10] in ihren Anweisungen zur Gedichtkunst deutlich hingewiesen. Ein Meister muß daher unbedingt darauf bedacht sein, seinen Schüler davor zu bewahren, die falsche Richtung einzuschlagen. Auch einer, der im wahrsten Sinne des Wortes ein Naturtalent ist, wird automatisch in die falsche Richtung gehen, wenn er ohne Unterweisung in der Dichtkunst frei und nach Gutdünken zu dichten beginnt. Das gilt um so mehr für den Unbegabten, der ganz allein das Dichten erlernen will; er kann nur noch schlechter werden.

Überhaupt ist es von großer Bedeutung, daß man für eine Beurteilung in gut oder schlecht die Qualität der einzelnen *waka* genauestens zu unterscheiden lernt. Aber es scheint, daß jeder so seine eigenen Ideen entwickelt, wie ein *waka* beschaffen sein sollte. Das rührt daher, daß die Gedichte der als talentiert bezeichneten Adepten auch dann gelobt werden, wenn sie nicht so gut gelungen sind, und die Werke der in der Gesellschaft nicht anerkannten Dichter werden auch dann, wenn sie hervorragend sind, absichtlich nach Schwachstellen abgeklopft und schlecht gemacht.

Es handelt sich hierbei um Leute, die die Qualität eines *waka* nur nach der gesellschaftlichen Stellung seines Verfassers beurteilen. Ich finde das wirklich abscheulich. Das rührt höchstwahrscheinlich daher, daß ein heilloses Durcheinander herrscht und es an Urteilskriterien mangelt. Nur diejenigen, die in der Lage sind, die Qualität eines *waka* selbst aus der Zeit der Kampyô-Ära und davor[11] zu empfinden, sind wahre Kenner des Wesens der Dichtkunst.

Ich habe mir bisher den Anschein gegeben, mich in der Kunst des *waka* gut auszukennen, aber ich törichter Alter verstehe eigentlich überhaupt nichts davon. Dennoch sollte ich mich nicht völlig herabwürdigen. Vor einigen Jahren, um die Zeit der Genkyû-Ära[12], hatte ich während einer religiösen Andacht im Sumiyoshi-Schrein[13] im Traum eine göttliche Offenbarung: »Ihr seid vom Mond erleuchtet«. Daraufhin schrieb ich ›Die Niederschrift des leuchtenden Mondes‹[14], um die poetische Tradition meiner Familie damit zu bereichern; eine Arbeit, die meine Fähigkeiten eigentlich überstieg. Aber es ist mir doch sehr unangenehm, hier so meine eigenen unbedeutenden Angelegenheiten unterbreitet zu haben.

Nun, das Entlehnen von Ideen und Wendungen aus klassischen chinesischen Gedichten wurde zwar von alters her als Kunstgriff bezeichnet, der im allgemeinen als verboten galt, aber ich halte ihn nicht für so verabscheuungswürdig. Wenn man es nicht zu häufig macht und nur hin und wieder Entlehnungen aus klassischen chinesischen Gedichten einstreut, setzen diese eher einen reizvollen Akzent.

Der erste und zweite Band der »Gesammelten Schriften« von Po Chü-i[15] enthalten stets aufs neue inspirierende Gedanken und Kardinalfragen der Dichtkunst. Ich habe bereits darauf hingewiesen, daß man seine Werke lesen sollte. Durch chinesische Gedichte wird der Geist klar und erhaben.

Wenn man gerade im Begriff ist, *waka* zu verfassen, und sich in Anwesenheit einer hochgestellten Persönlichkeit befindet, dann sollte man chinesische Gedichte still im Innern rezitieren, bei mehr inoffiziellen Dichter-Zusammenkünften kann man sie auch laut vortragen.

Beim Verfassen von Gedichten ist es Brauch, zuerst die Gesinnung *(kokoro)* ganz klar und durchlässig werden zu lassen. Man lege ein chinesisches Gedicht oder ein *waka*, das einem besonders gut gefällt, seiner Gesinnung zugrunde und beginne dann, daraus Kraft schöpfend, zu dichten. Steht man noch am Anfang der Dichtkunst, sollte man nicht zu angestrengt überlegen. Wenn man sich ununterbrochen den Kopf zerbricht, weil man glaubt, nur so ein Gedicht zustande zu bringen, wird der Geist geschwächt, und man verliert sogar die Lust am Dichten. Damit einem das Dichten leicht von der Hand geht, sollte man sich angewöhnen, schnell und flüssig zu dichten. Von Zeit zu Zeit muß man sich jedoch auch ruhigen Überlegungen hingeben, worauf schon mein verstorbener Vater hinwies.

Während offizieller Gedicht-Veranstaltungen bei Hofe ist es unziemlich, zu viele *waka* zu dichten. Darauf sollten sowohl der Experte als auch der Anfänger gleichermaßen Acht geben. Bei der Teilnahme an einer Veranstaltung einer Gedicht-Serie von einhundert *waka* zum Beispiel ist es angebracht, daß der Anfänger vier bis fünf und der Experte sieben bis acht Gedichte verfaßt.

Im Anfänger-Stadium sollte ein Dichter unermüdlich üben, indem er allein und nur für sich, einmal schneller und einmal langsamer, *waka* verfaßt. Gedichte, die nur zur Übung produziert wurden, darf man keinesfalls unbedacht herumliegen lassen, so daß sie andere lesen könnten.

Wenn man noch ganz am Anfang des Dichtens steht, heißt es, daß man nur vertraute Themen für seine *waka*-Komposition aufgreifen sollte. Komplizierte Themen, deren Handhabung schwierig ist, sind gänzlich ungeeignet. An spielerisch-verdrehte

Themen mag man sich heranwagen, wenn man sich schon eine gewisse Sicherheit im Dichten erworben hat und genug Selbstvertrauen besitzt. Und irgendwann muß man dann auch schwierige Themen aufgreifen, um ein fähiger Dichter zu werden.

Beim Dichten selbst sollte man sich angewöhnen, eine aufrechte Sitzhaltung einzunehmen. Gewöhnt sich ein Poet nämlich daran, im Stehen zu überlegen oder in liegender Position zu dichten, wie es ihm gerade am bequemsten ist, wird ihm bei offiziellen Gedicht-Veranstaltungen das Dichten unmöglich werden, weil ihm die korrekte Haltung ungewohnt und hinderlich ist. Hat man sich einmal an bequeme, nicht korrekte Haltungen gewöhnt, wird alle Mühe vergeblich sein. Daher ist bei allen Verrichtungen stets die richtige Haltung zu befürworten. Ich warne deswegen immer davor, es sich beim Dichten bequem zu machen, und sei es auch nur für kurze Zeit.

Die ersten fünf Silben eines *waka* sollten erst nach reiflicher Überlegung gesetzt werden. So schrieb mein verstorbener Vater, der in den Mönchsstand getreten war, die ersten fünf Silben eines jeden *waka* an den Rand des Gedichts, so daß sie wie eine Anmerkung wirkten.

Einmal wurde er anläßlich einer *waka*-Rezitation gefragt, warum er stets den Anfangsvers wie eine Anmerkung an den Rand schreibe. Er antwortete darauf, daß er die ersten fünf Silben als Letztes des *waka* festzusetzen und niederzuschreiben pflege und sie deshalb wir eine Anmerkung wirkten. Diese Worte belebten alle Anwesenden, deren Mienen ihre Zufriedenheit darüber ausdrückten, daß sie etwas wohl Durchdachtes zu hören bekommen hatten.

Ich habe hier ohne große Vorbereitungen meine Gedanken niedergelegt. Ich bin mir bewußt, daß dies alles äußerst vage, ja oberflächlich ist. Doch habe ich diese Kernfragen der *waka*-Kunst aufgezeichnet, obwohl ich dessen gar nicht würdig bin, daß Ihr nur meinen törichten Unterweisungen ergeben seid.

Diese Zeilen sind nicht für die Augen anderer bestimmt. Ich törichter Alter, der sich all die Jahre diesem Weg der Schulung und Meisterung der Dichtkunst widmete, habe außer den hier dargelegten keine weiteren Punkte vorzubringen. Ich habe hier mein Herz bis in die Tiefen geöffnet. Betrachtet diese Zeilen als einen Abriß des *waka*-Weges und schenkt ihnen Eure geneigte Aufmerksamkeit.

Mit vorzüglicher Hochachtung

ANMERKUNGEN

1 Das ›*Manyôshû*‹, höchstwahrscheinlich nach 750 n.Chr. zusammengestellt, ist die älteste existierende Sammlung japanischer Gedichte.

2 Der *Stil tiefer Gesinnung* besteht nicht darin, durch die syntaktische Bedeutung der poetischen Sentenz Gedanken zum Ausdruck zu bringen, sein Ziel ist vielmehr das Hervorbringen von *yojô*, einem ästhetischen Durchtränktsein, durch die assoziative Verbindung semantischer Artikulierung. Diese Besonderheit des *Stils tiefer Gesinnung* läßt ihn für gefühlsmäßige Themen wie Erinnerung oder Liebe höchst geeignet erscheinen. Vgl. Essay S. 10 ff

3 Zum ›*Kokinshû*‹ vgl. S. 39, Anm. 6

4 Das heißt diejenigen Gedichte, deren Worte als unmittelbare Manifestation des gereinigten *kokoro* schön sind.

5 Der Mönch Shun-e war ein Sohn des Toshiyori Minamoto (vgl. Anm. 6).

6 Toshiyori Minamoto (1055–1129) ist der Autor des ›*Toshiyori zuinô*‹, eines Buches über die Theorie der Dichtkunst.

7 In vielen Fällen wird ein chinesisches Schriftzeichen, wenn man es japanisch liest, phonetisch zu einem Wort mit mehr als einer Silbe.

8 *byôtô* ist ein Kunst-Fehler, bei dem das erste Wort der oberen Strophe und das erste Wort der unteren Strophe gleich sind.

9 *seiin* ist dann der Fall, wenn das letzte Wort der oberen Strophe und das letzte der unteren Strophe gleich lauten.

10 Kiyosuke Fujiwara (1104–1177), Dichter und Poetologe, Autor vieler bedeutender Werke zur Theorie des *waka*, ein Rivale von Shunzei auf diesem Gebiet.

11 Kampyô-Ära: 889–898

12 Genkyû-Ära: 1204–1206

13 Dieser Schrein, im heutigen Osaka gelegen, ist der frühgeschichtlichen Kaiserin Jingû kôgô geweiht, die als Gottheit des *waka* verehrt wird (Anm. d. Übers.).

14 ›Die Niederschrift des leuchtenden Mondes‹, *Meigetsuki*. Es gibt zwei Werke desselben Titels, die Teika zugeschrieben werden. Eines ist sein persönliches Tagebuch, das 55 Jahre seines Lebens, beginnend mit dem neunzehnten, umfaßt, das andere ist ein eigenständiges Buch über die Theorie der Dichtkunst, das uns jedoch nicht überliefert ist. Das hier genannte ›*Meigetsuki*‹ scheint sich auf letzteres zu beziehen.

15 Japanisch Haku Kyoi, auch Hakurakuten (772–846), einer der berühmtesten chinesischen Dichter der T'ang-Zeit.

Zur Kunstform des Nô

Vier Schriften von Motokiyo Zeami

Die folgenden Abhandlungen über die Theorie des Nô stammen aus der Feder von Motokiyo Zeami (1363–1443), auf den die gesamte Tradition der dramatischen Kunst des Nô sowohl in ihrem praktischen als auch in ihrem theoretischen Aspekt zurückgeht.

Da sie Zeamis Denken auf seiner reifsten Stufe darstellen, werden diese drei Abhandlungen einmütig zu seinen wichtigsten Werken gerechnet. Wegen ihrer philosophischen Bedeutung sind sie von besonderer Wichtigkeit für unsere Zwecke.

Unter der persönlichen und strengen Führung seines Vaters Kiyotsugu Kannami (1333–1384), dem Begründer der Kanze-Nô-Schule – selbst ein ausgezeichneter Nô-Spieler und Dramatiker – begann Zeami seine glänzende Karriere als der größte Nô-Spieler aller Zeiten. Er war nicht nur Schauspieler, sondern auch ein hervorragender Bühnenschriftsteller, Theater-Direktor, Lehrer, Theoretiker und, wie man sagen könnte, ein herausragender ›Philosoph‹ der japanischen Kunst ganz allgemein.

In der Tat entwickelte und verfeinerte Zeami das Nô und brachte es als eine gemischte Kunst (Singen, Tanzen und Darstellen) von einzigartigem ästhetischen Wert zu höchster Vollendung. Er schrieb auch eine Reihe von Abhandlungen über die Theorie des Nô, die alle von Generation zu Generation als eine eifersüchtig gehütete esoterische Überlieferung unter seinen rechtmäßigen Erben in den führenden Familien der Nô-Tradition weitergereicht wurden.

Japanische Kunsthistoriker unterteilen die achtzig Jahre von Zeamis Leben gewöhnlich in drei aufeinanderfolgende Perioden: die erste Periode von 1375–1408, in der er vorwiegend noch die Ideen seines Vaters ausarbeitete und die durch das dem westlichen Leser bereits bekannte ›*Kadensho*‹[1] repräsentiert wird; die zweite Periode von 1408–1428 und die dritte Periode von 1428–1443. In den beiden letzten Perioden entfaltete Zeami seine Originalität als Theoretiker der Kunst des Nô.

Von den drei im folgenden vorgestellten Werken gehören die ›Betrachtungen zum Schulungsweg des Nô‹ und ›Die Neun Stufen‹ (mit einem Anhang) zur zweiten Periode; beide wurden um die Zeit geschrieben, als er im Alter von sechzig Jahren in den Mönchsstand eintrat (in der Sôtô-Zen-Schule, die auf Dôgen[2] zurückgeht). Diese beiden werden als repräsentative Schriften auf dem Gebiet der japanischen Ästhetik und Kunstphilosophie hoch geschätzt.

›Das Sammeln von Perlen und das Erwerben von Blüten‹ ist ein Werk, das er speziell für seinen Erben Zenchiku (Komparu, 1405–1468?) als ein Buch geheimer Anweisungen schrieb. In dieser Abhandlung vertieft Zeami die Hauptfragen, die er selbst in der ersten und zweiten Periode aufgeworfen hatte, zum Beispiel den Begriff der ›Blüte‹ oder die Frage nach der wahren schöpferischen Subjektivität und ähnliches.

Motokiyo Zeami: ›Die Neun Stufen‹

(DIE OBEREN DREI BLÜTEN)

Der Stil der Blüte von geheimnisvoller Einzigartigkeit

»Um Mitternacht strahlt in Shinra hell die Sonne.«

Die ›geheimnisvolle Einzigartigkeit‹ entzieht sich jeglicher Beschreibung mit Worten und ist durch Denkprozesse nicht zu erfassen. Heller Sonnenschein um Mitternacht, wie sollte das in dem Bereich liegen, der mit Worten noch beschreibbar ist? Wie sollte es! Für die Kunst tiefer Empfindung, die ein virtuoser Spieler des Nô-Weges darbietet, reichen keine Worte des Lobes aus; sie reißt unmittelbar zu selbstvergessener Bewunderung hin. Diese ästhetische Wirkung des den ›Anblick transzendierenden Anblicks‹, die dem ranglosen Rang eigen ist, ist selbst die Blüte von geheimnisvoller Einzigartigkeit.

Der Stil der Blüte der innersten Tiefe

»Der Schnee bedeckt tausend Berge. Wie kommt es, daß nur ein einziger Gipfel nicht weiß ist?«

In einer alten Überlieferung heißt es: »Der Berg Fuji ist so hoch, daß der Schnee nicht schmilzt.« Diesen Ausspruch kritisierte ein Chinese, indem er sagte, daß es besser lauten sollte: »Der Berg Fuji ist so tief, daß . . .« usw. Das Höchste ist das Tiefste. Die Höhe hat ihre Grenzen, während die Tiefe nicht ausgelotet werden kann. So ist der tiefe Anblick eines einzigen nichtweißen Gipfels inmitten tausend schneebedeckter Berge dem Stil der ›Blüte der innersten Tiefe‹ vergleichbar.

Der Stil der ruhig-ausgewogenen Blüte

»In eine silberne Schale Schnee häufen«

Schnee in eine silberne Schale gehäuft: ein makelloser Anblick von leuchtendem Weiß; wahrlich ein Bild harmonischer Ausgewogenheit, das sehr gut den Stil der ›ruhig-ausgewogenen Blüte‹ repräsentieren kann.

Der Stil der wahren, wesensgemäßen Blüte

»Frühlingsnebelstreifen breiten sich hell schimmernd aus, die Sonne versinkt und die zehntausend Berge sind in Rot getaucht.«

Der weite Blick auf die von dem einen Sonnenball im klaren Blau des Himmels erleuchteten zehntausend Berge, die sich klar voneinander abheben – das ist der ›Stil der wahren, wesensgemäßen Blüte‹. Dies ist das Stadium, in dem man über die Stufe des ›Stils umfassender Sorgfalt‹ hinausgekommen ist und zum ersten Mal den Bereich der ›Blüte‹ betritt.

Der Stil umfassender Sorgfalt

»Eine erschöpfende Aufstellung dessen geben, worauf die Wolken über den Bergen und der Mond über dem Meer hinweisen (und alle Dinge im Universum) . . .«

Die Verfassung, in der man eine erschöpfende Aufstellung dessen gibt, worauf die Wolken über den Bergen, der Mond über dem Meer, die blauen Berge, die sich, so weit das Auge reicht, übereinandertürmen, und der umfassende Anblick des ganzen Universums hinweisen. Diese Verfassung entspricht genau dem Schulungsweg des ›Stils umfassender Sorgfalt‹. Genau hier liegt der Scheidepunkt für die Weiterentwicklung zu der nächsthöheren Stufe oder für den Abstieg zu den niedrigeren.

Der Stil der unbefangenen Schönheit

»Der Weg, der der wahre ›Weg‹ ist, ist nicht der gewöhnliche Weg.«

Indem man den gewöhnlichen Weg (der technischen Praxis) beschreitet, wird man den wahren WEG kennenlernen. Das bedeutet, vom noch Unvollkommenen her die Schönheit in Erscheinung treten zu lassen. Daher betrachten wir den ›Stil der unbefangenen Schönheit‹ als das Eingangstor des Schulungsweges der Neun Stufen.

(Die Unteren Drei Stufen)

Der kraftvoll-sorgfältige Stil

»Goldenen Hammers Form bewegt sich, edles Schwert zuckt kalten Blitz.«

Die sich bewegende Form des Goldenen Hammers symbolisiert den Stil kraftvoller Bewegung. Das kalte Aufblitzen des Heiligen Schwertes deutet den Stil kühl-empfindungsloser Darstellung an und könnte auch entsprechend für die verfeinerten Effekte technischer Perfektion stehen.

Der kraftvoll-grobe Stil

»Drei Tage nach seiner Geburt steht dem Tiger schon der Sinn danach, einen Ochsen zu vertilgen.«

Daß der Tiger schon drei Tage nach seiner Geburt eben diese Energie besitzt, ist ein Symbol für eine kraftvolle Gesinnung. Das Vertilgen eines Ochsen (dagegen) kann man als grob bezeichnen.

Der grob-schwerfällige Stil

»Ein Flughörnchen mit fünf Fähigkeiten«

Konfuzius sagte: »Ein Flughörnchen hat fünf angeborene Fähigkeiten: das Erklettern von Bäumen, das Schwimmen im Wasser, das Graben von Löchern, das Fliegen und das Laufen. Alle diese Fähigkeiten sind aber nichts weiter als seinen natürlichen Verhältnissen entsprechend,« und so weiter. Wo es der künstlerischen Darbietung an verfeinerter Bewegung mangelt, ist sie nur grob und schwerfällig.

Anmerkungen

1 Vgl. die Übersetzung von Oscar Benl: ›Das Buch vom Überliefern der Blüte (Kwadensho)‹, in: ›Seami Motokiyo und der Geist des Nô-Schauspiels‹, Wiesbaden 1953, S. 25–93 (Anm. d. Übers.)

2 Zu den Zen-Schulen Japans und Dôgen (1200–1253), dem Begründer der japanischen Sôtô-Zen-Schule, vgl. Heinrich Dumoulin: ›Geschichte des Zen-Buddhismus, Bd. II: Japan‹, Bern 1986 (Anm. d. Übers.)

Motokiyo Zeami:
›Der Verlauf des Schulungsweges der Neun Stufen‹
(Anhang zu den ›Neun Stufen‹)[1]

Der Verlauf des Schulungsweges: ›Zuerst die Mittleren Drei, dann die Oberen Drei und zum Schluß die Unteren Drei‹ soll im folgenden dargelegt werden.

Nach der ersten Einführung in die Nô-Kunst erarbeitet sich der Anfänger verschiedene Übungen des Tanzes und Gesangs, was dem Grad des *Stils der unbefangenen Schönheit* entspricht. Hat er das gründlich geübt und zeigt er auf dieser frühen Stufe schon Anzeichen einer ästhetischen Schönheit, dann wird er, wenn er allmählich und ohne sich eine Ruhepause zu gönnen, zum wahren Weg vorgedrungen ist, sich schließlich auf der Stufe des *Stils umfassender Sorgfalt* befinden.

Vervollkommnet er sich in allen Darstellungsarten dieses Stils, folgt er in umfassender Weise dem wahren Weg und erreicht er bereits die volle künstlerische Wirkung, dann befindet er sich auf der Stufe des *Stils der wahren, wesensgemäßen Blüte.* Ist der Spieler so weit gekommen, hat er die künstlerische Stufe erklommen, die von der Beherrschung von Tanz und Gesang bis zu den Drei Typen der Darstellung reicht. In dem Moment, wo der Spieler den Grad der Gewandtheit und Leichtigkeit erreicht, durch den man die Blüte hervorbringt, befindet er sich in dem Grenzbereich, in dem es sich erweist, ob er sich die Blüte des WEGES und damit die Erleuchtung erworben hat.

Hier liegen nun die bisher durchlaufenen Stufen direkt vor seinen Augen, und er findet mit Leichtigkeit und Können seinen Platz auf diesem hohen Niveau. Damit erweist er sich als ein Spieler vom Range des *Stils der ruhig-ausgewogenen Blüte.*

Eine Stufe höher verwirklicht er die zart-empfindsame Gestalt des unübertroffenen höchsten Grades: Er zeigt in seiner Darstellung die Spielweise eines vollendet Ambivalenten (Mittleren Weges) zwischen SEIN und NICHTSEIN (wie es im kontemplativen Bereich gegenwärtig ist) – das ist der *Stil der Blüte der innersten Tiefe.*

Noch höher liegt die Stufe, die über jede sprachliche Artikulierung hinausgeht: ein ästhetischer Ausdruck der transzendenten Nicht-Dualität der ›inneren Landschaft‹ (der kontemplativen SUBJEKTIVITÄT und des kontemplativen Feldes) – das ist der *Stil der Blüte von geheimnisvoller Einzigartigkeit.* Hiermit gelangt der ›hinaufführende‹ Weg des Nô an sein Ende.

In der Tat ist der Ausgangspunkt für jede der oben genannten Stationen der *Stil umfassender Sorgfalt.* Er ist die Grundlage aller Kunst und Technik, auf der sich die Samen der BLÜTEN in breitestem Umfang und mit vollendeter Sorgfalt in tausend Ergebnissen entfalten. Auf dieser Stufe des *Stils umfassender Sorgfalt* liegt die Trennungslinie zwischen Fortschritt und Rückschritt eines Spielers. Der Spieler, der auf dieser Stufe die BLÜTE[2] erringen kann, wird zum *Stil der wahren, wesensgemäßen Blüte* aufsteigen, während derjenige, dem es nicht gelingt, zu den Unteren Drei Stufen absteigen muß.

Nun, auf den Unteren Drei Stufen werden Kunst und Technik zu einem reißenden Fluß, der sich der Reihe nach in drei Kunstgrade aufteilt; weshalb sie für den Schulungsweg nicht von besonders großer Bedeutung sind. Aber wenn ein Spieler von den Mittleren Drei Stufen bis zu den Oberen Drei Blüten aufgestiegen ist, den Grad der Gewandtheit und Leichtigkeit und die Blüte von geheimnisvoller Einzigartigkeit erreichte und dann zu den Unteren Drei Stufen zurückkehrt – wenn dieser Spieler flexibel und in spielerischer Weise die Kunstfertigkeiten, die er sich erworben hat, auf jeden der drei Stile der Unteren Drei Stufen anzuwenden weiß –, wird er dabei einen besonderen Stil harmonischen Zusammenklangs verwirklichen.

Allerdings gab es schon immer viele virtuose Spieler, die zwar bis zu den Oberen Drei Blüten aufstiegen, aber niemals zu den Unteren Drei Stufen hinuntergingen. Das entspricht dem, was durch das Sprichwort: ›Ein Riesenelefant macht keine Spaziergänge auf Hasenpfaden‹[3] ausgedrückt wird. Außer meinem verstorbenen Vater habe ich niemals einen Spieler gesehen, der von den Mittleren Drei Stufen über die Oberen Drei Blüten bis hin zu den Unteren Drei Stufen alles beherrscht und gespielt hätte.

Darüber hinaus gibt es zahlreiche Spieler, die Führer von Nô-Theatergruppen sind, die auf dem Schulungsweg höchstens bis zum *Stil umfassender Sorgfalt* vorankamen und nicht in der Lage waren, den *Stil der wahren, wesensgemäßen Blüte* zu erreichen, dann zu den Unteren Drei Stufen hinunterstiegen und so am Ende nie zu Ruhm und Ehre gelangen.

Obendrein gibt es heutzutage sogar einige Nô-Spieler, die die Unteren Drei Stufen als Eingangstor zum Schulungsweg betrachten und so ihre Kunst darbieten. Das ist nicht die richtige Reihenfolge. Auf diese Weise gibt es viele, die zu keiner der Neun Stufen wahren Zugang finden.

Nun, es gibt drei verschiedene Arten der Darstellung in den Unteren Drei Stufen.

ERSTENS: Derjenige virtuose Spieler, der von den Mittleren Drei Stufen aus in den Nô-Weg eingeführt wurde, dann zu den Oberen und schließlich zu den Unteren voranschritt, wird auch bei der Darstellung in den unteren drei Stilen ästhetische Wirkungen hervorrufen können, die den oberen Kunstgraden entsprechen.

ZWEITENS: Derjenige Spieler, der nach der Meisterung des *Stils umfassender Sorgfalt* von den Mittleren Drei Stufen in die Unteren Drei hinabsteigt, wird nur eine Leistung bieten können, die dem Vermögen des ›Kraftvoll-Sorgfältigen‹ oder des ›Kraftvoll-Groben‹ entspricht.

DRITTENS: Derjenige Spieler, der aufs Geratewohl seine Schulung von den Unteren Drei Stufen her beginnt, bringt es nur zu einem Stil, der vom wahren Weg abweicht und ohne wahren Namen ist. Von ihm kann schwerlich behauptet werden, daß er sich überhaupt innerhalb der Neun Stufen bewege. Obwohl

diese Spieler nach der Beherrschung der Unteren Stufen streben, werden sie nie dieses Niveau erreichen, geschweige denn
jemals erwarten können, die Mittleren und die Oberen zu
meistern.

Anmerkungen

1 Vgl. die deutschen Übersetzungen von Oscar Benl: ›Die Reihenfolge im
   Erlernen der Neun Stufen‹, in: Seami Motokiyo und der Geist des Nô-
   Schauspiels, op. cit. S. 129–132, und Hermann Bohner: ›Seami, Der Neun
   Stufen Folge (Kyûishidai)‹, in: Mitteilungen der Deutschen Gesellschaft für
   Natur- und Völkerkunde Ostasiens, Bd. XXXIV, Teil C, Tokyo 1943; und
   die französische Übersetzung von René Sieffert: ›Dans quel ordre étudier les
   Neufs degrés‹, in: La tradition secrète du Nô‹, op. cit. S. 177–178 (Anm. d.
   Übers.)
2 Die ›Blüte‹ bedeutet hier technische Genauigkeit, die sich in einen ästheti-
   schen Wert verwandelt hat.
3 Das ist ein Ausspruch aus dem berühmten Zen-Gedicht ›Cheng-tao-ko‹ (jap.
   Shôdôka, Lied von der Verwirklichung des WEGES), das dem Meister Yang-
   chia (jap. Yôka) aus der T'ang-Zeit zugeschrieben wird.

Motokiyo Zeami:
›Betrachtungen zum Schulungsweg des Nô‹[1]

In der Mao-Ausgabe des ›Buchs der Lieder‹[2] findet sich der Satz: »Klein und niedlich, ein Eulenjunges!« Der Kommentar von Cheng Hsüan[3] dazu lautet: »Die Untertanen des Staates Wei zeigten zu Beginn ihre kleinen Qualitäten, hatten aber am Ende keine Erfolge vorzuweisen, darin gleichen sie der Eule.«

Man sagt, daß die Eule als Jungvogel niedlich sei, aber mit zunehmender Größe allmählich ein komisch aussehender Vogel werde. So ist es auch mit einem Künstler, der es in jungen Jahren in seiner Darstellung zu einem ›vollendeten Stil‹ *(manpû)* gebracht hat; das ist schon ein Vorzeichen dafür, daß seine Kunst mit zunehmendem Alter verfallen wird.

Denn in allen Künsten wird ›Erfüllung‹ *(jôju)* erst dann erreicht, wenn die künstlerische Ausübung mit dem Künstler selbst als deren ›Quelle der Verwirklichung‹ *(tai)* ›angemessen übereinstimmt‹ *(sôô)*. Die so verstandene ›Erfüllung‹ (eine ›Erfüllung‹, die jedem besonderen Stadium eigen ist) ist das, was in Wahrheit mit einem ›vollendeten Stil‹ gemeint ist.

Und die ›angemessene Übereinstimmung‹ mit dem Verhalten in jungen Jahren, wie sollte sie definiert werden? In der Kunst eines Jungen ist die innere Vorbereitung noch ungenügend und das technische Repertoire noch unvollständig, woraus ein halbfertiger Stil entspringt. Dieser ist die ›angemessene Übereinstimmung‹ mit dem kindlichen Alter.

Wenn dann Jahre vergehen und der Junge herangewachsen ist, wird seine Kunst auch immer vollkommener und entwickelt sich zum ›vollendeten Stil‹, der nun seinerseits die ›angemessene Übereinstimmung‹ mit der Kunst eines Erwachsenen darstellt.

Ist daher die Darstellung schon im Kindesalter perfekt und wirkt sie wie der ›vollendete Stil‹, muß das als ›unangemessene Übereinstimmung‹ mit dem Verhalten in kindlichem Alter bezeichnet werden. Aufgrund dieser ›unangemessenen Übereinstimmung‹ wird sich der künstlerische Stil nicht dem normalen Verlauf entsprechend entwickeln. Ist aber im Kindesalter die ›angemessene Übereinstimmung‹ mit dem noch unfertigen Stil vorhanden und eignet sich der Spieler im Heranwachsen ein immer größer werdendes Repertoire an, dann ist das die ›angemessene Übereinstimmung‹ mit dem natürlichen Verlauf des Erwachsenwerdens.

In diesem Sinne habe ich die vorhin genannte Stelle als Beispiel für die Entwicklung der Kunst zitiert, besagt sie doch, daß die Eule als Jungvogel zwar niedlich ist, sie ihren Höhepunkt aber damit vorwegnimmt, weshalb sie mit zunehmendem Heranwachsen immer unansehnlicher wird.

Daher sollte ein kindlicher Spieler noch nicht in den verschiedenen Arten der Rollendarstellung unterwiesen werden. Er sollte sich einzig und allein auf die beiden Künste Tanz und Gesang konzentrieren. Diese beiden müssen als ›Gefäße‹ betrachtet werden; Tanz und Gesang sind Grundelemente verschiedenster Künste und stellen keinesfalls künstlerische Techniken dar, die sich nur auf das Nô-Spiel beschränken. Sie bilden die allgemeine Grundlage aller musikalisch-tänzerischen Kunstformen.

Hat sich der Schüler mit diesen beiden Künsten gründlich vertraut gemacht und mit zunehmendem Alter sein Repertoire immer mehr erweitert, wird der Moment kommen, daß er auch die drei Typen der Darstellung[4] auf der Bühne vorführen darf; wenn er dann, ganz gleich in welcher Rolle, zu intonieren beginnt, wird er ›ästhetischen Widerhall‹ in den Zuschauern erzeugen, und wenn er tanzt, wird er Interesse erwecken. Ist das nicht das Verdienst der beiden ›Gefäße‹ Tanz und Gesang, welche sich der Spieler zu eigen machte und über die er nun frei verfügt? Ich kann nur immer wieder betonen, daß ein Spieler es gut bedenken und begreifen sollte, daß diese beiden Künste die ›Gefäße‹ für alle Künste darstellen und er auf dieser Grundlage die Rollenverkörperung aufzubauen hat.

Wir wollen nun noch einmal sehr gründlich untersuchen, warum das, was in kindlichem Alter ›reizvoll‹ erscheint, mit den Jahren unbefriedigend und unzureichend wird. Verfügt ein sehr junger Spieler in seiner Darstellung bereits über ein reiches Repertoire an Techniken und Rollen, sind die Zuschauer von der unmittelbaren Wirkung seines Spiels so überwältigt, daß sie in ihm sofort ein frühreifes Wunderkind sehen und ihn für einen virtuosen Spieler halten. Aber diese Wirkung ist nur eine ›vorübergehende Blüte‹ (die einer bestimmten Altersstufe eigen ist), die später aus einer Reihe ersichtlicher Gründe ganz von selbst verschwindet.

Das ›Vorübergehende‹ ist: erstens die Bewunderung der Zuschauer für jene frühe und ein großes Repertoire umfassende Geschicklichkeit, was dazu führt, daß man den jungen Spieler für außerordentlich begabt hält; zweitens der ›blütenhafte‹ Stil, der durch die Anmut der jugendlichen Erscheinung bewirkt wird, und drittens der Zauber der jungen Stimme. Alles dieses sind nichts weiter als vorübergehende Reize der Darstellung, über die der junge Spieler später nicht mehr verfügen wird. Diese Wirkung auf die Zuschauer, die ihn als frühreifes Wunderkind mit umfangreichem Repertoire, das eine große Zukunft vor sich hat, erscheinen ließ, wird er als Erwachsener nicht mehr haben. Die Anmut der jugendlichen Erscheinung wird ihm als Mann nicht erhalten bleiben. Und mit dem Stimmwechsel verliert sich auch der Zauber des kindlichen Gesangs.

Auf der anderen Seite wiederum erstarren die Darstellungsweisen, die man bis ins kleinste Detail erübt und sich seit der Kindheit zu eigen gemacht hat, völlig in für die jugendlichen Jahre geeigneten Formen; werden sie zur Darstellungsweise des erwachsenen Spielers, fesseln sie dessen Entfaltungsmöglichkeiten und sind künstlerisch völlig unbefriedigend. Das heißt, in der Weise wie die ›Quelle der Verwirklichung‹ *(tai)* sich ändert, verschwindet das ›Verwirklichte‹ *(yô)* entsprechend.

In gleicher Weise vergehen auch die ›Gefäße‹, aus denen die Blüten der jungen Jahre erblühten, so daß der Spieler einer Baumgruppe gleicht, die erst in prächtigem Blüten- und Blätterschmuck prangte und nun im Winter einen kahlen Anblick bietet.

Wenn man das alles unter Berücksichtigung des Vorangegangenen bedenkt, erkennt man, daß es nur logisch ist, wenn sich beim erwachsen gewordenen Spieler die Wirkung des Spiels ändert und sich das Publikum ernüchtert distanziert.

Daher möchte ich nochmals wiederholen, was ich bereits angeführt habe, daß man dem ganz jungen Spieler nur die beiden Künste Tanz und Gesang, die beiden Grundelemente aller Künste, beibringen sollte, bis er sie sich vollständig angeeignet hat. Verfügt er so noch über keinerlei Kenntnisse in der speziellen Kunst der mimischen Darstellung, so daß auch sein Spiel noch unvollkommen ist, dann wird im Laufe des Heranwachsens auch der Moment kommen, die drei Typen der Darstellung zu erlernen und das Repertoire nach und nach zu erweitern. Seine Darstellungsweise wird so zweifellos immer in ›angemessener Übereinstimmung‹ mit seiner körperlichen Entwicklung sein, und seine Kunst des Nô wird sich immer weiter entfalten und ohne Beschränkung gedeihen.

Die beiden Künste Tanz und Gesang werden als Grundtechniken aller musisch-darstellenden Künste betrachtet. Daher werden sie von allen ausgeübt: dem Anfänger wie dem Erfahrenen, dem Alten wie dem Jungen, dem Kind wie dem erwachsenen Mann. Rollenverkörperung und mimisches Spiel sind dagegen Körperausdrucksformen, die so nur in unserer Kunst vorkommen, und wenn sich ein Spieler nur darauf spezialisiert, wird er über keine umfassende Darstellungsweise aus mehreren Sparten verfügen.

Um so mehr wird ein Spieler, der an der noch bescheidenen Darstellungsweise, wie sie sich die ganz Jungen aneignen, festhält, sich auch in Zukunft nicht weiterentwickeln. Wenn ein junger Spieler dagegen schon ein umfangreiches Repertoire an Darstellungen beherrscht und daher als großes Talent erscheint, ist das nichts weiter als eine ›vorübergehende Blüte‹, vergleichbar der kleinen, niedlichen Jungeule.

In den ›Erörterungen und Gesprächen‹ des Konfuzius heißt es: »Es gibt Reissetzlinge, die es nicht bis zur Blüte bringen, und andere, die blühen, aber keine Frucht tragen.«[5] Dieser Ausspruch sollte als die Beschreibung der künstlerischen Entwicklungsstufen von ›Eröffnung-Entwicklung-abschließender Höhepunkt‹ *(jo-ha-kyû)*[6] während der ganzen Lebensspanne eines Spielers verstanden werden.

Wenn es der junge Spieler in der Ausübung der beiden Künste, in denen er unterwiesen wurde, sei es nun im Tanz, sei es im Gesang, durch seine angeborene Begabung dazu bringt, reizvoll zu tanzen oder so zu singen, daß er ›ästhetischen Widerhall‹ in den Zuschauern hervorruft, dann befindet er sich bereits auf der Stufe des Reissetzlings.

Wie kann man das Wachstum des Setzlings fördern? Offensichtlich dadurch, daß man die Setzbeete bewässert und die Pflänzchen einfach von selbst wachsen läßt. Sind dann die Setzlinge größer geworden, werden sie in die Reisfelder umgepflanzt, wo sie nach und nach tiefer Wurzeln schlagen, von Unkraut befreit und bewässert werden, und man auf Regen hofft. Schließlich entwickeln sich die Reishalme. Dies ist die Zeit des Wachstums.

Dann kommt die Zeit des Reifens. Die Halme und Ähren beginnen sich zu färben, und der vorher so sehnlichst erhoffte Regen ist nun gar nicht mehr erwünscht; jetzt wartet man auf die Sonne, damit die Pflanzen im Sonnenlicht baden können. Die Pflanzen erhalten all diese sorgfältige Pflege, damit sie reife Frucht tragen.

So ist es auch mit der Schulung in unserer Kunst des Nô: Die Kunst des dem Reissetzling vergleichbaren jungen Spielers kann gedeihen, wenn sie mit den beiden Künsten Tanz und Gesang gut bewässert wird.

Hat er dann das Mannesalter erreicht und ist seine Kunst zur vollen Wirkung erblüht, sollte er dennoch weiterhin danach streben, einen soliden, für ihn geeigneten Stil zu entwickeln, den er in weiter Zukunft und auf lange Sicht mit ›Gewandtheit und Leichtigkeit‹ beherrscht, wobei er stets zu berücksichtigen hat, daß die Kriterien zur Beurteilung der künstlerischen Wirkung seines Spiels einem Bereich jenseits seines Begriffsvermögens entstammen.

Und wenn im Verlauf der Jahre der Spieler noch bis ins hohe Alter seine Übungen fortsetzt, ohne es jemals zu vernachlässigen, den unmittelbaren ästhetischen Widerhall seines Nô-Spiels unablässig zu steigern, dann muß das als die künstlerische Vollendung betrachtet werden, die auf dem bewußten Verständnis der Idee des ›Reifens‹ beruht.

Es gibt einen buddhistischen Ausspruch: »Es ist leicht, sich über das Gesetz (die Lehre Buddhas) Kenntnisse zu erwerben, aber schwer, es zu befolgen.« Die Schwierigkeit, es einzuhalten, ist eine Folge der Täuschungen des Ego. Deshalb soll man unablässig auf der Hut sein vor Mängeln, die dem Bereich jenseits der eigenen Verständnismöglichkeit entspringen. Läßt es ein Spieler an Achtsamkeit fehlen, weil er sich des Umstandes nicht bewußt ist, daß Fehler seiner gegenwärtigen Verständnismöglichkeit entgehen können, dann wird sich seine Nô-Kunst entschieden zum Schlechten wenden. Dies ist vergleichbar mit einer stetig herangewachsenen Reispflanze, die durch Sturm oder Regen so geschädigt wurde, daß sie vor dem Reifwerden verfault.

Diese drei Stufen des Sprießens, Heranwachsens und Reifwerdens entsprechen genau den von mir bereits erwähnten künstlerischen Stufen von ›Eröffnung-Entwicklung-abschließender Höhepunkt‹ *(jo-ha-kyû)*, die sich der Spieler sein ganzes Leben hindurch erarbeitet.

Im ›*Shingyô*‹[7] heißt es: »Erscheinungsform ist Leere, Leere ist Erscheinungsform.« Auch in allen Kunstformen gibt es diese beiden Aspekte des ›Erscheinenden‹ *(shiki)* und des ›Leeren‹ *(kû).*

Hat der Spieler die drei Stufen des ›Sprießens – Heranwachsens – Reifwerdens‹ durchlaufen und das Stadium der ›Gewandtheit und Leichtigkeit‹ erreicht, so daß er jede Rolle seines umfangreichen Repertoires seinen innersten Vorstellungen entsprechend vollendet darzustellen vermag, dann könnte man das mit Recht als das Stadium ›Erscheinungsform ist Leere‹ bezeichnen. Meint der Spieler jedoch, daß er auf dieser Stufe bereits den allerhöchsten künstlerischen Grad des ›Stils des absoluten Nichts‹ *(mufû)* erreicht hat, so ist das ungerechtfertigt, fehlt ihm doch noch das Stadium ›Leere ist Erscheinungsform‹. Das könnte man als den Irrtum bezeichnen, ›das, was man noch nicht erreichte, als schon erreicht auszugeben‹ *(mitoku ishô).* Daher ist es nur zu angebracht, daß der Spieler in diesem Stadium immer auf der Hut ist vor Mängeln, die außerhalb des Bereichs, den er mit seinem Bewußtsein durchdringen kann, entstehen.

Wenn der Spieler nicht mehr darum besorgt ist, vor dieser Art von richtig und falsch auf der Hut zu sein, und wenn jede seiner Vorführungen von der ›alles übertreffenden Verfeinerung‹ zeugt, durch die selbst eine eigenwillige, ungewöhnliche Darstellungsweise einfach ›reizvoll‹ wirkt, dann hat er den künstlerischen Rang erlangt, in dem er keiner Bewertung von richtig oder falsch, gut oder schlecht mehr unterliegt. Das kann man mit Recht als ›Leere ist Erscheinungsform‹ bezeichnen. Da sowohl ›richtig‹ als auch ›falsch‹ reizvoll wirken, bedeutet das, daß eine Beurteilung nach richtig oder falsch aufgehört hat zu existieren und daß auch der Spieler nicht mehr vor Fehlern auf der Hut sein muß, die dem Bereich jenseits seiner Verständnismöglichkeit entspringen.

In der *waka*-Dichtkunst gibt es sogenannte Gedicht-Krankheiten, wie zum Beispiel die ›Krankheit der Wiederholung desselben Wortes‹, die unbedingt zu meiden sind:

> In Naniwazu
> erblühen diese Blumen
>   nach dem Winterschlaf,
> jetzt ist Frühlingszeit,
>   erblühen diese Blumen.[8]

In diesem Gedicht ist die ›Krankheit der Wiederholung desselben Wortes‹ ganz offensichtlich. Es heißt jedoch, daß in diesem Fall das *waka* so hervorragend sei, daß selbst ›Gedicht-Krankheiten‹ seinen ästhetischen Wert in keinster Weise beeinträchtigen. Aus diesem Grund wird es mit Recht als ›Vater‹ aller *waka*-Gedichte angesehen.

Hier ein anderes Gedicht:

> Kein einziges Schutzdach
> mein Pferd unterzustellen
>   und den Schnee von meinen Ärmeln zu klopfen.
> Schnee in der Abenddämmerung
>   am Flußübergang von Sano.[9]

Das ist ein berühmtes Gedicht von Teika. Dieses Gedicht, seines Ruhmes würdig, klingt freilich ›reizvoll‹, aber worin dieses ›Reizvolle‹ besteht, vermag ich nicht zu sagen. Klingt es nicht einfach wie die Beschreibung einer Reise, auf der gerade Schnee fällt und es weit und breit keinen Unterschlupf gibt?

Da ich mich jedoch in der *waka*-Dichtkunst nicht so gut auskenne, fragte ich einen Kenner dieser Kunst, ob in diesem Gedicht nicht noch etwas anderes läge, das so einen tiefen Eindruck hervorrufe, aber die Antwort lautete bloß, daß das Gedicht so zu nehmen sei, wie es erscheine.

Dann wäre dieses Gedicht seiner Aussage nach nicht gerade ein Loblied auf den Schnee. Mir klingt es eher so, als ob der Dichter hier ganz unmittelbar zum Ausdruck bringe, wie schutzlos und verloren er sich auf seiner Reise in dieser Gegend fühlte, ohne menschliche Behausungen in Sicht.

So glaube ich, daß das Werk eines Mannes, der zu recht Meister seiner Kunst genannt wird, eine mit Worten nicht ausdrückbare ästhetische Wirkung hervorruft, so wie dieses Gedicht.

In einer Schrift des Tendai-Buddhismus, die den Begriff *myô* kommentiert, heißt es: »Der innere Zustand, in dem alle Worte schweigen, in dem es kein diskursives Denken gibt und in dem alle Tätigkeiten des menschlichen Geistes aufgehoben wurden, genau das ist der Zustand von *myô* (der geheimnisvollen Einzigartigkeit).« Beschreibt dieses *myô* nicht genau die Gestalt von Gedichten wie das oben angeführte?

Ebenso ist es in der Kunst des Nô; ein großer Spieler, der in seiner Darstellung den höchsten Grad erreicht hat, zeigt wie in diesem Gedicht ›kein einziges Schutzdach, mein Pferd unterzustellen ...‹ nicht die Spur wohlüberlegter Kunstfertigkeit und achtet nicht mehr auf die Darstellungsweise, so daß er durch sein Spiel die unmittelbare Wirkung einer ›die Empfindung transzendierenden Empfindung‹ *(mukan no kan)* und eines ›den Anblick transzendierenden Anblicks‹ *(riken no ken)* hervorruft, wodurch sich der Ruhm seines Hauses weit verbreitet. Dieser kann mit Recht Meister des ›Stils der geheimnisvollen Einzigartigkeit‹ in den musisch-darstellenden Künsten genannt werden.

In den ›Erörterungen und Gesprächen‹ des Konfuzius heißt es: »Tzu Kung fragte den Meister: ›Und wem bin ich gleich?‹ Der Meister antwortete: ›Du bist ein Gefäß.‹ ›Was für ein Gefäß?‹ ›Ein kostbares Gefäß für Getreide-Opfer.‹«[10]

Nun überlegt man, was dieses ›Gefäß‹ in unserer Kunst des Nô bedeutet, so kann ein Spieler, der die zwei Künste Tanz und Gesang und die drei Typen der Darstellung beherrscht und somit das gesamte Repertoire zu meistern versteht, als fähiges ›Gefäß‹ bezeichnet werden. Damit ist die Beherrschung aller Stile und eines breiten Spektrums an Techniken zur Erzeugung verschiedener ästhetischer Wirkungen gemeint, welche sich ein einzelner Spieler zu eigen machte und in seinem Spiel nun frei einsetzen kann.

Wenn sich die akustisch-visuelle ästhetische Wirkung der zwei Künste und drei Darstellungstypen auch auf alle anderen Künste auszuweiten beginnt und einen unendlichen, unvergänglichen künstlerischen Wert hervorbringt, dann entspricht das genau der Qualität des ›Gefäßes‹.

Wenden wir das System von ›Sein und Nichtsein‹ auf unseren Fall an, entspricht ›Sein‹ der sichtbaren Wirkung und ›Nichtsein‹ dem Gefäß. Das, was das ›Sein‹ in Erscheinung treten läßt, ist das ›Nichtsein‹. Nehmen wir zum Beispiel einen Kristall: obwohl er ein leerer Körper ist, ganz durchsichtig, rein und ohne Beziehung zu Farbe und Muster, kann er zur Erzeugung von Feuer und Wasser dienen. Welche Ursache ist der Anlaß dafür, daß zwei so gegensätzliche Elemente wie Feuer und Wasser aus der Leere eines durchsichtigen Kristalls hervorgehen? Es gibt ein Gedicht:

> Spalte den Kirschbaum
> und schau nach,
>   du findest keine Blüte.
> Die Blüten erblühen
>   im (leeren) Frühlingshimmel.[11]

Das, was den Samen der ›Blüten‹ aller musisch-darstellenden Künste ausmacht, ist der Geist als Quelle der künstlerischen Fähigkeiten des Spielers. So wie Feuer und Wasser aus dem leeren Körper des Kristalls hervorgehen oder die farbenfrohen

Krischblüten und Früchte aus dem Kirschbaum, der diese Farben nicht besitzt, so erzeugt ein großer Meister die unmittelbare ästhetische Wirkung mannigfaltiger (wahrnehmbarer)
Formen und Farben aus einer (nicht wahrnehmbaren) inneren Landschaft. Dieser darf mit Recht als ›Gefäß‹ bezeichnet
werden.

Es gibt viele szenische Elemente aus der Natur wie ›Blumen und
Vögel‹ oder ›Wind und Mond‹, die das Nô-Spiel als eine festliche Kunst zur Verlängerung des Lebens schmücken. Jede
dieser künstlerischen Ausschmückungen entspricht einer anderen Jahreszeit, von ›Blüten und Blättern‹, ›Schnee und Mond‹,
›Berg und Meer‹, ›Gräsern und Bäumen‹ bis hin zu ›Lebendi-
gem und Nichtlebendigem‹ werden alle Dinge und Wesen von
dem ›Gefäß‹ des Universums hervorgebracht. Indem man alle
diese Dinge als Ausschmückungen der musisch-darstellenden
Künste betrachtet, seinen Geist zum ›Gefäß‹ des Universums
macht und sein eigenes Geist-›Gefäß‹ mit Leichtigkeit auf dem
grenzenlos weiten, über alle Stile hinausgehenden WEG der
LEERE steuert, darf man darauf hoffen, die höchste Stufe der
›Blüte von geheimnisvoller Einzigartigkeit‹ in unserer Kunst
zu erreichen.

1 Vgl. die französische Übersetzung von René Sieffert, op. cit. S. 165–171 (Anm. d. Übers.)

2 Das ›Buch der Lieder‹, chinesisch ›Shih-ching‹, ist die älteste Anthologie chinesischer Gedichte und wurde kurz nach 600 v. Chr. zusammengestellt. Die Mao-Ausgabe, der einzige noch vorhandene Text des ›Buchs der Lieder‹, ist ein Werk des Mao (jap. Mo) aus der Frühen Han-Zeit (206 v. Chr.–8 n. Chr.).

3 Cheng-Hsüan (jap. Jôgen, 127–200 n. Chr.) war ein Philologe der Späten Han-Zeit (25–220). Er schrieb einen Kommentar zur Mao-Ausgabe des ›Buchs der Lieder‹.

4 Die drei Typen der Darstellung sind: der ›alte Mensch‹, die ›Frau‹ und der ›Kämpfer‹.

5 Nach Buch 5, Kapitel 9, Abschnitt 21. Vgl. die deutsche Übersetzung der Originalstelle von Richard Wilhelm: ›Kungfu-tse. Gespräche. Lun Yü‹, Düsseldorf/Köln 1976, S. 102

6 Zu jo-ha-kyû, einem wichtigen kunsttheoretischen Konzept der japanischen Musik, der renga-Dichtung, der Blumenkunst und des Nô vgl. Oscar Benl: ›Seami Motokiyo und der Geist des Nô-Schauspiels‹, op. cit. S. 48–50; Eishi Kikkawa: ›Vom Charakter der japanischen Musik‹, Studien zur traditionellen Musik Japans, Bd. 2, Kassel/Basel/London 1984, S. 154–157 (Anm. d. Übers.)

7 ›Shingyô‹, ein Kurztitel für ›Hannya haramitta shingyô‹, ist die japanische Bezeichnung für das ›Prajnâpâramitâ-hrdaya-sûtra‹, das meistgelesene Sutra der sogenannten Weisheits-Schule des Buddhismus, das besonders auch im Zen-Buddhismus in hohem Ansehen steht.

8 Dieses Gedicht findet sich im Vorwort zur Gedicht-Anthologie ›Kokinshû‹. Vgl. auch die deutsche Übersetzung von Oscar Benl in: ›Die Entwicklung der japanischen Poetik bis zum 16. Jahrhundert‹, op. cit. S. 54

9 Ein Gedicht aus der Anthologie ›Shinkokinshû‹.

10 Buch 3, Kapitel 5, Abschnitt 3. Vgl. Richard Wilhelm, op. cit. S. 65

11 Dieses waka findet sich im ›Mizukagami‹ (Wasserspiegel), einem Werk, das dem berühmten japanischen Zen-Meister Ikkyû (1394–1481) zugeschrieben wird.

Motokiyo Zeami: ›Das Sammeln von Perlen und das Erwerben von Blüten‹

FRAGE: Im Nô, das zu den musisch-darstellenden Kunstformen zählt, kommt es vor, daß ein Spieler, obwohl er sich Jahr um Jahr entsprechend der Ausbildung für jede einzelne Stufe schulte, sich um jedes kleinste Detail bemühte, lange Erfahrungen ansammelte und es bei keiner Vorstellung versäumt, seine ganzen Kräfte aufzubieten, dennoch manchmal erfolgreich ist und manchmal nicht. Woran liegt das?

ANTWORT: Nicht nur im Nô, sondern auch in anderen Künsten gibt es je nachdem einmal Erfolg und einmal Mißerfolg. Das mag zwar gelegentlich auf Umstände außerhalb der eigenen Möglichkeiten und Kräfte zurückzuführen sein, aber man wird doch vermuten, daß die Gründe dafür im eigenen Bemühen, der Ausbildung usw. zu suchen sind. Aber während man noch glaubt, daß es auf ungenügender Schulung oder eigener Unreife beruhe, ruft ein und derselbe virtuose Spieler bei ein und demselben Darstellungsstil ganz unterschiedliche Wirkungen auf der Bühne hervor: gestern Erfolg und heute Mißerfolg. Dessen ungeachtet müssen wir Nô-Spieler, die wir die festliche Kunst von ›Wind und Mond‹ zur Verlängerung des Lebens ausüben, selbstverständlich danach trachten, Gegenmaßnahmen zu ersinnen und alle Unklarheiten auszuräumen, auch wenn es vergeblich sein mag.

Nun, ich frage mich, ob es nicht vielleicht daran liegt, daß die jeweilige Atmosphäre, nämlich *Yin* und *Yang* nicht harmonisch übereinstimmen, wenn ein und derselbe virtuose Spieler durch ein und denselben Darstellungsstil, in dem er höchste Meisterschaft erlangte, zu verschiedenen Zeiten verschiedene Wirkungen hervorruft.

Es wird keine wahre Harmonie geben, wenn die im passenden Moment vom Spieler ausgestoßene Stimme und die von ihm gewählte Tonart mit ihren fünf Tönen nicht im Einklang stehen mit der jeweiligen Atmosphäre, die von solchen zufälligen Faktoren wie den vier Jahreszeiten, Tag und Nacht, Morgen und Abend, Zusammensetzung und Anzahl der Zuschauer, Größe des Theaters usw. erzeugt wird. Man stimme zuallererst seine eigene innere Haltung auf die gerade herrschende Atmosphäre ein und bringe damit die Modulation der Stimme und der speziellen Tonart in Übereinstimmung, so daß bei den Zuschauern ein starker ästhetischer Widerhall erzeugt wird: Das sind die ersten Schritte, um bei jeder Aufführung wahre Harmonie zu verwirklichen.

Darüber hinaus gibt es durch die Musik hervorgerufene Empfindungen, die mit den zeitlich bedingten Gegebenheiten wie Hitze oder Kälte, Tag oder Nacht und Morgen oder Abend vereinbar sein müssen. Da Kälte zu *Yin* gehört und Wärme zu *Yang*, sollte man zum *Yin*-Faktor eine Stimmart aussuchen, die einer *Yang*-Empfindung entspricht und zum *Yang*-Faktor eine *Yin*-Stimmung hinzufügen.

Yin und *Yang* in Harmonie zu bringen bedeutet, daß, wenn es in einem Theater wegen der *Yin*-Atmosphäre des Wetters draußen irgendwie düster ist, man die *Yin*-Atmosphäre als vorherrschend anerkennt und sich entsprechend einstimmt. Die Stimme sollte vor allem in den *Yang*-Tonarten mit verlängerten Weisen eingesetzt werden, wobei eine zu starke Hinwendung zum *Yang*-Element durch das Einstreuen neutraler Töne reguliert werden muß, so daß eine harmonische Klangempfindung entsteht. Das ist der Zustand der ›Erfüllung‹, bei dem durch den inneren Einklang alles zu einer Einheit verschmilzt.

Wenn dieser durch die Musik hervorgerufene innere Einklang bis in die wahrnehmbaren Formen der Darstellung seine Wirkung zeigt, verfolgen die Zuschauer das Spiel mit größter Anteilnahme; das verursacht den inneren Einklang des ganzen Publikums. Nur dieser Zustand der ›Erfüllung‹, der auf diese Weise zwischen der musikalischen Darbietung und der Atmosphäre des Theaters eine harmonische Übereinstimmung erzeugt, darf mit Recht als gelungen bezeichnet werden.

Wird dagegen die Atmosphäre eines Theaters vorwiegend als *Yang* empfunden, muß die Stimmlage des Spielers vor allem die der *Yin*-Tonart sein; dabei sollte er die Wirkung des Gesangs zur vollen Geltung bringen, indem er beim Singen das Atemvolumen reguliert, dadurch die Empfindung musikalischer Harmonie vermittelt und so das geistige Gehör aller Anwesenden auf sich richtet und fesselt.

Wenn der Tag der Aufführung zum Beispiel in den Spät-Herbst fällt oder in den Früh-, Mitt- oder Spät-Winter, in denen die ruhige *Yin*-Atmosphäre vorherrscht, und wenn nun aber an diesem betreffenden Tag die Sonne strahlt, die Zuschauer in Scharen zum Theater strömen, die allgemeine Stimmung quirrlig und geräuschvoll ist und das Publikum gar nicht zur Ruhe kommen will, beginne der Spieler mit voller Stimmlage in einer neutralen Tonlage zu intonieren, dringe mit seiner Stimme bis in das geistige Gehör der Anwesenden vor und ziehe die gespannte Aufmerksamkeit aller Augen und Herzen auf sich allein. Bietet der Spieler ein umfassendes, vollendetes Spiel dar, verlagert sich die Ergriffenheit der Zuschauer, die zunächst durch den Gesang bewirkt wurde, im weiteren Verlauf der Darbietung ganz von selbst auf die sichtbare Vorführung auf der Bühne.

Wenn auf diese Weise in allen Anwesenden innerer Einklang und bewundernde Anerkennung hervorgerufen werden, erlebt man die ›Erfüllung‹ der Kunst des Nô. Dies ist genau der Wendepunkt, an dem die anfängliche Ergriffenheit durch die Stimme in die unmittelbare Wirkung des sichtbaren Spiels übergeht. Diesen Punkt habe ich auch in dem Kapitel ›Zuerst das Hörbare, danach das Sichtbare‹[1] in meiner Schrift ›*Kakyô*‹ ausgeführt.

Von diesem rechten Verhältnis von *Yin* und *Yang* sollte man niemals abweichen, auch wenn man bei jeder einzelnen Aufführung allen Umständen wie vornehme Wohnviertel, große oder kleine Theater, Bühnen im Freien oder in geschlossenen Räumen bis hin zu Vorführungen auf provisorischen Bühnen in Häusern Rechnung tragen muß.

Festliche Benefiz-Vorstellungen, bei denen es um Spenden für religiöse Zwecke geht, und andere Vorstellungen in großen öffentlichen Anlagen umfassen die drei Grundelemente der Atmosphäre des Alls: Himmel, Erde und Mensch; dagegen werden Vorstellungen in Privat-Gärten oder in kleineren Gebäuden primär durch die menschliche Atmosphäre bestimmt, während das klimatische Element eher sekundär ist. Daher kann man davon ausgehen, daß Erfolg oder Mißerfolg darauf zurückzuführen sind, ob man von Fall zu Fall die richtigen Maßnahmen ergriffen hat oder nicht.

FRAGE: Es besteht also kein Zweifel daran, daß der Erfolg oder Mißerfolg einer jeden Vorstellung von den jeweiligen Gegebenheiten des Ortes und seiner Atmosphäre abhängen. Wenn ein Spieler unseres WEGES nach langjähriger Schulung sich bereits einen Namen gemacht hat und die ästhetische Wirkung seines Spiels die Zuschauer begeistert, nimmt man selbstverständlich an, daß das die Frucht seiner langjährigen Erfahrung ist. Auf der anderen Seite jedoch kommt es vor, daß ein offenkundiger Anfänger, der gerade die beiden Künste Tanz und Gesang beherrscht, durch sein Spiel noch ohne Maske und in jugendlichem Kostüm ebenso begeistert. Ich frage mich, ob dieser ›Reiz‹ den gleichen künstlerischen Rang besitzt wie das reizvolle Spiel des erfahrenen Meisters.

ANTWORT: Das habe ich an anderer Stelle dargelegt. Ich habe dort das Reizvolle mit der Blüte verglichen. Es bedeutet das ›Einmalige‹. Wie ich im ›Buch vom Überliefern der Blüte‹[2] dargestellt habe, ist das Wissen um die Blüte nichts anderes als die Beherrschung von Wesen und Wirkung dieser beiden Begriffe ›reizvoll‹ und ›einmalig‹.

Nun, die Blüte ist reizvoll, weil sie blüht, und einmalig, weil sie abfällt. Jemand fragte einmal: »Was ist Vergänglichkeit?« Die Antwort lautete: »Verwehende Blütenblätter und fallendes Laub.« Er fragte abermals: »Was ist Beständigkeit und Unsterblichkeit?« Die Antwort lautete: »Verwehende Blütenblätter und fallendes Laub.«

So gibt es in dem augenblicklichen Empfinden ›oh, wie reizvoll‹ nichts Festgelegtes. Nun, dieses Reizvollsein wird in allen Kunstarten als ein Zeichen höchsten Könnens aufgefaßt, und ein Künstler, der über lange Zeit ein begeisterndes Spiel darbietet, wird zu Recht als Meister gerühmt. Daher wird ein Spieler, der sich dieses Reizvollsein durch langjährige Erfahrung erwarb und zu bewahren vermag, dem höchsten spirituellen Zustand vergleichbar, in dem sich ›verwehende Blütenblätter und fallendes Laub‹ (d. h. die Vergänglichkeit) als Symbol der Unvergänglichkeit erweisen.

Auf der anderen Seite gibt es jedoch Spieler, die in ihrer Vorführung nur die ganz gewöhnlichen Blüten zeigen. Ich habe bereits an anderer Stelle die ›Neun Stufen‹ aufgestellt. Die Blüten der Oberen Drei Stufen brauchen wir hier nicht weiter zu erörtern. Wenn aber eine Vorführung der Mittleren Drei oder sogar der Unteren Drei Stufen reizvoll ist, so verdient sie es, den Umständen gemäß, als Blüte betrachtet zu werden.

Wenn sich zum Beispiel Bauern und ungebildetes Landvolk für die Blüten gewöhnlicher Bäume (d. h. der Unteren Drei Stufen) begeistern, so ist das auf den Umstand zurückzuführen, daß die unmittelbare ästhetische Wirkung dieser Blüten genau dem Geschmack der wenig gebildeten Menschen entspricht. Die Begeisterung für die Oberen Drei Blüten dagegen entspricht genau dem ästhetischen Geschmack der gebildeten Oberschicht. Sowohl Spieler als auch Zuschauer sind mit dem ihnen jeweils entsprechenden Geistes- und Sehvermögen versehen.

Hierzu möchte ich eine Hypothese vortragen, nämlich die Theorie der beiden Prinzipien der ›wesenhaften Blüte‹ *(shôka)* und der ›vorübergehenden Blüte‹ *(yôka)*. Die wesenhafte Blüte, die der Blüte der Oberen Drei Stufen entspricht, ist den Kirschblüten vergleichbar, deren ästhetische Wirkung der gebildeten Oberschicht zusagt. Die Oberste der Mittleren Drei Stufen habe ich schon als ›wahre, wesensgemäße Blüte‹ bezeichnet; die Kirschblüte entspricht dieser. Aber die Blüte dieser Stufe ist nicht nur der Kirschblüte vergleichbar, sondern umfaßt auch viele andere wie Pflaumenblüte, Pfirsichblüte, Birnenblüte usw. Der Anblick von roten und weißen Pflaumenblüten hat dabei einen besonders eleganten ästhetischen Effekt. Das ist der Grund, weshalb der später als Gottheit verehrte Michizane Sugawara[3] ihren Anblick so liebte.

Weiterhin möchte ich betonen, daß der Dreh- und Angelpunkt unserer Kunst darin besteht, daß alle Menschen, ob hoch oder niedrig, durch die unmittelbare Wirkung unseres Spiels von Begeisterung und Zuneigung zum Nô ergriffen werden.

Hierbei ist der Genuß der Blüte der Oberen Drei Stufen (d. h. der wesenhaften Blüte) ein Beweis für den geschulten Blick der gebildeten Oberschicht. Aber auch unter den Zuschauern gibt es Unterschiede. Zum Beispiel hat die Darbietung eines jungen Spielers in seinem Kostüm ohne Maske einen einmaligen Charme, der den ersten ungefüllten Kirschblüten im Frühling vergleichbar ist. Dies entspricht der ›vorübergehenden Blüte‹. Wer nur diese reizvoll findet und genießt, erweist sich dadurch als zur allgemeinen Mittelschicht oder zur wenig gebildeten Unterschicht gehörig. Obwohl auch der Gebildete den einmaligen Charme empfindet und davon begeistert ist, wird er es doch niemals als die wahre ›wesenhafte Blüte‹ betrachten.

Die Blüten ganz alter Kirschbäume und einzelner berühmter Bäume oder die Kirschblütenpracht weithin bekannter Orte wie Yoshino, Shiga, Jishu, Arashiyama usw. sind alle, um es mit den Worten unserer Kunst auszudrücken, reizvolle Blüten berühmter Meister. Sie als ›wesenhafte Blüten‹ zu erkennen, vermag nur die gebildete Oberschicht. Aber die unmittelbare Wirkung des vollendeten Spiels eines Meisters wird, genauso wie die Kirschblüten der berühmten Orte, von allen Menschen, ob hoch oder niedrig, empfunden und geschätzt.

Der Gebildete seinerseits wird mit seinem breiten künstlerischen Verständnis die ›vorübergehenden Blüten‹ nicht verachten. Auch die Spieler sollten es so halten. Wer keine der Neun Stufen von seinem Repertoire ausschließt, ist es wert, ein Spieler von großem Format genannt zu werden.

Es heißt: »Alles geht auf Eines zurück. Worauf ist das Eine zurückzuführen? Es geht zurück auf alles, was existiert.«[4] In diesem Sinne gibt es auf jeder der Neun Stufen, entsprechend ihrer speziellen Möglichkeit, selbstverständlich ›Reizvolles‹, das jeweils als ›Blüte‹ betrachtet zu werden verdient. Um jedoch die Unsicherheit darüber auszuräumen, ob das ›reizvolle‹ Spiel des jugendlichen Spielers und das ›reizvolle‹ Spiel des Meisters mit langjähriger Erfahrung übereinstimmen, habe ich hier die Unterscheidung in ›wesenhafte Blüte‹ und ›vorübergehende Blüte‹ vorgenommen.

FRAGE: Unter welchen Gesichtspunkten und aus welchen Gründen kam das Wort *omoshiroshi* (›reizvoll‹ in Gebrauch? Wenn die Betrachtung als ›Blüte‹ bereits als Metapher gilt, was ist es dann seinem Wesen nach, das uns ohne Raum für Metaphern oder bewußte Überlegungen zu dem Ausruf ›omoshiro‹ (›reizvoll!‹) hinreißt?

ANTWORT: Die Antwort auf diese Frage ist nichts anderes als das vollständige Erfassen der ›Blüte‹ und das Vordringen bis in das verborgene Innere der Angelegenheit.

Die oben genannten drei Ausdrücke ›reizvoll‹, ›Blüte‹ und ›einmalig‹ sind verschiedene Bezeichnungen ein und derselben Sache. Obwohl man ›geheimnisvolle Einzigartigkeit‹ *(myô)*, ›Blüte‹ *(hana)* und ›Reizvollsein‹ *(omoshiroshi)* drei verschiedene Dinge nennt, sind sie doch einer Art, die sich wiederum in Oben, Mitte und Unten unterscheidet. Die ›geheimnisvolle

Einzigartigkeit‹ *(myô)* ist der Zustand jenseits aller Worte, in dem jegliche Tätigkeit des Geistes aufhört. Der Ausdruck des geistigen Gewahrwerdens dieses Zustands ist die ›Blüte‹ *(hana)*. Wenn man dieses in einem weiteren Schritt bewußt sichtbar macht, wird das bildlich mit ›reizvoll‹ *(omoshiroshi)* ausgedrückt.

Nun, zum Gebrauch des Wortes *omoshiroshi* (reizvoll) gibt es folgenden alten Mythos. Vor langer Zeit hatte sich die erboste Erhabene Sonnengöttin eine Zeitlang in einer Felsenhöhle verborgen. Ergriffen von der *kagura*-Darbietung (den Gottheiten geweihte Musik und Tänze) vor der Höhle des himmlischen Berges Kagu, öffnete die Sonnengöttin das Tor der Felsenhöhle. Die Gesichter *(omo)* der Götter und Göttinnen (die die Höhle in der Dunkelheit voller Furcht umlagerten) wurden in diesem Moment hell erleuchtet *(shiro)* von dem Licht der Sonnengöttin. So kam das Wort *omoshiro* (hell erleuchtetes Gesicht)[5] in Gebrauch. Aber diesen Moment selbst kann man nicht als *omoshiroshi* (reizvoll) beschreiben. Denn *omoshiroshi* ist eine Bezeichnung dafür, daß dieser Moment in einem weiteren Schritt bewußt sichtbar gemacht wird. Wie sollte man dann das beschreiben, was vor dem bewußt Sichtbarmachen liegt?

Nun, betrachten wir dies in Verbindung mit der Ausbildung auf unserem WEG, so ist die Geistesverfassung des ›Reizvollseins‹ in der Kunst des Nô als solche eine ›vorbewußte Empfindung‹ *(mushin no kan)*. Die Erhabene Göttin hatte das Tor zur Felsenhöhle verschlossen, und alles Land der ganzen Welt war völlig in ewige Dunkelheit getaucht. Als ganz plötzlich alles beleuchtet und wieder erkennbar wurde, war die augenblickliche, spontane Empfindung wohl nichts anderes als reine Glückseligkeit. Dies ist der Moment, in dem unwillkürlich ein Lächeln das Gesicht erhellt. Wenn das Felsentor verschlossen wird, die ganze Welt in Dunkelheit getaucht ist und alle Worte versiegen, entspricht das dem Zustand der ›geheimnisvollen Einzigartigkeit‹ *(myô)*. Wird dann alles wieder hell erleuchtet, entspricht das dem Zustand der ›Blüte‹ *(hana)*, und wird dieser in einem weiteren Schritt bewußt sichtbar gemacht, ist das dann das ›Reizvollsein‹ *(omoshiroshi)*.

Dementsprechend ist die ›vorbewußte Empfindung‹, die Geistesverfassung als solche, nichts anderes als reine Glückseligkeit. In diesem Moment, in dem unwillkürlich ein Lächeln über das Gesicht huscht und alle Worte versiegen, ›gibt es absolut nichts‹.[6] Diesen Zustand nennt man *myô* (geheimnisvolle Einzigartigkeit).

Wird man sich dessen nun bewußt, ist man in dem Zustand der ›Blüte von geheimnisvoller Einzigartigkeit‹. Aus diesem Grund habe ich in meinem System der Neun Stufen die ›Blüte von geheimnisvoller Einzigartigkeit‹ als ›goldene, wesenhafte Blüte‹ zur höchsten Stufe erhoben.

Offenbart der Spieler in Tanz und Gesang sein Können und beeindruckt die ästhetische Wirkung seines Spiels, die aus der Übereinstimmung von innerer Haltung und äußerer Form resultiert, das geistige Ohr, dann sind die Zuschauer unwillkürlich alle in innerem Einklang. Dies ist die ›Blüte von geheimnisvoller Einzigartigkeit‹ *(myôka)*. Dies ist das ›Reizvollsein‹ *(omoshiroshi)*. Dies ist die ›vorbewußte Empfindung‹ *(mushinkan)*.

Jede dieser drei Empfindungen gehört unmittelbar zum Bereich des NICHT-GEISTES. Worauf beruht es, wenn in diesem Zustand ohne Bewußtsein etwas als ›reizvoll‹ erkannt wird?

Das Ursprüngliche, die wahre Natur, läßt keine Dinge zu (denn es transzendiert alle Determinationen). Folglich ist die wahre Natur von Gold und Silber (d. h. die Oberen Drei und die höchste der Mittleren Drei Stufen) innerhalb der Neun Stufen derart, daß man sie in der Dimension der äußeren Wirkung des Spiels gar nicht empfinden kann. Das will gut bedacht sein! Das Lächeln, das unwillkürlich das Gesicht erhellt, ist reine Glückseligkeit. Der Mönch Gettan[7] verfaßte die untere Strophe eines *waka:* »Glückseligkeit kann nicht mit Worten ausgedrückt werden«, wobei er die obere Strophe den Menschen zum eigenen freien Dichten zur Verfügung stellte.

FRAGE: In dem Aufsatz über den Verlauf des Schulungswegs wird der ›Rang der Gewandtheit und Leichtigkeit‹ erwähnt. Stimmt dieser mit dem Zustand der ›vorbewußten Empfindung‹ und der ›Blüte von geheimnisvoller Einzigartigkeit‹ überein?

ANTWORT: Die Idee der Gewandtheit und Leichtigkeit, um die es sich hier handelt, stimmt unmittelbar mit dem Zustand der vorbewußten Empfindung und der Blüte von geheimnisvoller Einzigartigkeit überein. Aber diesen ›Rang der Gewandtheit und Leichtigkeit‹ wird der Spieler erst dann wirklich erreicht haben, wenn er sich einen eigenen Stil auf dieser Stufe (d. h. der Blüte von geheimnisvoller Einzigartigkeit) erworben hat *(ushufû)*.

Es gibt einen Ausspruch, der lautet: »Der wahre Mensch ohne Rang«[8]. Er bezeichnet einen Rang jenseits aller Festlegungen. Es ist dieser ranglose Rang, der den wahren Rang ausmacht. Das ist der ›Rang der Gewandtheit und Leichtigkeit‹.

Wenn jemand in unserer Nô-Kunst all die Abschnitte aus dem ›Buch vom Überliefern der Blüte‹ studiert hat wie ›Über die Übungen in den verschiedenen Altersstufen‹, ›Die Rollenverkörperung‹, ›Fragen und Antworten‹ und ›Ergänzungsschrift‹ oder die Schriften ›Der Weg zur Blüte‹ und ›Blütenspiegel‹, sich das profundeste und geheimste Wissen dieses WEGES erworben hat und zu einem Meister geworden ist, der seine Kunst vollendet beherrscht und ganz nach Belieben in jede Rolle und jeden Stil schlüpfen kann: der ist in dem ›Rang der Gewandtheit und Leichtigkeit‹. Aber strenggenommen ist das noch ein Zustand, der auf langjähriger Schulung und Praxis und der daraus gewonnenen Erfahrung beruht, so daß man ihn noch nicht als den wahren ›Rang der Gewandtheit und Leichtigkeit‹ des NICHT-GEISTES bezeichnen kann.

Nun, der Zustand der ›Gewandtheit und Leichtigkeit‹ betrifft von seiner Natur her weder die ›innere Landschaft‹ (d. h. die innere Artikulierung) noch die äußere Form der Vorführung. Wenn man wirklich diesen Zustand erreicht hat, gibt es auch nicht die geringste Spur mehr im Geist von all dem, was man sich während der ganzen Ausbildung angeeignet hat.

Dieser Zustand jedoch, in dem ›es absolut nichts gibt‹[9], ist seinerseits die Frucht der langjährigen Schulung und Erfahrung. In einem Zen-Ausspruch heißt es: »Erleuchtung um Erleuchtung ist man in demselben Zustand wie vor der Erleuchtung.«[10] Der Mönch Tzu-te Hui-hui[11] sagte: »Ist die Wurzel des Lebens erloschen, wird man wieder zu neuem Leben erwachen und sich seiner wahren Veranlagung gemäß wiederverkörpern.« Und weiter: »Wahres Gold ändert sich auch im Feuer nicht, und ein weißer Edelstein bleibt sich gleich auch im Schlamm.«

So ist es auch mit unserer Kunst. Selbst wenn ein Spieler, der von den Mittleren Drei Stufen bis zur Beherrschung der Oberen Drei Blüten aufgestiegen ist, in einem der Stile der Unteren Drei Stufen spielt, bleibt seine innere Stufe doch stets die der einmal erworbenen Oberen Drei Blüten. Goldkörner im Sand und Lotusblumen, die aus dem Schlamm emporwachsen, vermischen sich zwar mit dem Geringeren, aber es färbt nicht auf sie ab.

Ein Virtuose dieser Stufe kann mit Recht als Spieler vom ›Rang der Gewandtheit und Leichtigkeit‹ bezeichnet werden. Bei all seinen Darbietungen wird er sich jedoch nie bewußt sein, mit Gewandtheit und Leichtigkeit zu spielen. Sein Verhalten entspricht genau der Nicht-Technik und dem Nicht-Geist. Dies ist der Zustand, den man als die wahre ›Blüte von geheimnisvoller Einzigartigkeit‹ des NICHTS bezeichnen kann.

Wenn jedoch ein junger, unerfahrener Spieler einen Meister der Stufe der ›Blüte von geheimnisvoller Einzigartigkeit‹ mit Gewandtheit und Leichtigkeit spielen sieht und ihn darin nachzuahmen sucht, so ist das mit einem Mann vergleichbar, der seine Arme in den Himmel streckt, um den Mond zu schlagen. Nicht nur die Anfänger sollten dies beherzigen, sondern auch die Spieler der Mittleren und der Unteren Drei Stufen. Denn die Spieler, die die Mittleren Drei Stufen beherrschen und von denen jeder seiner Stufe gemäß den ›Rang der Gewandtheit und Leichtigkeit‹ erwarb, spielen ihrem jeweiligen ›Rang der Gewandtheit und Leichtigkeit‹ entsprechend, dasselbe gilt für die Spieler der Unteren Drei. Dagegen ist auch nichts einzuwenden.

Es ist daher von entscheidender Bedeutung für unseren Kunst-Weg, daß jeder Spieler, dessen künstlerische Fähigkeiten sich auf einen Stil (der Unteren Drei Stufen) beschränkt, seiner jeweiligen Stufe gemäß die Technik der ›Gewandtheit und Leichtigkeit‹ anzuwenden und eine umfassende künstlerische Wirkung hervorzurufen sucht.

FRAGE: In allen Künsten benutzt man den Ausdruck ›Erfüllung‹ *(jôju)*. Ist das nur wörtlich zu verstehen? Oder gibt es noch eine tiefere Bedeutung? Wenn ja, welche?
ANTWORT: *Jôju* bedeutet wörtlich ›werden-festigen‹ *(naritsuku)*. In unserer Nô-Kunst muß man es als den Zustand des ›Reizvollseins‹ ansehen. Hierbei entspricht *jôju* (Erfüllung) dem Prozeß von ›Eröffnung-Entwicklung-abschließender Höhepunkt‹ *(jo-ha-kyû)*. Und zwar deshalb, weil ›werden-festigen‹ *(naritsuku)* nichts anderes als ›vollendete Gelassenheit‹ bedeutet.

Spielt man ohne ›vollendete Gelassenheit‹, kann es in den Herzen der Zuschauer auch keine ›Erfüllung‹ geben. In dem Moment, in dem die unmittelbare Wirkung des Spiels ihre ›Erfüllung‹ findet, ist das ›Reizvollsein‹ verwirklicht. Und diese ›Erfüllung‹ ist nichts anderes als die kontinuierliche Entfaltung von ›Eröffnung-Entwicklung-abschließender Höhepunkt‹.

Bei gründlicher Überlegung entdeckt man, daß alle Dinge im Universum, die ganze Schöpfung, Gut und Böse, Groß und Klein, Beseeltes und Unbeseeltes jedes auf seine Weise mit ›Eröffnung-Entwicklung-abschließendem Höhepunkt‹ versehen sind. Sogar das Zwitschern der Vögel und das Sirren der Insekten, je nach den Gegebenheiten hervorgebracht, offenbaren ›Eröffnung-Entwicklung-abschließenden Höhepunkt‹. Auf diese

Weise gibt es sowohl die ›reizvolle‹ Klangwirkung als auch die Gemütsempfindung von *aware* (ästhetisches Mit-Empfinden). Gäbe es ›Eröffnung-Entwicklung-abschließender Höhepunkt‹ nicht, könnten wir weder etwas ›reizvoll‹ finden noch ›ästhetisches Mit-Empfinden‹ *(aware)* wahrnehmen.

Über ›Eröffnung-Entwicklung-abschließender Höhepunkt‹ in unserer Kunst des Nô ist Genaueres in meinem ›Buch vom Überliefern der Blüte‹ sowie im ›Blütenspiegel‹ zu lesen. Wenn am Tage der Nô-Vorführung glücklich alle Stücke durchgespielt sind, und man Lob und Bewunderung von allen Anwesenden erntet, dann ist das vor allem auf die ›Erfüllung‹ von ›Eröffnung-Entwicklung-abschließendem Höhepunkt‹ zurückzuführen. Das ist die wunderbare ›vollendete Gelassenheit‹ *(rakkyo)*, die ›Erfüllung‹ im großen Maßstab, bei der alle Zuschauer angesichts der Darbietung innerlich tief ergriffen sind.

Auch in der Reihenfolge der Programm-Zusammenstellung sowie innerhalb jedes einzelnen Nô-Spiels muß ›Eröffnung-Entwicklung-abschließender Höhepunkt‹ zur ›Erfüllung‹ kommen. Wenn außerdem der einzelne Tanz und sogar der einzelne Klang als ›reizvoll‹ erlebt werden, ist das auf die ›Erfüllung‹ von ›Eröffnung-Entwicklung-abschließender Höhepunkt‹ zurückzuführen. Selbst beim Heben einer Hand im langärmligen Tanz-Kostüm und beim Laut eines einzigen Schrittes gibt es ›Eröffnung-Entwicklung-abschließender Höhepunkt‹. Das ist jedoch schwer schriftlich zu vermitteln. Dafür gibt es die mündliche Überlieferung.

Der Zustand des ›Reizvollseins‹ ist die Verwirklichung von ›Eröffnung-Entwicklung-abschließender Höhepunkt‹ in den Herzen der Zuschauer; der Stil, der das bewirkt, beruht auf der Verwirklichung von ›Eröffnung-Entwicklung-abschließender Höhepunkt‹ durch den Künstler. Selbst der einzelne Ton, bei dem die Zuschauer tief ergriffen mit ›ah!‹ reagieren, weist diese ›Erfüllung‹ auf. Auch in der Wirkung, die auf die erwartungsvollen Zuschauer durch den Beginn der Rezitation ausgeübt wird, ist die Übereinstimmung dieses besonderen ersten Tones mit dem *Yin-Yang*-Prinzip der fünf Töne nichts anderes als die Verwirklichung von ›Eröffnung-Entwicklung-abschließender Höhepunkt‹ durch die Stimme. Sogar bei der Intonierung der einzelnen Töne kann im Verlauf des Gesangs niemals der Zustand des ›Reizvollseins‹ erreicht werden, wenn sie ohne diese Gesinnung und ohne die vollkommene Entfaltung der Klangwirkung ausgeführt wird. Das gliche dem Fluß der Stimme von der Eröffnung bis zur Entwicklung, ohne daß man bis zum abschließenden Höhepunkt gelangt, geschweige denn bis zur ›Erfüllung‹. Dann wird es auch kein ›Reizvollsein‹ geben.

Wenn man dieses Prinzip nicht begreift, wird man die musikalischen Möglichkeiten von ›Eröffnung-Entwicklung-abschließender Höhepunkt‹ niemals verwirklichen können. Auch in meinen mündlichen Unterweisungen heißt es: »Erstens sich einstimmen, zweitens in Übereinstimmung bringen, drittens singen.«[12]

Hierbei bedeutet die erste Stufe, das innere Einstimmen auf die Tonlage, die ›Eröffnung‹. Die zweite Stufe, die Aktivierung der inneren Übereinstimmung, d.h. die innere Bereitschaft zum Singen, entspricht der ›Entwicklung‹, und die dritte Stufe des Herausbringens des Tones ist der ›abschließende Höhepunkt‹. Wenn diese drei das geistige Gehör der Zuschauer anrühren und als ›reizvoll‹ empfunden werden, erleben wir die ›Erfüllung‹.

So bildet in allen Künsten und künstlerischen Techniken bei jedem einzelnen Stil, jedem einzelnen Ton und sogar jeder kleinsten Bewegung die Aktivierung dieses Moments der inneren Übereinstimmung die ›Erfüllung‹ von ›Eröffnung-Entwicklung-abschließender Höhepunkt‹.

Bei Tschuang-tse heißt es: »Die Beine einer Ente sind wohl kurz; wollte man sie strecken, so täte es ihr weh. Die Beine eines Kranichs sind wohl lang; wollte man sie kürzen, so empfände er Schmerz.«[13] Ob kurz oder lang, ob groß oder klein, alle Dinge der Welt sind sich darin ebenbürtig, daß jedes gleichermaßen

›Eröffnung-Entwicklung-abschließender Höhepunkt‹ besitzt. Wenn man dieses Prinzip einmal klar erkannt hat, wird auch das eigene Kunstverständnis zur Verwirklichung von ›Eröffnung-Entwicklung-abschließender Höhepunkt‹ gelangen. Und gleichzeitig wird man sich auch deutlich der Stärken und Schwächen seiner eigenen musikalisch-schauspielerischen Darstellung bewußt.

Wenn man auf diese Weise seine Stärken immer mehr vervollkommnet und seine Schwächen immer mehr erkennt und ausmerzt, wird man es schließlich zur unübertroffenen Meisterschaft in seinem eigenen Kunstzweig bringen. Erst dann kann auch ›Eröffnung-Entwicklung-abschließender Höhepunkt‹, das der wahren Natur des Geistes entspricht, voll verwirklicht und wahrhaft erfaßt werden.

Es ist daher notwendig zu erkennen, daß das ›Reizvollsein‹ aller Stile und Techniken einzig und allein aus der Verwirklichung von ›Eröffnung-Entwicklung-abschließender Höhepunkt‹ resultiert. Ist ein Spiel nicht reizvoll, so muß man wissen, daß das Prinzip von ›Eröffnung-Entwicklung-abschließender Höhepunkt‹ nicht verwirklicht wurde. Ich hege meine Zweifel, ob man diese Wahrheit wirklich begreifen kann. Erst wenn man die Tiefen seiner innersten Geist-Natur erforscht und die höchste Stufe der wunderbaren Erleuchtung erlangt hat, kann man sie wohl erfassen.

FRAGE: Jeder einzelne Künstler in den verschiedenen Kunstzweigen besitzt seine eigenen erworbenen Fertigkeiten, die mit der ihm entsprechenden Befähigung *(gaibun)* übereinstimmen. Muß man bezüglich dieser ›entsprechenden Befähigung‹ irgend etwas Besonderes wissen?

ANTWORT: Es gibt vieles, was man in unserer Kunst über diese ›entsprechende Befähigung‹ *(gaibun)* wissen muß.

Betrachten wir es zuerst im Zusammenhang mit den Neun Stufen: Ein Spieler, der die Oberen Drei Blüten beherrscht und in der ihnen gemäßen Art spielen kann, verwirklicht die ihm entsprechende Befähigung. Das ist wahrlich das Höchste, was man erreichen kann. Die Mittleren Drei Stufen entsprechen wiederum ganz bestimmten Fähigkeiten. Ebenso haben auch die Unteren Stufen, jede ihrem Rang gemäß, ihre eigenen Bereiche bestimmter Fähigkeiten. Bis hierher reicht noch im allgemeinen das Verständnis der Menschen, aber bis zur wahren Bedeutung von *gaibun* dringen sie nicht vor. Wer nicht völlig in die wahre Rollenverkörperung eindringen kann, wird niemals die ›entsprechende Befähigung‹ *(gaibun)* in dem von mir gemeinten Sinn begreifen.

Als ich die Drei Typen der Darstellung behandelte, habe ich die Verkörperung der Gestalt des Alten Menschen ›*kanshin enmoku*‹ genannt, wie bereits in meiner Schrift ›Die Drei Typen menschlicher Figuren in Tanz und Gesang‹[14] dargelegt. ›*Kanshin enmoku*‹ bedeutet: beruhige deinen Geist und schau in weite Ferne. Das ist der Darstellungs-Stil für die Gestalt des Alten Menschen.

Wenn ein Spieler mit Leib und Seele mit dieser Darstellungsweise des ›*kanshin enmoku*‹ eins wird und sie dann in Tanz und Gesang vollendet auszudrücken weiß, dabei ganz und gar in die Person, die er darstellt, hineinschlüpfend und sich völlig in sie verwandelnd, dann ist das die Verwirklichung der ›entsprechenden Befähigung‹ *(gaibun)* der Gestalt des Alten Menschen.

Die Darstellung der Frau habe ich ›*taishin shariki*‹ genannt, das bedeutet: sich auf die Gesinnung konzentrieren und auf physische Kräfte verzichten. Hat sich ein Spieler ganz in diese Darstellungsweise eingelebt, d. h. sich auf die Gesinnung konzentriert und die physischen Kräfte losgelassen, und führt dies nun in Tanz und Gesang vor, dann verwirklicht er die ›entsprechende Befähigung‹ der Frauenrolle.

Die Darstellung der Gestalt des Kämpfers wiederum habe ich ›*tairiki saishin*‹ genannt, das bedeutet: sich auf die physische Kraft konzentrieren und den Geist beweglich halten. Hat sich ein Spieler mit Leib und Seele auf diesen Darstellungstypus eingestellt, d. h. sich auf die Körperkraft konzentriert und den Geist beweglich werden lassen, und spielt nun in dieser Weise, dann ist das die ›entsprechende Befähigung‹ *(gaibun)* der Kämpfer-Gestalt.

Diese Gestalt des Kämpfers ist ihrem Charakter und ihrer Handlungsweise nach die eines kämpfenden Kriegers aus der Unterwelt.[15] Der Spieler, der Pfeil und Bogen trägt, greift an oder zieht sich zurück, wehrt ab oder weicht aus, führt seine Körperbewegungen in der steten inneren Bereitschaft zu flinken Schritten aus, wobei sein Rumpf eine gefaßte Haltung bewahrt, und ist unablässig darauf bedacht, nicht zu wild zu werden. Das ist die Verwirklichung der ›entsprechenden Befähigung‹ der Rolle des Kämpfers.

Wenn ein Spieler diese Bedeutung der ›entsprechenden Befähigungen‹ nicht richtig begriffen hat und, nachdem er die Gestalt des Kämpfers im Geiste des ›*tairiki saishin*‹ (sich auf die physische Kraft konzentrieren und den Geist beweglich halten) verkörpert hat, jetzt in die Rolle der Frau schlüpft und nicht deren Darstellungsweise ›*taishin shariki*‹ (sich auf die Gesinnung konzentrieren und auf physische Kraft verzichten) richtig beachtet, dann meint er, daß er nur einen anmutigen Anblick zu bieten brauche, um zur Frau zu werden, und ahmt auf der Stelle und absolut unvorbereitet eine Frau nach.

So sieht sein Körper einfach nur schlaff aus, seine Darstellung bleibt auf halbem Wege zwischen Kämpfer- und Frauengestalt stecken, und seinem Spiel fehlt jegliche Linie.

Die Zuschauer, die seine Vorführung verfolgen, brechen in Zwischenrufe wie ›lahm!‹ und ›schwach!‹ aus, wodurch der Spieler zu Gesinnung und Haltung seiner vorausgegangenen Rolle als Kämpfer zurückkehrt und nun seine Frauendarstellung ganz rauh und grob wird. Wie könnte man das als die Verwirklichung der ›entsprechenden Befähigung‹ *(gaibun)* der Frauenrolle bezeichnen! Schließlich würden normale Frauen der Gesellschaft nie daran denken, Weiblichkeit zu imitieren. Sie sind als Frau geboren und verhalten sich als Frau, wie es einer jeden entspricht: die Adlige in ihrer Art und die Frau von niedriger Herkunft ihrem Stand gemäß. Ihr Verhalten ist die einer jeden Frau entsprechenden ›eigene Befähigung‹.

Es ist für den Nô-Spieler zwecklos, bewußt all seine Kunstfertigkeit aufzubieten, um schön auszusehen, und es bringt genauso wenig Nutzen, sich um das Ideal von *yûgen* (empfindsame Eleganz) zu bemühen (anstatt sich auf die Haltung ›*taishin shariki*‹ zu konzentrieren). So ein Spieler macht einfach nichts, wenn er wegen seines groben Spiels kritisiert wird, anstatt sich um die wahre Darstellung zu bemühen.

Wird ihm dann zugerufen: ›Warum machst du nichts?‹ wird sein Spiel wieder grob. Es kann daher eine gültige Beurteilung nach ›stark oder schwach‹ und ›gut oder schlecht‹ nur dann geben, wenn einer so spielt, wie es die Rolle von ihm verlangt.

Daraus folgt: Da es für einen Nô-Spieler, der ja selbst ein Mann ist, eine äußerst schwierige Aufgabe darstellt, eine Frau zu spielen, sollte sein Hauptziel die Haltung ›*taishin shariki*‹ (sich auf die Gesinnung konzentrieren und auf physische Kraft verzichten) sein, und wenn er dann spielt, nachdem er mit Leib und Seele ganz zur Frau geworden ist, dann ist das die Verwirklichung der ›entsprechenden Befähigung‹ *(gaibun)* der Frauengestalt.

Bemüht er sich jedoch nicht darum, sondern versucht nur, einfach eine Frau nachzuahmen, kann das niemals zur ›entsprechenden Befähigung‹ der Frauenrolle führen. Das Imitieren einer Frau hindert einen Spieler daran, eine Frau zu werden.

Erst wenn er sich in der Darstellung der Frau einen eigenen Stil *(ushufû)*[16] erworben hat, wird die Verwirklichung der ›entsprechenden Befähigung‹ der Frauengestalt möglich sein. Dieser Unterschied (zwischen der bloßen Imitation des Frauseins und der Verwirklichung der ›entsprechenden Befähigung‹ der Frauengestalt) muß richtig erkannt und berücksichtigt werden.

Das gilt auch für die Darstellung des Alten Menschen. Hat der Spieler das *›kanshin enmoku‹* (den Geist beruhigen und in weite Ferne schauen) erfaßt und ist er völlig damit eins geworden, dann ist das die Verwirklichung der ›entsprechenden Befähigung‹ des Alten Menschen. Dies gilt entsprechend für jede der drei Darstellungstypen.

Kommen wir nun zur Darstellung von Wahnsinnigen. Da diese sich der Schande aussetzen und vor den Augen anderer Menschen nicht genieren, könnte man meinen, daß sie nicht in das Rollen-Repertoire unserer Nô-Kunst aufgenommen werden sollten. Aber gerade ihre Verkörperung macht das Besondere des *sarugaku*[17] aus.

Die Frau zum Beispiel ist normalerweise hold und sittsam und verbirgt sich lieber vor fremden Augen, weshalb ihre Darstellung auf der Bühne keine besondere Wirkung hergibt. Tanzt, singt und scherzt man jedoch, indem man eine Wahnsinnige darstellt, wird die von Natur aus anmutig-elegante Frauengestalt mit ausgestreuten Blütenblättern und dem Zauber weiblicher Schönheit geschmückt.

So entsteht die besondere Wirkung dieses Spiels, das sich vor allem durch ›Reizvollsein‹ auszeichnet. Ein Spieler, der diese Stufe beherrscht, gehört zum Rang der ›Oberen Drei Blüten‹. Diese Darstellungsart ist die Verwirklichung der ›entsprechenden Befähigung‹ des ›Reizvollseins‹.

Außer diesen drei Typen gibt es noch die Rolle des Dämons, welche ebenfalls zum Darstellungs-Repertoire des *sarugaku,* der scherzhaft-komischen Kunst, gehört. Niemand hat je Dämonen wirklich gesehen. Auch die Dämonendarstellungen auf Bildern können uns kein Vorbild liefern. Der Spieler kreiere daher einen Stil, der der Vorstellung von einem Dämon ungefähr entspricht, wobei er alles Grob-Wilde, das als charakteristisch für Dämonen gilt, zu meiden suche, seine Bewegungen sorgfältig und sanft ausführe und vor den Augen der Zuschauer einen täuschend echten Dämonen erstehen läßt, der sie in seinen Bann zieht; diese Kraft, die der wahren Wirkung des Nô-Spiels gemäß ist, ist die Verwirklichung der ›entsprechenden Befähigung‹ der Rolle eines Dämons.

Als ästhetischen Stil können wir diese Rolle des Dämons auch *saidôfû,* den ›Stil sorgfältiger Bewegungen‹, nennen, oder als inneres Verhaltensmuster *kyôki shinjin,* ›in der Gestalt ein Dämon, aber im Herzen ein Mensch‹.

Wenn ein Spieler die Verkörperung dieser Rolle sorgfältig konzipiert und einstudiert hat und, mit dieser Figur völlig eins geworden, sie auf der Bühne in rechter Weise darzustellen weiß, dann ist das die Verwirklichung der ›entsprechenden Befähigung‹ des ästhetischen Stils ›sorgfältiger Bewegungen‹ *(saidôfû).*

In der Verkörperung der verschiedenen Rollen und in der Ausübung der beiden Künste Tanz und Gesang ist daher die wahre Beherrschung aller künstlerischen Darstellungsweisen die Verwirklichung der ›entsprechenden Befähigung‹ der jeweiligen Kunst. Wenn dagegen ein Spieler ohne innere Erarbeitung eines Verhaltensmusters unterschiedslos einfach drauflos spielt, kann man das nicht gerade als Verwirklichung irgendeiner ›entsprechenden Befähigung‹ bezeichnen. Schließlich wird sein Spiel immer fader, da es ihm an jeglicher Kenntnis der wahren Prinzipien der festgesetzten Darstellungsarten mangelt, und mit seiner Kunst geht es im Laufe der Jahre immer mehr bergab. Das sollte man gut bedenken.

In dem Buch ›Ta Hsüeh‹ heißt es: »Es wird kaum vorkommen, daß eine nicht-ordnungsgemäße Grundlegung zu einer ordnungsgemäßen Vollendung führt.«[18] Wenn der Spieler es bei jeder Darstellung der einzelnen Rollen dahin bringt, sie in vollendeter Weise zu verkörpern, dann entspricht das einer ›ordnungsgemäßen Grundlegung‹. Ist diese Grundlegung aber nicht ordnungsgemäß und verkörpert der Spieler die einzelnen Rollen einfach nach Lust und Laune, so wird er es niemals zu einem eigenen Stil bringen *(ushufû).* So führt eine nicht-ordnungsgemäße Grundlegung zu keiner ordnungsgemäßen Vollendung.

Der bekannte Ausspruch ›*kafugyû*‹ besagt wiederum: »Zu viel ist gerade so (falsch) wie zu wenig.«[19] In der Kunst der Rollenverkörperung sind weder das Nichterreichen des idealen Zustandes noch das Darüberhinausgehen die ›ordnungsgemäße Grundlegung‹. Hat sich aber der Spieler einen eigenen Stil erworben *(ushufû)* und ist er wahrlich eins damit geworden, wird ihm andererseits der Gedanke, eine Rolle nur äußerlich nachzuahmen, gar nicht kommen.

Diese Stufe muß als die wahre Rollenverkörperung oder als der Stil, über den man Herr ist, bezeichnet werden. Und die Darstellung, bei der der Spieler sich mit dem Stil dieses idealen künstlerischen Zustands völlig identifiziert, darf mit Recht als Verwirklichung der ›entsprechenden Befähigung‹ des ›wahren Stils im festgesetzten Rang‹ bezeichnet werden.

Meng-tzu sagte: »Das Schwierige ist nicht, etwas auszuführen, sondern es vollendet auszuführen.«[20] Insoweit, als die Beherrschung der künstlerischen Techniken im großen und ganzen keine Schwierigkeiten bereitet und die unmittelbare ästhetische Wirkung des Spiels sanft und klar ist, ist diese Fähigkeit eines Spielers dem ersten Teil des angeführten Spruchs vergleichbar: ›Das Schwierige ist nicht, etwas auszuführen‹.

Aber es kommt nur selten vor, daß ein Spieler dafür berühmt ist, mit der Rolle, die er verkörpert, wirklich völlig eins geworden zu sein. Das ist dem zweiten Teil des Spruchs vergleichbar: ›sondern es vollendet auszuführen‹. So heißt es: »Auf Ähnlichkeit hin besehen, sind beide einander zwar ähnlich, aber auf Richtigkeit hin besehen, sind nicht alle beide richtig.«[21] Die in diesem Ausspruch genannte ›Richtigkeit‹ möget Ihr als Spieler gut bedenken und zu Eurem Rang, in dem Ihr Euch mit Gewandtheit und Leichtigkeit bewegt, ausersehen, dann werdet Ihr die höchste Meisterschaft erringen und Euch einen großen Namen machen.

Diese Abhandlung enthält die geheime Unterweisung unseres Kunst-Weges. Sie wird hiermit dem Hauptspieler Komparu übergeben, als Anerkennung der Leistungen, die er in der Kunst des Nô-Spiels gezeigt hat.

> Perlen des Taus auf den Meeresalgen, am Strand
> > zusammengeharkt.
> So wählte ich die Perlen sorgfältig aus,
> > die ich niederschrieb.
> Welch ein Glanz!
> > unerschöpflich werden die Blüten unserer
> > > Kunst aufgehen.

> > Zeami
> Der 1. Tag des 6. Monats im 1. Jahr Shôchô (1428)

Diese Abhandlung übergab mir der Meister, als ich jung war.

> Die Blüten und Perlen dieser Niederschrift, wie
> > Meeresalgen zusammengeharkt,
> als ich sie einsammelte und sorgfältig las,
> > war der Spiegel, in den ich blickte,
> klar und ungetrübt bis auf den Grund
> > wie der Geist des Meisters.

> > Ujinobu (Komparu)
> Im 8. Monat des 2. Jahres Kyôtoku (1453)

1 ›*Kakyô*‹ (Blütenspiegel), hsg. von Senichi Hisamatsu/Minoru Nishio: *Nihon koten bungaku taikei* Bd. 65, op. cit. S. 411–412. Vgl. die französische Übersetzung des ›*Kakyô*‹ von R. Sieffert, op. cit. S. 115–140, speziell S. 116. Das ›*Kakyô*‹, eines der wichtigsten Werke Zeamis zur Nô-Kunst, wurde wahrscheinlich 1424 vollendet.

2 ›*Kadensho*‹, 1400 vollendet. Es ist das repräsentative Werk der ersten Periode. Vgl. die deutsche Übersetzung von O. Benl in: ›Seami Motokiyo und der Geist des Nô-Schauspiels‹, op. cit. S. 25–93

3 Michizane Sugawara (845–903), ein großer Gelehrter und Politiker der Frühen Heian-Zeit.

4 Dies ist ein berühmtes Zen-*kôan*, das sich auch in der *kôan*-Sammlung ›*Bi-yän-lu*‹ (jap. *Hekiganroku*), Nr. 45, findet. Vgl. W. Gundert: ›Bi-yän-lu‹, op. cit. Bd. 2, S. 241 ff

5 Diese etymologische Deutung des Wortes *omoshiro* basiert auf dem Werk ›*Kogo shûi*‹, das 807 von dem Shinto-Priester Hironari Imbe kompiliert wurde.

6 Das ist einer der berühmten Zen-Sprüche zur Bezeichnung des Erleuchtungs-Zustandes im Zen. Er findet sich z.B. in der Schrift ›*Liu-tsu t'an-ching*‹ (jap. ›*Rokusodankyô*‹, Sutra des 6. Patriarchen), einer Sammlung der Lehren des 6. chinesischen Zen-Patriarchen Hui-nêng (jap. Enô, 638–713).

7 Gettan Sôkô (1326–1389), ein großer Zen-Meister der japanischen Rinzai-Schule. Vgl. Heinrich Dumoulin: ›Geschichte des Zen-Buddhismus, Bd. II: Japan‹, Bern 1986, S. 169–171

8 Dies ist ein berühmter Ausspruch des Zen-Meisters Lin-chi (jap. Rinzai), der sich im ›*Lin-chi-lu*‹ (›Aufzeichnungen von Lin-chi‹) findet. Vgl. Toshihiko Izutsu: Philosophie des Zen-Buddhismus, op. cit. S. 54–57, und Heinrich Dumoulin: ›Geschichte des Zen-Buddhismus, Bd. I: Indien und China‹, Bern 1985, S. 181–187. Lin-chi I-hsüan, gest. 867, ist der Begründer der Lin-chi-(Rinzai-)Schule des Zen-Buddhismus.

9 Ein Fachausdruck, durch den auf die höchste Stufe der Zen-buddhistischen Erfahrung hingewiesen wird. Vgl. Anm. 6

10 Dieser Gedanke wird in verschiedenen Zen-Texten formuliert, z. B. im ›*Ching-te ch'uang-teng-lu*‹ (jap. ›*Keitoku dentôroku*‹, Bericht von der Weitergabe der Leuchte in der Periode Ching-te), um 1004 verfaßt, in dem über herausragende Zen-Mönche berichtet wird.

11 Tsu-te Hui-hui (jap. Jitoku Eki, gest. 1183), ein Zen-Meister der Ts'ao-tung-(Sôtô-)Schule in der Sung-Zeit. Das Zitat stammt aus seinem Werk ›Die

sechs Ochsenbilder‹, Bild 6. Vgl. Zenkei Shibayama: ›Zen in Gleichnis und Bild‹, Bern/München/Wien 1974, S. 126–171

12 Im ›Kakyô‹, op. cit. S. 410

13 Aus dem 8. Buch der Schriften von Tschuang-tse. Wörtlich zitiert nach der Übersetzung von Richard Wilhelm: ›Dschuang Dsi. Südliches Blütenland‹, Düsseldorf/Köln 1976, S. 104

14 ›Nikyoku santai ningyôzû‹, eine Schrift, die Zeami 1421 vollendete.

15 Japanisch shura, die buddhistische Hölle, in der die Geister der Krieger, die in der Schlacht fielen, ruhelos weiterkämpfen müssen, da ihr Groll und ihr Rachedurst sie von der Erlösung fernhalten. Vgl. O. Benl: Seami Motokiyo und der Geist des Nô-Schauspiels, op. cit. S. 41f; Peter Weber-Schäfer: ›Vierundzwanzig Nô-Spiele‹, Frankfurt a.M. 1961, S. 215 (Anm. d. Übers.)

16 Über das Erwerben eines eigenen Stils, ushufû (wörtlich: Stil, über den man Herr ist), schreibt Zeami in seiner 1420 verfaßten Schrift ›Shikadô‹ (Der Weg zur Blüte), vgl. ›Nihon koten bungaku taikei‹, Bd. 65‹, op. cit. S. 402

17 Das sarugaku, ursprünglich eine spezielle Gattung des japanischen volkstümlichen Theaters, ist eine Art von Posse, die hauptsächlich aus Nachahmung, Scherz und Wortspiel besteht. Die charakteristischen Merkmale des sarugaku wurden teilweise unter künstlerischer Verfeinerung in das Nô als eines der Grundelemente seiner Gestaltung übernommen.

18 Das ›Ta Hsüeh‹ (jap. ›Daigaku‹, Das große Lernen) ist einer der Grundtexte des klassischen chinesischen Konfuzianismus.

19 Ein Ausspruch aus den ›Erörterungen und Gesprächen‹ des Konfuzius, Buch 6, Kapitel 11, Abschnitt 15. Übersetzung wörtlich nach R. Wilhelm: Kungfutse, op. cit. S. 116

20 Diese hier dem Konfuzianer Meng-tzu (Menzius) zugeschriebenen Worte stammen in Wahrheit nicht aus dem ›Buch des Meng-tzu‹, sondern sind ein Ausspruch, der sich im ›Shu-ching‹ (Buch der Schriften) findet.

21 Dies ist ein allgemein bekannter Zen-Spruch, der sich, angefangen vom ›Bi-yän-lu‹, in verschiedenen Zen-Schriften findet. Vgl. W. Gundert: ›Bi-yän-lu‹, Bd. I, op. cit., Erstes Beispiel, besonders S. 42

Zur Kunstform des Tee-Wegs

Sokei Nambô:
›Aufzeichnungen des Mönchs Nambô‹

Sôkei Sen (1521–1591), weithin bekannt unter seinem Titel Rikyû, ist eine herausragende Gestalt in der Geschichte der Tee-Kunst. Selbst ein ›Tee-Mensch‹ von unübertroffener Größe und der Begründer der sogenannten ›Sen-Schule‹ der Teezeremonie, muß er praktisch als der Begründer der Teezeremonie, so wie wir sie heute verstehen, angesehen werden, d.h. des ›Tee-Wegs‹, dessen Zentralbegriff *wabi* darstellt. Der Tee-Weg beherrscht seit Rikyûs Zeiten nicht nur die gesamte Geschichte der Tee-Kultur, sondern durch sein Eindringen in das feine Gewebe der japanischen Kultur ganz allgemein hatte er einen bemerkenswerten Einfluß auf die Bildung einiger höchst wichtiger Charakteristika der ethisch-ästhetischen Sensibilität der Japaner und ihrer Verhaltensnormen, bis hin zur Ebene des täglichen Lebens.

Die vorliegende Schrift ›*Nambôroku*‹ oder ›Aufzeichnungen des Mönchs Nambô‹ ist ein klassisches Dokument, in dem der Autor – zwar in anekdotenhafter, d.h. unsystematischer Weise – darlegt, was als die grundlegenden Gedanken Rikyûs zur Ästhetik des Tee-Wegs angesehen wird. Nambô war ein buddhistischer Mönch des Nansôji-Tempels in der Stadt Sakai, der Herr einer kleinen Klause, die Shûunan genannt wurde. Auf dem Tee-Weg war er ein getreuer Schüler Rikyûs, zu dem er in sehr vertrautem Verhältnis stand. Nambô soll dieses Buch teilweise noch zu Lebzeiten Rikyûs und teilweise nach dessen Tod geschrieben haben.

Im Hinblick auf die Authentizität des Buches gibt es jedoch einige gravierende Zweifel. Denn das älteste existierende Manuskript ist dasjenige, das von einem gewissen Jitsuzan Tachibana Ende des 17. Jahrhunderts (1686–1690) entdeckt oder kopiert worden sein soll; das Jahr 1690 war das Jahr, in dem der 100. Todestag von Rikyû begangen wurde. Zudem ist dies das Ausgangs-Manuskript für alle weiteren Manuskripte, die wir heute besitzen, und nicht ein einziges, das aus irgendeiner anderen Quelle stammt, ist bis heute entdeckt worden. Angesichts dieser eher ungewöhnlichen ›Zufälle‹ neigen nicht wenige Historiker zu der Ansicht, daß das Buch eine Fälschung von Jitsuzan persönlich darstelle, aus Anlaß der festlichen Begehung dieses Gedenkjahres.

Wie dem auch sei, niemand kann leugnen, daß das ›Nambôroku‹ als wichtigste Quelle für unsere Kenntnisse über die spirituelle Kunst des Tees, wie sie von Rikyû ausgearbeitet und vervollkommnet wurde, ein Dokument von unschätzbarem Wert darstellt. Auf alle Fälle ist wahr, daß die in diesem Buch formulierten Gedanken zum Tee historisch die Norm und das Fundament lieferten, auf denen der zeitgenössische Tee-Weg errichtet wurde. Diese Tatsache allein macht schon den Wert dieser Schrift über die Frage der Authentizität des Autors hinaus deutlich.

Die vorliegende Arbeit ist eine vollständige deutsche Übersetzung des ersten der sieben ›Bücher‹, die das ›Nambôroku‹ umfaßt. Das erste Buch, das die Überschrift ›Erinnerungen‹ trägt, ist im wesentlichen eine Sammlung von zufällig ausgewählten Anekdoten und scheinbar beiläufigen Bemerkungen Rikyûs zu verschiedenen Aspekten des Tee-Wegs, aber in Wirklichkeit ist es in theoretischer Hinsicht von höchster Bedeutung, da es uns Einblicke in den Geist von *wabi* als dem höchsten Wert in der Ästhetik des Tees gewährt.

Eines Tages, als Sôeki in der Shûunan-Klause über die Tee-Kunst sprach, fragte ich ihn: »Ihr betont immer, daß die Grundlage der Tee-Kunst zwar der *daisu*-Stil[1] sei, es aber vom Standpunkt der spirituellen Tiefe her keinen Stil gäbe, der den des *sô*, des anspruchslosen, kleinen Teeraums, überträfe. Darf ich fragen, was Ihr darunter versteht?«

Sôeki antwortete: »Die Tee-Kunst im Stil des kleinen Teeraums ist vor allem eine Schulung und Verwirklichung des WEGES im Geiste des Buddhismus. Sich an der großartigen Konstruktion eines Hauses und an dem Geschmack erlesener Speisen zu erfreuen, ist eine sehr weltliche Angelegenheit. Uns genügt ein Haus, durch dessen Dach es nicht regnet, und ein Mahl, bei dem man nicht verhungert. Das entspricht der Lehre Buddhas und dem wahren Geist der Tee-Kunst. Man trägt Wasser herbei, sammelt Brennholz, bringt das Wasser zum Kochen, bereitet den Tee, bringt ihn dem Buddha dar, reicht ihn dem anderen und trinkt ihn auch selbst. Man arrangiert Blumen in einer Vase und entzündet Weihrauch. Durch all dieses versuchen wir, auf den Spuren der Taten Buddhas und der großen Patriarchen zu wandeln. Über weitere Einzelheiten hinsichtlich der Bedeutung unserer Tee-Kunst solltet Ihr, ehrenwerter Mönch, Euch selbst klarwerden.«

Jedesmal, wenn ich bei Sôeki an einer Teegesellschaft teilnahm, brachte dieser eigenhändig einen Kübel voll Wasser herbei, den er in das steinerne Wasserbecken goß, weshalb ich ihn eines Tages nach dem Sinn dieser Handlung fragte. Er antwortete: »Auf dem schmalen Gartenpfad, der zum Teehaus führt, dem *roji*[2], besteht die erste Handlung des Gastgebers einer Teegesellschaft darin, daß er das Wasser herbeiträgt, und die der Gäste, daß sie sich die Hände in dem Wasserbecken reinigen. Das bildet das Fundament des ›Tees des taubedeckten Gartenpfades und der strohgedeckten Einsiedlerklause‹. Auf dem Gartenpfad befindet sich das Wasserbecken, damit dort Gast und Gastgeber gemeinsam den Staub der Außenwelt abspülen können. Im kalten Winter, ohne die Kälte zu scheuen, Wasser zu schöpfen und herbeizutragen und in der größten Hitze für die Gäste kühles Wasser bereitzustellen, alles das ist Teil der Bewirtung.

Es ist ein unangenehmes Gefühl, sich die Hände mit Wasser zu waschen, von dem man nicht weiß, wie lange es in dem Becken schon steht. Daher ist es gut, wenn der Gastgeber vor den Augen seiner Gäste frisches Wasser in das Becken gießt. Wenn aber das Wasserbecken direkt an die Bank anschließt, auf der die Gäste warten, wie es Sôkyû[3] entwarf, sollte man das Wasser bevor die Gäste kommen zu gegebener Zeit einfüllen. Für gewöhnlich befindet sich aber das Wasserbecken auf dem Gartenpfad *(roji)* oder unter dem Vordach des Eingangs. In diesem Fall sollte der Gastgeber das Wasser erst herbeiholen und einfüllen, wenn die Gäste auf der Bank bereits Platz genommen haben. Aus eben diesem Grunde wird es seit Jôô[4] gutgeheißen, das Wasserbecken so zu gestalten, daß es knapp einen Kübel voll fassen kann und so beim Einfüllen noch genügend Wasser über den Rand quillt, um auch das Steinbecken abzuspülen.«

Sôeki erzählte einmal folgendes: Jukô[5] hatte zwei Schüler, die Sôchin und Sôgo hießen. Unter der Leitung dieser beiden Männer studierte und praktizierte Jôô die Kunst des Tees. Jôô war aber nicht der einzige Meister, von dem Sôeki die Tee-Kunst erlernte.

Es gab einen Mann namens Ukyô, der Nôami[6] als Page zu Diensten war. Ukyô wurde in der Blüte seiner Jahre von Nôami in die Kunst des Tees eingeführt und darin unterwiesen. Später, als er sich aus dem weltlichen Leben zurückgezogen hatte und in der Stadt Sakai unter dem Namen Kûkai lebte, befand sich dort auch ein Eremit, der sich Dôchin[7] nannte. Da die beiden in freundschaftliche Beziehung traten und sich häufig trafen, weihte Kûkai Dôchin genauestens in die Tee-Kunst ein. Und weil Dôchin und Jôô ihrerseits in vertrautem Verhältnis zueinander standen, studierten sie gemeinsam die Kunst des Tees.

Sôeki, der in seiner Jugend Yoshirô genannt wurde, liebte die Tee-Kunst sehr und studierte sie seit seinem 17. Lebensjahr unter der Leitung von Dôchin. Durch Dôchins Vermittlung wurde er zum Schüler Jôôs. Den *daisu*- und *shoin*-Stil (d. h. die Teezeremonie in großen Räumen und unter Verwendung eines Ständers für die Tee-Utensilien) erlernte er hauptsächlich von Dôchin. Der ›Stil des kleinen Raumes‹[8] wurde jedoch im wesentlichen von Sôeki selbst entworfen und die Einzelheiten in Beratungen mit Jôô hinzugefügt, wie mir der Meister selbst berichtete.

Giô[9], der Begründer dieser Einsiedlerklause Shûunan, praktizierte zunächst Zen unter Leitung des Zen-Meisters Ikkyû[10], aber mittendrin verschlechterte sich ihr Verhältnis drastisch, und Giô hörte bei ihm auf. Durch die Vermittlung Dritter kehrte er zu Ikkyû zurück und nahm seine Studien wieder auf. Bis dahin hatte er sich selbst Shûunan genannt, aber Ikkyû riet ihm, seinen Namen zu ändern, und so nannte er sich fortan Nambô. Daraufhin richtete er sich diese Einsiedlerklause her und bezeichnete sie entweder als Shûunan oder Nambô oder Giô. Da er mit Jôô in freundschaftlichem Kontakt stand, hatten die beiden stets große Freude an Gesprächen über die Tee-Kunst. Ich unwürdiger Mönch bin nun der Herr dieser Klause in der 2. Generation und heiße Minami-no-bô (d. h. Nambô), ein Einsiedler, der nichts anderes als die Tee-Kunst praktiziert: einfach lächerlich, einfach lächerlich.

»Wie soll man die innere Haltung von Gast und Gastgeber zueinander verstehen, die sich für eine Teegesellschaft geziemt?« So fragte ich Sôeki. Er antwortete: »Es ist wahrlich am besten, wenn Gast und Gastgeber in ihrer Gesinnung übereinstimmen.

Aber es ist sehr schlecht, wenn sie um jeden Preis Übereinstimmung herstellen wollen. Wenn sich sowohl Gast als auch Gastgeber um die Verwirklichung des WEGES bemühen, wird sich wie von selbst ein innerer Einklang zwischen ihnen einstellen. Sind sie jedoch noch nicht so weit und bemühen sich eifrig um innere Übereinstimmung, kommt es vor, daß, wenn einer von ihnen innerlich vom rechten Pfad abkommt, sie dann beide gemeinsam in die falsche Richtung gehen. Aus diesem Grunde sage ich: Es ist am besten, wenn Gast und Gastgeber spontan im Einklang sind, aber es ist sehr schlecht, wenn sie unbedingt Übereinstimmung herstellen wollen.«

Gibt man eine Teegesellschaft, sollte das Besprengen des Gartenpfads *(roji)* nicht nachlässig ausgeführt werden. Das Wesentliche der Tee-Kunst besteht eben in den ›drei Phasen des Inganghaltens des Holzkohlenfeuers‹ und den ›drei Phasen der Besprengung des Gartenpfades‹. Wer darin nicht wirklich bewandert ist, hat es schwer, diese beiden Grundprinzipien bei jeder einzelnen Teegesellschaft erwartungsgemäß durchzuführen.

Ganz allgemein gesagt, sollte man während einer Teegesellschaft dreimal den Gartenpfad besprengen: einmal, bevor die Gäste den Gartenpfad betreten, dann vor der Pause und schließlich bevor die Gäste nach Beendigung der Teegesellschaft das Teehaus wieder verlassen. Ob nun die Teegesellschaft morgens, mittags oder abends stattfindet, immer sollte man sich der tiefen Bedeutung der dreifachen Besprengung des Gartenpfades bewußt sein.

Die letzte Besprengung heißt ›*tachimizu*‹, d. h. ›die Besprengung des Gartenpfades für den Aufbruch‹. Sôkyû zum Beispiel fiel es außerordentlich schwer, dem zuzustimmen. Man erzählt, daß ihm die Idee des ›*tachimizu*‹ nicht recht einleuchten wollte: Warum sollte der Gastgeber durch diese Handlung seinen Gästen zu verstehen geben, daß sie nun den Ort zu verlassen hätten?

Ich fragte Sôeki nach seiner Meinung. Seine Antwort lautete: »Das beruht auf einem völligen Mißverständnis der wahren Bedeutung der Tee-Kunst. Eine Teegesellschaft im *wabi*-Stil sollte von ihrem Anfang bis zu ihrem Ende im allgemeinen zwei Doppelstunden nicht überschreiten. Dauert eine morgendliche Teegesellschaft länger als zwei Doppelstunden, behindert sie die des Mittags, und eine zu lange während mittägliche Teegesellschaft würde die des Abends beeinträchtigen. Darüber hinaus ist es bei Teegesellschaften im kleinen Teehaus im *wabi*-Stil höchst unschicklich und unangebracht, so lange wie möglich zu verweilen und seine Zeit müßig zu vertun, wie es bei gewöhnlichen Banketts und Vergnügungsveranstaltungen üblich ist.

Wenn der als Abschluß gereichte *usucha* (dünner Aufguß aus Pulvertee) ausgetrunken ist, sollte der Gartenpfad besprengt werden. Was sollte denn der Gastgeber, der den Tee-Weg im *wabi*-Stil vertritt, nachdem zuerst *koicha* (starker Aufguß aus Pulvertee) und schließlich *usucha* zubereitet und gereicht wurden, den Gästen noch bieten?! So ist es auch für den Gast nur natürlich, sich weiterer langer Reden zu enthalten und den Heimweg anzutreten.

Da es nun Zeit für den Aufbruch ist, soll der Gastgeber erneut den Gartenpfad *(roji)* inspizieren, und um seine Gäste nicht nachlässig zu verabschieden, das Wasserbecken mit frischem Wasser füllen und die Pflanzen und Bäume entlang des *roji* besprengen. Und auch der Gast wird sich nach einer wohlbedachten Weile von seinem Platz erheben und hinaustreten. Der Gastgeber geleite ihn bis zum Gartentor, wo er sich von ihm verabschiede.«

Jôô führte die Regel ein, daß Gast und Gastgeber auf dem Gartenpfad *geta* (Holzsandalen) tragen. Er führte dies ein, weil die Teilnehmer der Teegesellschaft so besser durch die besprengten Büsche und Bäume des *roji* gehen können. Es heißt, daß Gäste und Gastgeber aus dem klappernden Geräusch der *geta* bei jedem Schritt heraushören können, ob der andere ein Meister oder eher noch Unerfahrener in der Tee-Kunst ist. Nicht geräuschvolles Auftreten oder lautloses Gehen auf Zehenspitzen, sondern ein ruhiger Schritt in gesammelter Geisteshaltung lassen den Meister erkennen. Aber das ist für jemanden, der den Tee-Weg nicht wirklich verstanden hat, schwer zu beurteilen.

Sôeki trägt in letzter Zeit auf dem Gartenpfad Strohsandalen, die mit einer Ledersohle versehen sind und *sekida* (Schnee-Sandalen) heißen; er ließ sie sich seinen Wünschen entsprechend in Imaichi, einem Stadtviertel von Sakai, anfertigen. Als ich ihn darauf ansprach, erklärte er: »Es ist nicht etwa so, daß ich es neuerdings für schlecht halte, *geta* beim Betreten des *roji* anzuziehen, aber selbst Jôô mußte zugeben, daß es unter den Gästen seiner Teegesellschaft kaum mehr als drei Menschen gibt, Jôô und mich eingeschlossen, die in vorbildlicher Weise mit *geta* gehen können. In Kyoto, Sakai und Nara mag es zwar viele im Tee bewanderte Menschen geben, aber in der Tee-Kunst Vollendete, die es so weit gebracht haben, daß sie in der richtigen Weise mit *geta* auf dem *roji* zu gehen verstehen, gibt es höchstens fünf, Euch, mein Mönch eingeschlossen. Die wahren Meister konnte man immer an den Fingern einer Hand abzählen. Um diese, die den WEG schon verwirklicht haben, handelt es sich hier nicht. Aber diejenigen, die noch am Beginn des Tee-Weges stehen und noch keine Vollendung erlangten, sollten doch lieber zunächst einmal *sekida* tragen. Ihr, Nambô, habt jedoch eine ganz spezielle Liebe zu den laut klappernden Sandalen entwickelt!« So sprach er lachend.

Die Blumengestecke für den kleinen Teeraum sollten höchstens aus ein oder zwei Zweigen derselben Sorte bestehen und ganz schlicht arrangiert werden. Natürlich gibt es auch Ausnahmen; je nach Blumenart dürfen sie auch einmal verschwenderisch in dichten Büscheln angeordnet sein. In unserer Tee-Kunst lehnen wir es jedoch grundsätzlich ab, einfach die Blütenpracht genießen zu wollen. Wenn der Teeraum viereinhalb Matten groß ist, ist es auch erlaubt, zwei verschiedene Blumenarten zu kombinieren, wobei es auf die Blumen ankommt.

Die Blumen, die man besser nicht im Teeraum aufstellen sollte, werden in einem humoristischen Gedicht besungen:

> Stelle niemals in den Teeraum
> Vasen mit süßduftenden Daphneblüten,
> auch Berg-Pimpernelle und Hahnenkamm,
> Maßliebchen, Granatapfel, Teichrose, Ringelblume
> und Rühr-mich-nicht-an, meide sie alle.

Traditionellerweise nahm man immer davon Abstand, bei abendlichen Teegesellschaften Blumengestecke hinzustellen, aber Jôô und Sôeki beschlossen in gegenseitigem Einvernehmen, daß bestimmte Blumenarten auch am Abend arrangiert werden können. Farbige Blüten sind nicht erlaubt, doch weiße sind gestattet, so daß einige Arten auch am Abend als Schmuck dienen. Darüber hinaus finden neben echten Blumen auch ›Funken-Blumen‹[11] Verwendung, ein altüberlieferter Brauch. Überhaupt werden ›Funken-Blumen‹ bei festlichen Anlässen ganz allgemein sehr geschätzt.

Jemand bat Sôeki einmal, ihm die wesentlichsten Punkte darzulegen in bezug auf das versenkte Kohlenbecken im Winter, die Kohlenpfanne im Sommer sowie die besondere innere Haltung, die sowohl für die sommerliche als auch die winterliche Teegesellschaft angemessen sei. Sôeki sprach: »Man richte alles so, daß sich der Gast im Sommer kühl und erfrischt fühlt, und es im Winter warm und behaglich hat. Die Holzkohle dient dazu, heißes Wasser zuzubereiten, und der Tee muß schmackhaft sein. Damit ist genug über die Geheimnisse der Tee-Kunst gesagt.«

Der Mann war damit nicht zufrieden und sagte grob: »So viel weiß doch jeder!« Darauf Sôeki: »Wenn es so ist, dann seht zu, daß Ihr Euch auch konsequent danach richtet. Dann werde ich Euer Gast sein und zu Eurem Schüler werden.«

Der Zen-Meister Shôrei[12], der sich unter den Anwesenden befand, kommentierte den Vorfall so: »Eure Worte, Meister Sôeki, treffen genau den Kern. Sie entsprechen völlig dem Ausspruch von Niao K'o[13], der da lautet:

> Tue nichts, was schlecht ist,
> führe alles aus, was gut ist.«

Der Versorgung des Holzkohlenfeuers im Morgengrauen wird große Bedeutung beigemessen. Diese Phase der ›drei Phasen des Inganghaltens des Holzkohlenfeuers‹ gehört zu den wichtigsten geheimen Unterweisungen der Tee-Kunst. Hierzu sagte Sôeki: »Es gibt Menschen, die schon tief in der Nacht damit beginnen, Wasser zu kochen, um es für die ›Phase im Morgengrauen‹ zur Verfügung zu haben. Das ist absolut nicht richtig. Der Gastgeber erhebe sich beim ersten Hahnenschrei, richte die Feuerstätte, lege zuunterst eine Schicht glühender Holzkohlen und bringe das Feuer mit einem Stück Holzkohle in Gang, danach begebe er sich zum Brunnen (im Tee-Garten) und schöpfe frisches Wasser, trage es in den Zubereitungsraum des Teehauses, spüle den Eisenkessel aus, fülle ihn mit Wasser und hänge ihn über die Feuerstelle. Dies ist die wahre Art der allmorgendlichen Vorbereitung einer Teegesellschaft.

Dieses alles berücksichtigend sollte auch der Gast erst dann den *roji* betreten, wenn das Feuer im Kohlenbecken und das heiße Wasser im Kessel sich gerade im richtigen Stadium befinden. Es gibt auch Gäste, die früher als üblich den Teeraum betreten, um die Vorbereitungen, angefangen von der untersten Schicht glühender Kohlen, die neu entfacht wird, und dem noch vom Ausspülen feuchten Kessel, zu verfolgen. In jedem Fall wird es weder Gast noch Gastgeber möglich sein, die richtige Haltung einer Teegesellschaft im Morgengrauen gegenüber einzunehmen, wenn sie sich nur sehr oberflächlich damit auseinandersetzen.«

Das Wasser, das für die Teezubereitung verwendet wird, muß stets im Morgengrauen aus dem Brunnen geschöpft werden, gleichgültig, ob die Teegesellschaft morgens, mittags oder abends stattfindet. Daher muß der Gastgeber dafür Sorge tragen, stets so viel zu schöpfen, daß ihm das Wasser für die Teezeremonie auch bis zum Abend nicht ausgeht. Auch bei Abendgesellschaften verwende man niemals Wasser, das um Mittag oder kurz danach aus dem Brunnen geschöpft wurde. Die Stunden vom frühen Abend bis Mitternacht gehören in den Bereich von *Yin,* daher ist das Wasser dann von niederdrückender, krankmachender Qualität. Wasser, das dagegen im Morgengrauen geschöpft wird, ist rein und erfrischend. Stammt es doch aus dem Beginn der Periode, in der *Yang* regiert. Dieses Wasser im Morgengrauen wird *seikasui* genannt, d. h. ›die Blüte des Brunnenwassers‹, es ist für die Zubereitung des Tees in der Tee-Kunst unabdingbar. Aus diesem Grunde muß der ›Tee-Mensch‹ stets dafür Vorsorge treffen.

Sôeki sprach: »Bei Teegesellschaften sowohl im Morgengrauen als auch am Abend soll man eine Papier-Laterne bei der Wartebank für die Gäste aufstellen. Der Gastgeber gehe mit einer Handleuchte den Gästen bis zum Tor entgegen, heiße sie mit einer Verbeugung willkommen und begebe sich dann zurück in das Teehaus. Es gibt auch Gastgeber, die den Gästen mit einem Kerzenleuchter in der Hand entgegengehen. Das ist aber ein schwieriges Unterfangen, besonders in windigen Nächten. Außerdem ist Kerzenlicht nicht gerade rühmenswert, da es ein zu helles, direktes Licht gibt.«

Sôeki sprach: »Gibt man eine Teegesellschaft an einem Tag, an dem es geschneit hat, dann muß man unbedingt darauf achten, so wenig Fußspuren wie möglich im Teegarten zu hinterlassen. Nur den Schnee auf den Trittsteinen sollte man sanft mit Wasser abtauen. Da das steinerne Wasserbecken auf alle Fälle gefüllt werden muß, soll man auch hier vorsichtig den Schnee mit Wasser entfernen. Bieten aber die Schneehauben auf dem Wasserbecken und den umstehenden Bäumen den Anblick einer reizvollen Schneelandschaft, soll man sie so belassen und kann dann den Gästen bei der Wartebank das Wasser für die Reinigung der Hände in einem *katakuchi* (Keramikgefäß mit Tülle) reichen.«

Liegt Schnee bei einer abendlichen Teegesellschaft, dann soll man die Steinlaternen des *roji* nicht entzünden. Ihr Licht würde vom Weiß des Schnees wie aufgesogen und schiene nur matt und unansehnlich. Man kann das jedoch nicht verallgemeinern, es hängt auch von der Beschaffenheit der Bäume des *roji* ab, welche Entscheidung man fällen wird.

Die Herkunft des ›tiefen Drei-Matten-Raums‹ und des ›langgezogenen Vier-Matten-Raums‹ muß man richtig zu unterscheiden wissen. Das geht auch klar aus den Abbildungen hervor.[14] Im ›tiefen Drei-Matten-Raum‹, dessen Ursprung in alte Zeiten zurückreicht, wurden von der Matte für die Tee-Utensilien[15] 45 cm weggenommen und durch eine Holzbohle ersetzt, auf die man das Holzkohlengefäß *(furo)*, das Gefäß für kaltes Wasser *(mizusashi)*, den Schöpflöffel-Ständer *(shakutate)* und das Gefäß für das Spülwasser *(koboshi)* stellt. Die Teedose *(chaire)* und die Teeschale *(chawan)* wurden jedoch jedesmal vom Gastgeber zur Teezubereitung herbeigetragen. Später, als die gegenüberliegende, quadratische Feuerstelle eingeführt wurde, schloß diese in einer Größe von 42 zu 42 cm direkt an die Holzbohle an. Noch später fand im Sommer auch ein irdenes Holzkohlengefäß, das man auf die Holzbohle stellte, Verwendung. Im ›langgezogenen Vier-Matten-Raum‹ wurde eine Holzbohle von 15 cm auf der anderen Seite der ›Tee-Utensilien-Matte‹ eingefügt. Bei einer gewöhnlichen gegenüberliegenden Feuerstelle kann man eine Holzbohle von 6,2 cm jenseits der Feuerstelle einfügen. Sie darf im allgemeinen bis zu 9 cm betragen.

Beim Ständer für die Tee-Utensilien *(daisu)* muß man genau die Regeln bezüglich der Maßverhältnisse im Zusammenhang mit den Tee-Utensilien beachten.

Die Tee-Utensilien für den kleinen Teeraum sollten in jeder Hinsicht nicht ganz vollkommen sein. Nun gibt es Menschen, denen auch der kleinste Fehler mißfällt. Das begreife ich ganz und gar nicht. Auf der einen Seite fällt es uns schwer, eine gesprungene Teeschale zu benutzen, die von einem zeitgenössischen Keramiker hergestellt wurde. Aber wir pflegen auf der anderen Seite zum Beispiel alte Teedosen aus der T'ang-Zeit zu benutzen, deren Lack an einigen Stellen sorgfältig ausgebessert wurde.

Hinsichtlich der Zusammenstellung der einzelnen Tee-Utensilien wiederum muß man wissen, daß zum Beispiel eine zeitgenössische Keramik-Teeschale mit einer Teedose aus der T'ang-Zeit zu kombinieren ist. Jukô, zu dessen Zeit man noch bei Teegesellschaften nur kostbare Stücke erlesenster Qualität zu verwenden pflegte, reichte den Tee in einer von ihm sehr geliebten *ido*-Teeschale[16], die er in einem Beutel verwahrte und sie so wie eine *tenmoku*-Teeschale[17] behandelte. Dazu gehörte bei ihm unbedingt eine Teedose entweder im *natsume*-Stil[18] oder aus zeitgenössischer Keramik.

Besitzt jemand eine berühmte Kalligraphie, gibt es einiges hinsichtlich der Nische, in der sie aufgehängt werden soll, zu beachten. Handelt es sich um ein horizontales, breites Bild, das daher in seiner vertikalen Ausdehnung sehr schmal ist, muß die Decke der Nische heruntergezogen werden. Handelt es sich jedoch um ein vertikales Rollbild, das extrem lang ist, ist es besser, die Decke höherzuziehen. Man soll auf keinen Fall zögern, diese Veränderungen vorzunehmen, weil man vielleicht meint, daß die Nische dann für andere Rollbilder nicht mehr geeignet sei. Es ist am wichtigsten, daß die Deckenhöhe der Nische zu der berühmten Kalligraphie paßt.

Die Rollbilder mit Malereien unterscheiden sich nach rechtsseitigen und linksseitigen Rollen.

Entsprechend der Richtung, in die der Teeraum zeigt, will die Anlage einer Nische in diesem Raum gut überlegt sein.[19]

Sôeki sprach: »Unter dem Zubehör für die Tee-Kunst ist nichts wichtiger als das Hängerollbild. Es ist der Gegenstand, durch den sowohl Gast als auch Gastgeber, nachdem sie ihren Geist ganz gesammelt und alle alltäglichen Gedanken abgestreift haben, sich ganz auf die Kunst des Tees konzentrieren und so den WEG verwirklichen. Dazu ist die Kalligraphie eines Zen-Meisters am besten geeignet. Wir verehren dabei den Geist, der in den Worten der Kalligraphie enthalten ist, und würdigen die Tugend des Kalligraphen, sei er nun ein erleuchteter buddhistischer Laie oder einer der großen Patriarchen des Buddhismus. Es ist nicht üblich, die Kalligraphie eines ganz normalen Laien in der Nische aufzuhängen. Aber manchmal wird sie mit einer geschmückt, die ein von einem Dichter verfaßtes religiöses Gedicht aufweist. Handelt es sich jedoch um einen Viereinhalb-Matten-Raum, geht das nicht, da der Geist eines solchen Raumes sich von einem Teeraum im *sôan*-Stil (Stil der Einsiedlerklause, d. h. *wabi*-Stil) völlig unterscheidet. Dessen muß man sich stets bewußt sein.

Am besten ist ein Rollbild, das man sowohl wegen der Vortrefflichkeit der Worte Buddhas oder eines großen Patriarchen als auch wegen der Vortrefflichkeit des Kalligraphen verwenden kann. Ein derartiges Rollbild ist eine große Kostbarkeit. Daneben gibt es auch Werke von Kalligraphen, die zwar nicht über die höchsten buddhistischen Tugenden verfügen, die aber aufgrund der Vortrefflichkeit der Worte Buddhas oder der großen Patriarchen verwendet werden können; sie gelten als die zweitbesten Rollbilder.

Man kann auch Bilder aufhängen, je nachdem, wer sie gemalt hat. Die Bilder der chinesischen Mönche stellen oft Buddha, die großen Patriarchen oder auch einfach eine Persönlichkeit dar. Es gibt Menschen, die diese Bilder nicht aufhängen mögen, weil der Teeraum ihnen dann wie ein buddhistischer Andachtsraum erscheint. Das ist nun wirklich übertrieben. Man sollte diese Bilder vielmehr mit um so größerer Verehrung aufhängen. Es ist besonders wichtig, daß man sich der Religion mit seinem ganzen Sein zuwendet.«

Das Mahl, das in dem kleinen Teeraum gereicht wird, soll nur aus einer Schale Suppe und zwei bis drei einfachen Gerichten bestehen, dazu serviere man nur wenig Reiswein. Erlesene Speisen passen nicht zum Geist des Teeraums im *wabi*-Stil. Selbstverständlich muß man auch hier die Kunst der Zusammenstellung von Speisen mit stärkerem und solchen mit schwächerem Geschmack beherrschen, worauf schon im Zusammenhang mit der unterschiedlichen Teezubereitung hingewiesen wurde.

Ein *handai* (niedriger Eßtisch) gleicht einem Schreibtisch; an ihm können zwei, drei oder sogar vier Personen zusammen das Mahl einnehmen[20], wie es übrigens in den Zen-Klöstern täglich praktiziert wird. Jôô und Sôeki stellten oft einen *handai* im Teeraum auf, wenn sie Mönche aus dem Zen-Tempel Daitokuji in Kyoto oder aus dem Zen-Tempel Nanshûji in Sakai als Gäste ihrer Teegesellschaft bewirteten. Ein Teeraum, der nur die Größe von eindreiviertel Matten hat, ist jedoch zu schmal, um den *handai* hinein- und hinauszutragen. Ein Raum in der Größe von zwei, drei, vier oder besonders viereinhalb Matten ist hingegen gut geeignet dafür. Der Raum muß jedoch außer dem *chatateguchi* (einem Eingang nur für den Gastgeber) über einen weiteren Eingang verfügen, denn es wäre nicht schicklich, den *handai* durch den *chatateguchi* herein- und hinauszutragen.

Zunächst bringt der Gastgeber den Eßtisch in den Teeraum und reinigt ihn mit einem Tuch. Daraufhin füllt er den zu einer zylindrischen Form gepreßten gekochten Reis in eine Lack-

Reisschale, verschließt sie mit dem Deckel, setzt eine Lack-Suppenschale darunter und trifft auf diese Weise einige Vorbereitungen, je nach der Anzahl der Gäste, stellt dann alles auf ein Tablett, trägt das herbei und serviert auf dem Tisch. Die Suppe kann aus der Suppenschale ausgeteilt werden, und auch die Gerichte werden entweder in einem Topf oder einer Keramikschale serviert, je nachdem, um welche Speisen es sich handelt. Sake sollte nur ein- bis zweimal gereicht werden. Man trinkt ihn aus den Deckeln der Lack-Eßschalen. Die Gäste sollten darauf bedacht sein, alles in besonders reinlicher und angemessener Manier zu sich zu nehmen.

Im allgemeinen sollte ein Mahl, das auf dem *handai* serviert wird, besonders leicht und einfach zubereitet sein. Es genügen eine Schale Suppe und dazu ein oder höchstens zwei Gerichte; auch sollte man zum Essen keinen Tee reichen.

Eine andere Art des Servierens sieht so aus: Reisschalen und Suppenschalen, beide mit Deckeln, sowie Extra-Deckel als Schalen, alle in blaugefärbte Baumwolltücher eingeschlagen, werden auf den Eßtisch gestellt, und der in zylindrische Form gepreßte Reis wird, wie in den Tempeln üblich, in eine Keramikschale gefüllt und vom Gastgeber hereingebracht, der dann auch den Reis an jeden einzelnen Gast austeilt. Die Gäste ihrerseits reichen ihre Schale, um ihn in Empfang zu nehmen.

Selbstverständlich gilt der Gebrauch des *handai,* wie er hier dargestellt wurde, nicht, wenn Fisch- und Fleischgerichte anstelle der vegetarischen Speisen serviert werden. Man kann den Gästen auch ein bis zwei Extra-Lackdeckel als Schalen reichen, je nach Art und Beschaffenheit der Speisen.

Der kleine Teeraum wird manchmal auch mit einem Gefäß zur Aufbewahrung von Teeblättern *(hajatsubo)* geschmückt. Meist ist das dann der Fall, wenn eine Teegesellschaft zum feierlichen Aufbrechen des Siegels eines *hajatsubo* gegeben wird (einmal im Jahr im Frühwinter). Das Gefäß soll in der Nische vor dem

Rollbild aufgestellt werden, wenn die Gäste zum ersten Male den Teeraum betreten. Stellt man es in dem kleinen Teeraum auf, reicht es aus, es mit einer Deckel-Umhüllung zu schmücken, die mit einer Kordel verschnürt ist. Ist diese Kordel lang, soll der Schmuckknoten schlicht und leicht wirken, so daß er nicht besonders auffällt. Wird der Knoten zu kompliziert und aufwendig gebunden, sieht es so aus, als ob man seine Kennerschaft unter Beweis stellen wolle. Es gilt die allgemeine Regel, daß man im kleinen Teeraum kein Schmuck-Netz für ein *hajatsubo* benutzen darf. Bei Teegesellschaften, die nicht zur feierlichen Öffnung des Siegels gegeben werden, kann man es jedoch je nach Art des Gefäßes verwenden.

Es gibt den Begriff *sutetsubo,* d. h. beiläufig aufgestelltes Teeblätter-Gefäß (wörtlich: weggeworfenes Gefäß). Hierzu wird folgende Episode erzählt. Dôsatsu Kojimaya[21] wurde bei seinen Teegesellschaften von seinen Gästen immer wieder gebeten, ein in seinem Besitz befindliches, besonders wertvolles *hajatsubo* aus Luzon, dessen Erlesenheit und Kostbarkeit überall gerühmt wurde, zu zeigen, aber er hatte all ihrem Drängen nie nachgegeben und es nie hervorgeholt, sondern stets nur geantwortet, daß es nicht angebracht sei, solch ein Gefäß, das noch nicht einmal einen Namen habe, als Schmuck aufzustellen.

Eines Tages waren die Gäste wie gewöhnlich seiner Einladung zur Teegesellschaft gefolgt, hatten sich bei der Wartebank versammelt und von dort einen Abgesandten zu Dôsatsu geschickt, der ihm mitteilte, daß sie nur deshalb seine Einladung angenommen hätten und gekommen wären, weil sie sich ihren sehnlichsten Wunsch, einmal dieses Teegefäß sehen zu können, erfüllen wollten. Sollte er dieses Gefäß jedoch nicht zeigen, hätten sie nicht die Absicht, den Teeraum überhaupt zu betreten. Dôsatsu blieb nichts anderes übrig, als das Gefäß hervorzuholen, und er legte es, nur mit einer Deckel-Umhüllung versehen, einfach auf den Boden neben der niedrigen Eingangstür für die Gäste *(nijiriguchi)*. Danach ging er hinaus, um seine Gäste zu empfangen. Als diese die Schiebetür zum Teeraum geöffnet hatten, sahen sie das an der Seite auf dem Boden liegende Gefäß. Sie drängten den Gastgeber, es in die Nische, wo es hingehöre, zu stellen, aber Dôsatsu trat hervor und erklärte ihnen, daß er das Gefäß nur auf ihren großen Wunsch hin überhaupt hervorgeholt habe und daß es nicht wert sei, in der Nische zu stehen. Er habe es deswegen beiläufig auf den Boden gelegt (›weggeworfen‹), damit sie es einfach so dort erblicken würden. Die Gäste drangen weiter in ihn, und nachdem er mehrmals ihre Bitte höflich abgelehnt hatte, stellte er schließlich das Gefäß doch in der Nische auf, aber erst nachdem sie es auf dem Boden betrachtet hatten.

Dieses Gefäß wurde später unter dem Namen ›*Kojimaya no shigure*‹ (Feiner Herbstregen von Kojimaya) berühmt. Die Menschen waren von Dôsatsus Verhalten so beeindruckt, daß die Praxis des *sutetsubo* (beiläufig aufgestelltes Teeblätter-Gefäß) sich schnell als neue Mode verbreitete.

Sôeki bemerkte dazu: »Bei besonderen Gelegenheiten mag solch ein Verhalten absolut angebracht sein. Aber wenn man, dem Wunsch seiner Gäste entsprechend, ein Teeblätter-Gefäß zeigen will, sollte man es doch von vornherein in der Nische aufstellen, wie es die unaufdringliche, gebührende Verhaltensweise für den Gastgeber gebietet. Die richtige Ausführung der Idee von *sutetsubo* ist sehr schwierig. Selbstverständlich darf man es nicht einfach imitieren.«

Wird bei einer Teegesellschaft ein Holzkohlengefäß (anstelle der eingelassenen Feuerstelle) benutzt, wird von den Gästen erwartet, daß sie nicht darum bitten, beim Feuermachen zuschauen zu dürfen. Ist aber die Teegesellschaft beendet, dürfen sie gern anschauen, wie die Asche gehandhabt wird und wie sich das Feuer in dem Holzkohlengefäß veränderte.

Verwendet man ein Kaltwasser-Gefäß in der Form eines Schöpfeimers, soll man sich niederkauern, um es auf dem

Boden abzustellen, und man soll es auch nicht mehr verrücken, nachdem es einmal auf einem bestimmten Platz steht, und es erst hinaustragen, wenn die Gäste den Teeraum bereits verlassen haben. In den mündlichen Überlieferungen zur Tee-Kunst gibt es spezielle Anweisungen diesbezüglich.

Ein Kaltwasser-Gefäß aus Lack in der Form eines Kübels soll man nach Meinung einiger so aufstellen, daß der Henkel eine horizontale Linie zum Gastgeber bildet, während der Henkel eines Kaltwasser-Gefäßes in der Form eines Schöpfeimers eine vertikale Linie bilden sollte. Andere meinen wiederum, daß der Henkel des kübelförmigen Gefäßes eine vertikale und der des schöpfeimerförmigen eine horizontale Linie zu bilden hätten. Sôeki dagegen betonte, daß der Henkel beider Gefäße horizontal auszurichten sei. Seine Begründung dafür ist vor allem diese: Bildet der Henkel eine vertikale Linie zum Gastgeber, behindert er den Schöpflöffel und erschwert das Schöpfen des Wassers. Bei den Teegerätschaften, für die die feste Regel gilt, sie vertikal aufzustellen, kann man nicht umhin, das auch auszuführen, aber in diesem Fall gibt es noch keine feste Regel, so daß man das beste Verfahren auch am besten anwenden sollte.

Das lackierte, kübelförmige Kaltwasser-Gefäß sollte nur im Winter Verwendung finden, wenn man die eingelassene Feuerstelle benutzt. Bei sommerlichen Teegesellschaften, bei denen das Holzkohlengefäß verwendet wird, darf es auf keinen Fall benutzt werden. Das schöpfeimerförmige Kaltwasser-Gefäß dagegen kann zu allen vier Jahreszeiten verwendet werden. Es ist besonders geeignet für Teegesellschaften zur feierlichen Öffnung des Siegels eines *hajatsubo* oder für Teegesellschaften am Morgen.

Bei einer spontan veranstalteten Sonder-Teegesellschaft sollte der Gastgeber möglichst ein bis zwei sorgsam gehütete antike Tee-Utensilien aus seinem Besitz hervorholen und benutzen. Auch achte er genauestens darauf, daß der ganze Ablauf in der rechten Weise *(shin)* vonstatten gehe. Seine innere Haltung sei dagegen in graziöser Weise leicht und eher formlos *(sô)*. Diesbezüglich gibt es detaillierte mündliche Unterweisungen.

Die geeigneten Gefäße für das Blumen-Arrangement im kleinen Teeraum sind Vasen aus Bambusrohr, Bambuskörbe und Flaschenkürbisse. Blumengefäße aus Metall sind im allgemeinen eher für Viereinhalb-Matten-Teeräume angebracht. Aber im kleinen Teeraum kann man sie natürlich auch benutzen.

Sôeki zufolge sollte ein *mentsu* (ein zylindrisches Gefäß aus Holz, in das das Wasser nach dem Ausspülen der Teeschalen gegossen wird) so plaziert werden, daß die Nahtstelle, an der das Holz zusammengefügt wurde, zum Gastgeber zeigt. Ebenso sollte auch bei einem *futaoki* (Deckel-Untersetzer), der aus einem kurzen Stückchen Bambusrohr hergestellt wurde, der Ansatz des abgeschnittenen Zweiges zum Gastgeber weisen. Dôan[22] dagegen fordert, daß sowohl die Fuge des *mentsu* als auch der Astansatz des Bambus-Deckeluntersatzes als dekorativer Blickfang zum Gast gerichtet sein müssen.

Als ich Sôeki fragte, wie man sich nun zu entscheiden habe, antwortete er: »Es ist eine allgemeine Regel, daß die Tee-Utensilien, ob sie sich nun auf der Tee-Utensilien-Matte (vor dem Gastgeber) oder auf dem Tee-Utensilien-Ständer befinden, so aufzustellen sind, daß sie zum Nachlegen der Holzkohle oder zum Bereiten des Tees stets auf den Gastgeber ausgerichtet sind. Die verschiedenen Tee-Utensilien, die man kombiniert, werden auch nicht extra aufgestellt, um sie den Gästen zu präsentieren. Geschweige denn sollte der Gastgeber sie den Gästen vorführen wollen, während er im Verlauf der Teezeremonie die einzelnen Teile bei den verschiedenen Handlungen benutzt. Wer würde daher die Teedose neben sich stellen, nur damit die Gäste sie gut sehen können? Wird jedoch von den Gästen darum gebeten, die Teedose betrachten zu dürfen, dann wird er sie selbstverständlich mit ihrer Vorderseite zum Gast hin präsentieren. Diese Dinge sind das wichtigste, was der Gastgeber in seinem Verhalten zu beachten hat.

Kommen wir speziell zum Deckeluntersatz. Ich hörte folgende Episode. Nôami, der zur Teezubereitung einen Bronze-Deckeluntersatz in der Form des Siegels von Rinzai benutzte[23], wies seine Schüler an, den Deckeluntersatz parallel mit dem Griff des Schöpflöffels auszurichten, so daß der Gastgeber die Schriftzeichen des Siegels lesen könne. Auch Deckeluntersätze in Tierform sollten in gleicher Weise ausgerichtet werden. Wollte man nun die Astansatzstelle eines Bambus-Deckeluntersatzes als dekorativen Blickfang zum Gast hin drehen, müßten dann nicht auch die Schriftzeichen des siegelförmigen Bronze-Deckeluntersatzes für die Gäste lesbar sein? Also widerspricht Dôans Auffassung völlig den Regeln. Auch im Falle des *mentsu* folgt man dem wahren Prinzip des Tee-Weges, wenn man ihn so aufstellt, daß seine Fuge zum Gastgeber weist.«

Verwendet man eine große Teedose, wird der Beutel, in dem sie verwahrt wird, nach unten abgestreift und dann entfernt, während eine niedrige Dose aus dem Beutel herauszuheben ist.

Teegesellschaften werden auch im Freien oder auf Jagdplätzen veranstaltet. Als Sôeki seine Teegesellschaft im Daizenji-Tempelberg gab, durfte ich unwürdiger Mönch ihn begleiten und ihm zur Hand gehen, weshalb ich den gesamten Verlauf der Teezeremonie sehr gut beobachten konnte. Sôeki bemerkte dazu: »Es gibt zwar keine festgesetzten Regeln speziell für die Teegesellschaft im Freien, aber man muß jede der Grundregeln des Tee-Weges genauestens beachten, sonst ist sie schwerlich durchzuführen. Vor allen Dingen sind die Teilnehmer einer Teegesellschaft im Freien ganz von der lebendigen Szenerie des Ortes in Anspruch genommen und achten deshalb weniger auf den Ablauf der Teezeremonie. Die wahre Bedeutung der Einhaltung der Grundregeln liegt in diesem Fall darin, daß der Gastgeber die Aufmerksamkeit der Teilnehmer auf den Ablauf der Teezeremonie zu binden weiß, weshalb er auch seine exquisitesten Teegerätschaften bei dieser Gelegenheit verwenden sollte, zum Beispiel eine sorgsam gehütete kostbare Teedose.«

Sôeki nahm für diese spezielle Teegesellschaft im Daizenji-Tempelberg eine antike chinesische Teedose des *shiribukura*-Stils (eine Form mit bauchigem unteren Teil) mit, die er sorgfältig in einen Reisekasten verpackte. Man muß die Bedeutung dieser Handlung richtig zu würdigen wissen.

Bei einer Teegesellschaft im Freien ist es besonders wichtig, alle Gerätschaften sorgfältig mit Wasser zu spülen, so daß alles erfrischend und rein aussieht. Erregt der Gastgeber zu sehr die Aufmerksamkeit und das Interesse der Teilnehmer, gleicht die Teegesellschaft im Freien eher einem angeregten Festbankett; verhält er sich andererseits zu korrekt und höflich unbeteiligt, werden sich die Teilnehmer ganz der umgebenden Szenerie zuwenden. Nur ein wahrer Meister der Tee-Kunst wird durch sein Verhalten die ideale Teezeremonie im Freien wirklich durchführen können.

Eine Teegesellschaft im Freien muß vor allem an einem Ort veranstaltet werden, der rein und erfrischend wirkt. Dafür sind zum Beispiel Plätze unter Kiefern, am Rande eines Flusses oder inmitten von frischem, grünen Gras geeignet. Darüber hinaus ist es auch für Gastgeber und Gäste von größter Wichtigkeit, reinen, klaren Geistes zu sein. Aber es geht eben nicht darum, nur während einer bestimmten Teegesellschaft seinen Geist rein und klar zu halten. Denn der Tee-Weg selbst ist seinem Wesen und seiner wahren Bedeutung nach ein WEG der spirituellen Erweckung und Verwirklichung, der von Menschen, die sich nicht geläutert und von den irdischen Verhaftungen befreit haben, nur schwer zu begehen ist. Eine ungehobelte Teegesellschaft im Freien, die von einem unfähigen ›Tee-Menschen‹

ohne Reife gegeben wird, ist nichts weiter als eine Imitation des wahren Tee-Weges.

Es gibt keine speziellen Regeln hinsichtlich des Verhaltens und der Utensilien für eine Teegesellschaft im Freien. Da es keine speziellen Regeln gibt, gelten die Grundregeln des Tee-Weges. Genauer gesagt: der Tee-Weg ist ein WEG der spirituellen Erweckung und Verwirklichung und geht deshalb über rein äußere Formen und Regeln hinaus. Daher sollte der noch unerfahrene ›Tee-Mensch‹ auf keinen Fall eine Teegesellschaft im Freien, für die es keine speziellen Regeln gibt, zu veranstalten suchen. Man muß wissen, wann man reif dazu ist, eine Teegesellschaft im Freien natürlich und wie selbstverständlich als Gastgeber durchführen zu können.

Von Jôô wird berichtet, daß nach seiner Meinung der Geist des Tee-Weges im *wabi*-Stil sehr gut in der Gesinnung zum Ausdruck kommt, die das folgende Gedicht von Teika Fujiwara, das sich im ›*Shinkokinshû*‹ findet, wiedergibt:

> Wie weit man auch blickt
> weder Blüten noch leuchtend verfärbtes Ahornlaub.
> Am Ufer
> nur eine riedgedeckte Hütte
> in der herbstlichen Abenddämmerung.

›Blüten und leuchtend verfärbtes Ahornlaub‹ sind hier mit der erlesenen Eleganz der Tee-Kunst im *shoin*-Stil, die unter Verwendung eines Tee-Utensilien-Ständers *(daisu)* zelebriert wird, vergleichbar. Wenn man diese ›Blüten und leuchtend verfärbten Ahornblätter‹ aufmerksam anschaut und betrachtet, verwandeln sie sich plötzlich in den Erleuchtungszustand, in dem kein einziges Ding existiert[24], zu der ›riedgedeckten Hütte am Ufer‹. Wer nicht ›Blüten und leuchtend verfärbtes Ahornlaub‹ (die ästhetische Sphäre des positiven Seins) zuerst kennenlernte, wird auch nicht in der ›riedgedeckten Hütte‹ (der ästhetischen

Sphäre des Nichtseins) verweilen können! Erst nach gründlicher, aufmerksamer Betrachtung dieser ›Blüten und leuchtend verfärbten Ahornblätter‹ wird man die nüchterne Einfachheit *(sabi)* der ›riedgedeckten Hütte‹ wirklich zu schätzen wissen. Daher fand Jôô in dem angeführten *waka* den wahren Geist der Tee-Kunst ausgedrückt.

Sôeki wiederum entdeckte noch ein weiteres Gedicht in diesem Geiste, schrieb beide zusammen auf und hatte sie stets zur Hand als Ausdruck seines Verständnisses des Tee-Weges. Das Gedicht von Ietaka, das sich ebenfalls im ›*Shinkokinshû*‹ findet, lautet:

> Denen, die nur Kirschblüten
> sehnsüchtig erwarten,
>   wie gern würd' ich ihnen zeigen
> mitten im Schnee das sprossende Grün
> im Bergdorf zur Frühlingszeit!

Auch dieses Gedicht sollte man in der richtigen Weise zu begreifen suchen. Die Menschen beginnen schon bei Tagesanbruch mit ihrer Suche, fragend, ob nicht schon in diesen Bergen oder jenem Wald die Kirschblüten sich in voller Blüte zeigten, und merken gar nicht, daß diese ›Blüten und leuchtend verfärbten Ahornblätter‹ in ihrem eigenen Bewußtsein immer vorhanden sind. Sie können sich nur an der sinnlich mit ihren Augen wahrgenommenen Farbenpracht erfreuen.

Das ›Bergdorf‹ ist genauso wie die ›riedgedeckte Hütte‹ ein Aufenthaltsort von nüchterner Einfachheit, *sabi*[25]. ›Blüten und leuchtend verfärbtes Ahornlaub‹ vom letzten Jahr sind, ohne die geringste Spur zu hinterlassen, ganz vom Schnee begraben. Und dieses Bergdorf, in dem es nichts zu sehen gibt, hat bis hin zu seiner nüchternen Einfachheit *(sabi)* dieselbe Bedeutung wie die riedgedeckte Hütte. Nun, aus dieser Sphäre heraus, in der kein einziges Ding existiert *(muichimotsu,* die Dimension des

Nichtseins), entfalten sich spontan Empfindung und Gefühl, die sich wie von selbst partiell in Handlungen (der Dimension des Seins) manifestieren. Das Gedicht drückt es so aus: Die unter dem Schnee begrabene Erde empfängt im Frühling die ersten warmen Sonnenstrahlen und läßt hier und dort aus dem Schnee zwei bis drei Halme wunderbar frischen Grüns hervorlugen. In dieser Weise steht es nach Sôeki für das Prinzip, daß darin, keine Kraftanstrengung auszuüben, das Wahre liegt.

Zweifellos kann man sich diesen beiden Gedichten auch vom Standpunkt der *waka*-Kunst selbst her nähern. Aber ich habe sie hier als mir vertraute Beispiele für die tiefe Empfindung angeführt, die sie als Interpretation des Geistes des Tee-Weges bei Jôô und Rikyû (Sôeki) auslösten. Diese beiden Meister verwirklichten den WEG in jeder Hinsicht durch ihre tiefe Hingabe und ihren ungeteilten Einsatz für die Wahrheit; so sehr, daß ich unwürdiger Mönch die wahre Tiefe und Bedeutung nie werde ermessen können. Sie sind wahrlich verehrungswürdige, gesegnete Männer des spirituellen WEGES. Das, was wie die bloße Lehre des Tee-Weges erscheinen mag, ist in Wirklichkeit der erleuchtete WEG Buddhas und der großen buddhistischen Patriarchen.

Seien sie gepriesen!

1 *Daisu* ist ein Ständer, auf dem sich die Tee-Utensilien befinden und mit dessen Hilfe die Teezeremonie durchgeführt wird. Die Teezeremonie unter Benutzung eines *daisu* fand stets in größeren Räumen statt. (Anm. d. Übers.)

2 Ursprünglich ein buddhistischer Ausdruck, der wörtlich ›taubedeckter Pfad‹ (bzw. *hakuroji* ›weißer, taubedeckter Pfad‹) bedeutet und aus dem Saddharma-pundarîka-sûtra (Lotus-Sutra) stammt. Er ist ein Symbol des ganzen Universums als heiliger Welt des Buddha und in der Tee-Kunst der WIRKLICHKEIT des NICHTS. Er konstituiert einen der Angelpunkte in der Struktur des architektonischen Stils im ›Tee der Einsiedlerklause‹. Vgl. auch Horst Hammitzsch: ›Zen in der Kunst der Tee-Zeremonie‹, Bern/München/Wien 1980, S. 105–108

3 Sôkyû Tsuda, ein ›Tee-Mensch‹ und Zeitgenosse Rikyûs.

4 Jôô Takeno (1502–1555) ist einer der beiden Vorgänger Rikyûs in der Entwicklung der Idee des ›Tees der Einsiedlerklause‹.

5 Jukô Murata (1423–1502), ein weiterer Vorläufer Rikyûs, des Begründers und Wegbereiters des ›Tees der Einsiedlerklause‹.

6 Zu Nôami vgl. Anm. 23

7 Dôchin Araki (1504–1562)

8 Der *daisu*-Stil und der *shoin*-Stil repräsentieren beide die authentischste, luxuriöseste Form der Teezeremonie im großen Rahmen, die historisch dem ›Tee im kleinen Teeraum‹ vorangeht, d. h. dem ›Tee der Einsiedlerklause‹, und im Gegensatz zu diesem steht. Der ›Tee der Einsiedlerklause‹ ist das, was heute im allgemeinen als Tee-Weg betrachtet wird.

9 Der Mönch Giô (geb. 1428) soll ein Sohn von Ikkyû gewesen sein.

10 Ikkyû Sôjun (1394–1481), ein Zen-Meister der Rinzai-Schule, als Dichter, Maler, Kalligraph und Reisender eine der volkstümlichsten Persönlichkeiten.

11 Ein glimmendes Dochtstück oben auf einer Binsendocht-Lampe. Es wird in der chinesischen Dichtung ästhetisch sehr geschätzt und oft erwähnt und gilt als gutes Omen.

12 Shôrei (gest. 1583), ein Zen-Meister der Rinzai-Schule.

13 Niao K'o (jap. Chôka, gest. 824), ein bekannter chinesischer Zen-Mönch.

14 Sie sind im Kapitel ›*Metsugo*‹ zu finden, vgl. Matsunosuke Nishiyama, Ichirô Watanabe, Masakatsu Gunji (Hsg.) ›*Kinsei geidôron*‹ (Theorie der Künste in der Neuzeit), Iwanami-Serie ›Das Japanische Denken‹ Bd. 61, Tokyo 1982, S. 145

15 Zu den Termini wie ›Tee-Utensilien-Matte‹ etc. vgl. T. Hayashiya, ›Japanese Arts and Tea Ceremony‹, op. cit.

16 ebenda

17 ebenda

18 ebenda

19 Die Lage der Nische ist architektonisch durch eine Anzahl komplizierter technischer Vorschriften und Grundregeln bestimmt. Abbildungen zur Anlage eines Teeraums finden sich in T. Hayashiya, op. cit.

20 In Japan pflegte man ursprünglich nicht an einem Eßtisch für mehrere Personen zu essen, sondern die Speisen wurden gesondert auf kleinen Tischchen vor jedem Einzelnen serviert. Bei festlichen Anlässen ist das heute noch üblich (Anm. d. Übers.).

21 Ein ›Tee-Mensch‹ aus Sakai, Schüler von Jôô.

22 Dôan war der älteste Sohn von Sôeki (Rikyû) (Anm. d. Übers.).

23 Nôami (1397–1471), Tee-Meister, Maler, *renga*-Dichter und Meister der Blumenkunst. Zu Rinzai vgl. S. 174, Anm. 8

24 *Muichimotsu no kyôgai,* ein symbolischer Ausdruck des Zen-Buddhismus für das Gewahrwerden der Wirklichkeit des NICHTS.

25 Vgl. ›Poetry and philosophy in Japan‹, op. cit. S. 544–546

Zur Kunstform des haiku

Dohô Hattori: ›Das rote Büchlein‹

Man kann sagen, daß die Tradition der besonderen Literatur-Gattung des *haiku*, so wie wir es heute kennen, auf den Dichter Matsuo Bashô (1644–1694) zurückgeht, diese einzigartige Form der japanischen Dichtkunst, die so typisch für den japanischen Geist ist und sich noch immer großer Beliebtheit und Lebendigkeit erfreut.

Gewiß hatte Bashô eine Reihe bedeutender Vorläufer; und historisch gesehen war er nichts weiter als der Begründer einer der vielen Schulen, die als Bashô-Schule in die Geschichte eingingen. Aber es war eben jener Bashô, der, nachdem er die *haikai*-Dichtung von jener spielerischen und scherzhaften Atmosphäre befreit hatte, die für diesen Literatur-Typus in den voraufgegangenen Jahrhunderten charakteristisch gewesen war, sie zum ersten Male entschieden auf die Grundlage der metaphysisch-existentiellen Erfahrung von *wabi* stellte und sie somit in eine neue Position erhob, die man mit Recht als einen Kunst-Weg betrachten kann, der den anderen Kunst-Wegen, wie *waka*-Dichtung, Nô-Spiel, Teezeremonie usw., ebenbürtig ist. Es nimmt daher nicht Wunder, daß die Bashô-Schule seither alle anderen Schulen vollständig in den Schatten stellte und fast ausschließlich den Verlauf der weiteren Entwicklung des *haiku* bestimmte. In der Tat gehören alle, die wirklich Anspruch darauf haben, heute als *haiku*-Dichter bezeichnet zu werden, zur Tradition Bashôs.

Bashô, der volkstümlich auch als ›*haiku*-Heiliger‹ bezeichnet wird, war nicht nur ein erstrangiger Dichter – tatsächlich ist er in den Augen der Mehrheit derjenigen, die sich für diese Gedicht-Gattung interessieren, zweifellos der größte aller *haiku*-Dichter –, sondern auch ein origineller Denker, der der Theorie poetischer Ästhetik ein völlig neues Feld eröffnete. Jedoch ebensowenig wie Rikyû in der Tee-Kunst schrieb er seine Gedanken nieder, um sie in irgendeiner systematischen Form zu präsentieren. Seine theoretische und kritische Tätigkeit beschränkte sich vorwiegend auf das Gebiet der mündlichen Unterweisung, d. h. auf mündliche Instruktionen, die bei verschiedensten Gelegenheiten seinen unmittelbaren Schülern gegeben wurden.

Dohô Hattori (gest. 1730), der Autor der Schrift ›*Sanzôshi*‹, war einer dieser Schüler. Selbst eine zentrale Figur in der Bashô-Schule, die sich um den Meister gebildet hatte, blieb Dohô eng mit Bashô bis zu dessen Tod verbunden. Mit großer Hingabe und echtem Enthusiasmus empfing er Bashôs persönliche Führung, hielt getreulich dessen beiläufig geäußerten Bemerkungen und Betrachtungen zur *haiku*-Kunst fest und versuchte dann das, was er als des Meisters Gedanken entnehmen konnte, in eine besondere Form der *haiku*-Ästhetik zu gießen. Das Ergebnis dieser Arbeit ist das ›*Sanzôshi*‹ (Die Drei Büchlein), welches einmütig als eines der wichtigsten Bücher auf diesem Gebiet betrachtet wird. Hier wurde der theoretische – und der ›philosophischste‹ – Teil des ›Roten Büchleins‹ *(Akasôshi)* übersetzt, das zusammen mit dem ›Weißen Büchlein‹ *(Shirosôshi)* und dem ›Schwarzen Büchlein‹ *(Kurosôshi)* die ›Drei Büchlein‹ bildet.

Dem Meister zufolge umschließt *fûga*, des ›ästhetisch Schöpferische‹[1], die beiden Prinzipien der ewigen Beständigkeit und des vorübergehenden Wandels. *Fûga* ist durch diese zwei Prinzipien bestimmt, die beide ein und derselben Wurzel entstammen. Diese eine Wurzel ist nichts anderes als *fûga no makoto*, die ›Lauterkeit des ästhetisch Schöpferischen‹. Ohne zu wissen, was ›Beständigkeit‹ ist, kann man *fûga* nicht wirklich begreifen. Was hier ›Beständigkeit‹ genannt wird, gehört nicht zur Dimension von ›neu‹ und ›alt‹ oder ›Wandel‹ und ›Flüchtigkeit‹, sondern weist eine nicht-zeitliche Gestalt auf, die fest auf ›Lauterkeit‹ *(makoto)* gegründet ist.

Betrachten wir Gedichte, die von Dichtern über mehrere Generationen hinweg verfaßt wurden, sind sie von Generation zu Generation verschieden. Dennoch rufen viele dieser Gedichte, ganz unabhängig davon, ob sie nun neueren oder älteren Datums sind, bei uns Heutigen genau wie bei den Menschen damals ästhetisches Mitempfinden *(aware)* hervor. Dieses Phänomen muß in erster Linie als eine Manifestation der künstlerischen Dimension von ›Beständigkeit‹ verstanden werden.

Auf der anderen Seite ist der unaufhörliche Wandel der Dinge in unzählige Erscheinungsformen das Prinzip der Natur. Gäbe es keinen Wandel, gäbe es auch keine Entwicklung des künstlerischen Stils. Ein Dichter, der nicht die Kühnheit zur Weiterentwicklung des künstlerischen Stils besitzt, zeigt damit, daß er es nur zur Beherrschung eines bestimmten Stils seiner Zeit gebracht hat, sich aber in keinster Weise um ›Lauterkeit‹ bemühte. Wer jedoch nicht seine ganze Aufmerksamkeit darauf richtet, wird niemals die auf ›Lauterkeit‹ beruhende künstlerische Entwicklung in ihrer wahren Bedeutung begreifen können. Er wird einfach sein Leben lang dem Stil anderer folgen und ihn imitieren.

Aber es ist nur folgerichtig, daß jemand, der im Gegensatz dazu um die ›Lauterkeit des ästhetisch Schöpferischen‹ von ganzem Herzen bemüht ist, natürlich nicht auf der Stelle treten, sondern einen Schritt vorangehen wird. Es wird in Zukunft Tausende von Wandlungen in der *haiku*-Kunst geben, dennoch werden alle, die dem wahren Streben nach ›Lauterkeit‹ entspringen, ohne Ausnahme als echte *haiku*-Schöpfungen[2] im Sinne des Meisters betrachtet werden. Der Meister sagte einmal: »Sei niemals ein Speichellecker der Dichter der alten Zeit! So wie die vier Jahreszeiten sich abwechseln, verändern und erneuern sich die Dinge. Und so sollte es mit allem sein.«[3]

Ein Schüler befragte den Meister auf dessen Sterbebett, welchen Verlauf *fûga*, das ›ästhetisch Schöpferische‹, in Zukunft wohl nehmen werde. Der Meister antwortete: »Dieser Kunst-Weg, der mit mir seinen Anfang nahm, wird sich in hundertfacher Weise verändern und entfalten. Aber alle diese Veränderungen und Entwicklungen in ihrer ganzen Breite werden sich niemals von den drei Grundmustern der künstlerischen Stile, nämlich *shin* (›rechtschaffen-korrekt‹), *gyô* (›in ruhiger, freierer Form‹) und *sô* (›in fließender, ganz freier Form‹)[4] entfernen. Ich selbst habe es noch nicht einmal in einem oder zweien von ihnen bis zur höchsten Vollendung gebracht.« Zu Lebzeiten sagte der Meister wiederholt, daß in der Kunst des *haiku* noch nicht einmal die Öffnung des Strohsacks aufgeschnürt (geschweige denn der Inhalt schon sichtbar) geworden sei.

Der Meister lehrte folgendes: Man halte seinen Geist auf der Höhe der Erleuchtungsstufe, aber kehre in die irdische Welt der Konkretheit zurück. Das heißt, daß man sich auf der einen Seite unablässig um die ›Lauterkeit des ästhetisch Schöpferischen‹ bemühen und sie immer mehr ergreifen soll, um sie auf der anderen Seite in die Kunst des *haiku* konkret umzusetzen.

Bei einem Dichter, dessen Gesinnung stets mit dem ›ästhetisch Schöpferischen‹ in Einklang steht, wird die Stimmung seiner inneren Aktivität Gestalt annehmen und in einen poetischen Ausdruck gerinnen, so daß alles, was er aufgreift, ganz natürlich und ohne Umschweife umgesetzt wird. Fehlt es der inneren Haltung eines Dichters jedoch an heiterer Gelassenheit, wird er seine Zuflucht zu äußeren, verbalen Kunstgriffen nehmen. Dies ist nichts anderes als ein Ausdruck der Gewöhnlichkeit seiner Gesinnung, die sich eben nicht unermüdlich um ›Lauterkeit‹ bemüht. Das Streben nach ›Lauterkeit‹ besteht darin, daß man nach der geistigen Haltung der alten Dichter in ihrem ›ästhetisch Schöpferischen‹ forscht und daß man unter den zeitgenössischen Dichtern die geistige Haltung des Meisters gründlich zu verstehen sucht. Außer der Kenntnis dieser geistigen Haltung gibt es keinen anderen Weg, der zur ›Lauterkeit‹ führen könnte. Um des Meisters geistige Haltung zu erkennen, muß man zunächst ihren Spuren folgen, die er in seiner Dichtung hinterließ, und wenn man sich damit gründlich vertraut gemacht hat, muß man seine eigene geistige Haltung läutern und danach ausrichten, um sie sich schließlich ganz zu eigen zu machen. Diese Bemühungen dürfen mit Recht als Streben nach ›Lauterkeit‹ bezeichnet werden.

Es kommt jedoch vor, daß die geistige Haltung eines Schülers nicht mit der des Meisters eins wird, dieser Schüler dann auf eigenmächtige, willkürliche Weise den Weg des Meisters interpretiert, dem er enthusiastisch zu folgen glaubt, und sich selbstgefällig einbildet, sich seiner Schulung zu unterziehen, während er doch nur seinen eigenen Weg geht. Ein Schüler muß stets darauf bedacht sein, sich zu läutern und von Fehlern zu befreien.

Es gibt einen Ausspruch des Meisters: »Über die Kiefer lerne von der Kiefer, über den Bambus lerne vom Bambus!« Das besagt: »Befreie dich von deiner subjektiven Willkür!« Nun gibt es einige, die dieses ›lerne!‹ auf ihre eigene, bequeme Weise interpretieren und am Ende gar nichts lernen. ›Lernen‹ bedeutet hier, daß man ganz in eine Sache hineinschlüpft und mit ihr eins wird und daß die geringste innere Regung *(bi)*, die von der Sache ausgeht, das schöpferische Empfinden des Dichters spontan aktiviert, was dann unmittelbar in ein Gedicht umgesetzt wird.

Wie sehr es einem Dichter beispielsweise auch gelingen mag, eine Sache in ihrer konkreten Gestalt genau zu beschreiben: wenn diese poetische Empfindung nicht der inneren Natur dieser Sache selbst entstammt, dann bilden die Sache und der Dichter eine Dualität und keine Einheit, und die poetische Empfindung erlangt keine ›Lauterkeit‹. Sie ist nichts anderes als ein Kunstgriff, der der Willkür entspringt.

Derjenige Schüler, der sich darum bemüht, die geistige Haltung des Meisters wirklich zu verstehen und mit ihr eins zu werden, dessen eigene geistige Haltung wird am Ende ganz von der Farbe und dem Aroma der Gesinnung des Meisters durchtränkt sein. Wem es aber nicht gelingt, sein Streben nach der Geistesart des Meisters wirklich zu erfüllen, wird am Ende trotz aller Bemühungen doch wieder nur seinen eigenen Gedanken willkürlich folgen.

Wer jedoch unermüdlich in seinem Fragen und Streben fortfährt, dem wird es über kurz oder lang möglich sein, sich von Eigenmächtigkeit und Willkür endgültig zu befreien. Daher sollte jeder darum bemüht sein, in seinem Fragen und Streben nicht nachzulassen. Dies ist das wichtigste, was ein Schüler zu beachten hat, und man nennt das ›den Grund legen‹. Dieses Wort ist den Freunden, die sich dem ›ästhetisch Schöpferischen‹ verschrieben haben, zum Motto geworden.

Es gibt ›Krankheiten‹, die besonders den Erfahrenen befallen. Um den Meister zu zitieren: »Mit der *haiku*-Kunst sollte ein junger Knabe betraut werden. Es sind die Gedichte, die mit dem unbefangenen Herzen des Anfängers verfaßt werden, von denen wir am meisten erwarten dürfen.« So oder ähnlich äußerte sich der Meister wiederholt, uns damit stets auf die ›Krankheiten‹ des erfahrenen Dichters hinweisend.

Ist ein Dichter in die wahre Realität der Dinge eingedrungen, sieht er sich mit zwei Möglichkeiten konfrontiert: entweder die schöpferische Potenz *(ki)* zu fördern, oder sie zu hemmen. Hemmt er das Vorwärtsdrängen der schöpferischen Potenz, wird auch sein Gedicht keinen Anteil daran haben. Der verstorbene Meister bemerkte hierzu: »Ein *haiku* muß im Einklang mit der schöpferischen Potenz gedichtet werden.« Er führte als Beispiel das gemeinschaftliche Schmieden eines Schwertes an: Kommt einer aus dem Takt und hämmert falsch, ist damit alles verdorben. Das gleicht dem Hemmen und Schädigen der schöpferischen Potenz.

Weiterhin sagte der Meister: »Jemand, der sich noch auf dem Schulungsweg befindet, sollte seine eigene schöpferische Potenz *(ki)* besänftigen und dann erst dichten.« Alle diese Anweisungen sollen dazu dienen, die eigene schöpferische Potenz zu besänftigen, zu beleben und dadurch zu fördern. Schüler, die den ›Krankheiten‹ des Erfahrenen auf den Leim gingen und nun eigensinnig danach trachten, noch bessere Gedichte zu verfassen, werden durch ihre intellektuellen Anstrengungen am Ende nur erschöpft sein und dadurch das Tor zur wahren Intuition verschließen. Sie kennen den geeigneten Schulungsweg für ihre schöpferische Potenz nicht. Darin zeigt sich das Törichte ihrer geistigen Haltung.

In einer Schrift über die Kunst des *haiku* findet sich ein weiterer Ausspruch des Meisters: »Jemand, der eine andere Kunstform meisterlich beherrscht, kann in die *haiku*-Kunst viel schneller eindringen als diejenigen, die sich über viele Jahre ausschließlich dem *haiku* widmeten.«

Der Meister ermahnte uns streng mit folgenden Worten: »Das Lernen hört nie auf, es geht immer weiter. Aber wenn ein Dichter dann an einer Veranstaltung gemeinschaftlichen Dichtens teilnimmt, soll er ohne eine Spur von Zweifel und Unentschlossenheit, d.h. bildlich gesprochen ohne auch nur ein Haar Abstand zwischen sich und dem Schreibtischchen zuzulassen, spontan und unmittelbar das ausdrücken, was ihm in den Sinn kommt. Und in dem Moment, in dem das Papier, auf das die Ketten-Verse *(renku)* geschrieben wurden, vom Tisch genommen wird (d.h. wenn die existentielle Vergegenwärtigung des

Schöpferischen vorüber ist), ist alles nur noch Makulatur.« Jede einzelne Verkettung sei in anderer Weise vorzunehmen, zum Beispiel in der Art ›einen riesigen Baum zu fällen‹ oder ›zu wissen, wie man mit einem Schlag in das Schwertstichblatt hineinsticht‹ oder ›eine Wassermelone zu spalten‹ oder ›eine Birne zu essen‹. Jede dieser 36 Verkettungen sollte auf jeden Fall so vorgenommen werden, daß der Anschlußvers leicht und problemlos hinzugefügt werden könne. Diese und viele andere Ermahnungen erteilte uns der Meister, um uns Schülern die ›Krankheiten‹ des Erfahrenen, Eigensinn und Willkür, zum Bewußtsein zu bringen und uns zu helfen, uns von ihnen zu befreien.

Hat man einmal die geistige Haltung des Meisters erfaßt, soll man sie auch in die Praxis umsetzen, und tritt dann nach unablässigem Bemühen der schöpferische Moment ein, darf man ihn nicht durch Hin- und Herüberlegen kaputtmachen. Denn es wird mit Recht gesagt, daß man keine Gedichte durch bloßes Überlegen verfassen soll. Wird die schöpferische Potenz jedoch gehemmt, kann auch der Geist sich nicht weiter entfalten. Mit anderen Worten, der Geist, der sich immer weiter entwickelt und dabei immer mehr verfeinert, gelangt in einen Zustand, den Tsurayuki mit der Feinheit eines Fadens verglich[5], entwickelt sich der Geist dagegen in kräftiger Weise, wird er zur männlich-kühnen Gesinnung, die Dengyô Daishi mit dem Ausdruck ›sammyaku sambodai‹[6] beschrieb. Wenn also die schöpferische Energie lebendig bleibt und der Geist sich immer weiter entwickelt, können sowohl der verfeinerte, elegante Stil als auch der männlich-kühne als sichtbarer Ausdruck dieser Geistesverfassung in Erscheinung treten.

Neuheit ist die Blüte der *haiku*-Kunst. Gedichte in einem überholten, veralteten Stil vermitteln einem das Gefühl, einem alten Baum ohne Blüten zu begegnen. Es ist genau dieses Aroma des Neuen, nach dem sich der verstorbene Meister sein Leben lang sehnte und um das er sich unter Einsatz aller Kräfte bemühte. Wann immer er einem anderen begegnete, der den Saum davon hatte erhaschen können, war er voller Freude und ermunterte sich und den anderen zu weiteren Anstrengungen in dieser Richtung. Ohne das Bemühen um stete Entwicklung kann es auch nichts wirklich Neues geben. Das Neue wird wie von selbst aus dem Boden sprießen, den man sich durch sein unablässiges Bemühen Schritt für Schritt erobert.

> Leuchtender Herbstmond
> Nebel am Fuß der Berge
> Dunkelheit über den Feldern.

Dieses Gedicht zeigt die Gestalt der (nicht-zeitlichen) Beständigkeit.

> Leuchtender Herbstmond
> Wie Blüten erscheinen sie,
> die Baumwollfelder.

Dies ist ein Gedicht im Stil der Neuheit.

Der Meister sprach: »Die Veränderungen von Himmel und Erde sind die Saat des ästhetisch Schöpferischen *(fûga)*.« Stille ist der Ausdruck des Unwandelbaren, Bewegung der der Veränderung der Dinge. Wenn wir den unaufhörlichen Fluß der Veränderung nicht stoppen, wird er auch nicht für einen Moment anhalten. Ihn zu stoppen, heißt nichts anderes, als ihn einzufangen durch unser Sehen und Hören. Verwehende Blütenblätter und fallendes Laub, durch den Wind zerstreut – wenn wir sie nicht inmitten ihrer vollen Gegenwart durch unser Sehen und unser Hören anhalten, werden auch die lebendigsten Dinge, ohne eine Spur zu hinterlassen, völlig verschwinden.

Es gibt einen weiteren Ausspruch des Meisters zum Dichten: »Wenn dich etwas so hell wie ein Blitz durchzuckt, halte es mit Worten fest, solange der Lichtstrahl in deinem Geist noch nicht erloschen ist.« Und weiter: »Es kommt vor, daß man seine Idee mit einem Schlag in die Worte des Gedichts hinausschleudert.«

Mit all diesen Worten ermahnte uns der Meister, uns unablässig darum zu bemühen, den schöpferischen Impuls der Dinge, den wir empfangen, wenn wir in sie hineinschlüpfen und mit ihnen eins geworden sind, noch bevor er vorbei ist, unmittelbar in Verse zu bringen.

Es gibt zwei Weisen zu dichten: Bei der einen ›wird‹ ein Gedicht, bei der anderen ›verfaßt‹ man es. Wenn ein Dichter durch unablässige innere Schulung auf die Dinge draußen eingeht, ›wird‹ diese Geisteshaltung ganz von selbst zu einem Gedicht. Ein Dichter jedoch, der es versäumt, sich unablässig innerlich zu schulen, bei dem ›wird‹ nichts zu einem Gedicht, so daß er es eigenmächtig extra verfassen muß.

1 Der Ausdruck *fûga* in seinem engeren Sinn wird oft in der Bedeutung ›die Kunst des *haiku*‹ benutzt.

2 Im Text meist als *haikai* oder auch einfach *ku* bezeichnet. Zum besseren Verständnis wählen wir hier durchgängig die im Westen am bekanntesten gewordene Bezeichnung *haiku*. (Anm. d. Übers.)

3 Der tiefere Sinn ist, daß das Schöpferische, wenn es einmal zum Aus-druck gebracht wurde, ein für allemal ausgedrückt worden ist. Die Metapher des ›Speichels‹ verwendet Bashô hier in der Absicht, auf die Einzigartigkeit, Unwiderruflichkeit und existentielle Lauterkeit einer schöpferischen Betätigung hinzuweisen. Die in diesem Sinn noch allgemeiner verwendete Metapher ist der ›Schweiß‹.

4 *Shin*, *gyô* und *sô* sind eigentlich Bezeichnungen für verschiedene Stile der Schrift-Kunst: *shinsho* ist der ›korrekte‹ Schreibstil, also die Normalschrift, *gyôsho* ist die Halbkursivschrift (Kurrentschrift) und *sôsho* ist die ›flüssig‹ geschriebene Kursivschrift (Konzeptschrift). Diese drei Modi wurden auch in die Blumen-Kunst, die *haiku*-Dichtung, die Garten-Kunst etc. übernommen. (Anm. d. Übers.)

5 Zu Tsurayuki vgl. Essay ›Die ästhetische Struktur des *waka*‹, S. 10 ff. Das hier zitierte Bild entstammt einem berühmten Gedicht des ›*Kokinshû*‹. (Anm. d. Übers.)

6 Dengyô Daishi ist der postum verliehene Ehrentitel von Saichô (767–822), dem Begründer des Tendai-Buddhismus in Japan. ›*Sammyaku sambodai*‹ (sanskrit: samyak-sambodhi) bedeutet wörtlich ›vollkommene Erleuchtung‹. Das *waka*-Gedicht von Saichô, in dem dieser Ausdruck vorkommt, wird als repräsentativ für den poetischen Stil der männlichen Kühnheit und Kraft angesehen. Nobutada Konoe (1565–1614) begründete eine Kalligraphen-Schule, die für ihren kühnen, kraftvollen Stil bekannt ist, und nannte sie entsprechend ›*Sammyakuinryû*‹. Ihr Stil steht in scharfem Kontrast zu dem extrem eleganten und feinen Stil, den der Dichter-Kalligraph Tsurayuki entwickelte.

Literaturverzeichnis

Auswahl von Schriften in europäischen Sprachen

Allgemein

BENL, OSCAR: »Die Entwicklung der japanischen Poetik bis zum 16. Jahrhundert«, Hamburg 1951

DOMBRADY, GEZA S.: »Formen der japanischen Lyrik«, in: DEBON, GÜNTHER (Hsg.): Ostasiatische Literaturen, Neues Handbuch der Literaturwissenschaft Bd. 23, Wiesbaden 1984, S. 307–336

DOMBRADY, GEZA S.; SCHNEIDER, ROLAND: »Japanische Poetik und kommentatorische Literaturkritik«, in: DEBON, G. (Hsg.): Ostasiatische Literaturen, Neues Handbuch der Literaturwissenschaft Bd. 23, Wiesbaden 1984, S. 367–373

GUNDERT, WILHELM u. a. (Hsg.): »Lyrik des Ostens«, München 1978

GUNDERT, WILHELM: »Bi-yän-lu. Meister Yüan-wu's Niederschrift von der smaragdenen Felsenwand«, 3 Bde, München 1967–77

HAMMITZSCH, HORST: »Zum Begriff ‚Weg' im Rahmen der japanischen Künste«, in: Nachrichten der Gesellschaft für Natur- und Völkerkunde 82 (1957), S. 5–14.

DERS.: »Zu den Begriffen *wabi* und *sabi* im Rahmen der japanischen Künste«, in: Nachrichten der Gesellschaft für Natur- und Völkerkunde Ostasiens 85/86 (1959), S. 36–49

HASUMI, TOSHIMITSU: »Zen in der Kunst des Dichters«, Bern/München/Wien 1986

HISAMATSU, SEN'ICHI: »The vocabulary of Japanese literary aesthetics«, Tokyo 1963

IENAGA, SABURO: »Japanese art: a cultural appreciation«, The Heibonsha survey of Japanese art Vol. 30, New York/Tokyo 1979

IZUTSU, TOSHIHIKO und TOYO: »Poetry and philosophy in Japan«, in: KLIBANSKY, R. (Hsg.): Contemporary philosophy, Florenz 1971

DIES.: »Far eastern existentialism«, in: STRELKA, JOSEPH (Hsg.): The personality of the critic, Pennsylvania 1973, S. 40–67

Izutsu, Toshihiko: »Philosophie des Zen-Buddhismus«, Reinbek 1979

»Japanische Jahreszeiten. Tanka und Haiku aus dreizehn Jahrhunderten«. Übertragen von Gerolf Coudenhove, Zürich 1963

Keene, Donald: »Japanese literature«, New York 1955

Kikkawa, Eishi: »Vom Charakter der japanischen Musik«, Studien zur traditionellen Musik Japans Bd. 2, Kassel/Basel/London 1984

Schaarschmidt-Richter, Irmtraut: »Anmerkungen zur japanischen Symbolauffassung und zu den ›Symbolen‹ in der japanischen Gartenkunst«, in: Dombrady, Geza S.; Ehmcke, Franziska (Hsg.): Referate des VI. Deutschen Japanologentages in Köln, Mitteilungen der Gesellschaft für Natur- und Völkerkunde Ostasiens Bd. 100, Hamburg 1985, S. 274–286

Waka

Brower, Robert H.; Miner, Earl: »Japanese court poetry«, Stanford 1961

Dies.: »Fujiwara Teika's Superior poems of our time. A thirteenth century poetic treatise and sequence«, Stanford/Tokyo 1967

Brower, Robert H.: »Fujiwara Teika's Hundred-poem sequence of the Shôji era, 1200«, Monumenta Nipponica Monograph 55, 1978

Ders.: »Fujiwara Teika's Maigetsushô«, in: Monumenta Nipponica Vol. 40, No. 4, Winter 1985, S. 399–425

»Kokinshû: A collection of poems ancient and modern«. Übersetzt von Rodd, Laurel Rasplica u. a., Princeton/Tokyo 1984

»Shinkokinwakashû. Japanische Gedichte«, ausgewählt und herausgegeben von Hammitzsch, Horst; Brüll, Lydia, Stuttgart 1964

»The Kokin waka-shû. The 10th-century anthology edited by the imperial edict«. Übersetzt von Honda, H. H., Tokyo 1970

Nô

Barth, Johannes: »Japans Schaukunst im Wandel der Zeiten«, Wiesbaden 1972

Benl, Oscar: »Seami Motokiyo und der Geist des Nô-Schauspiels«, Wiesbaden 1953

Bohner, Hermann: »Seami. Buch von der höchsten Blume Weg (Shi-kwa-dô-sho)«, Tokyo 1943

Ders.: »Der Neun Stufen Folge (Kyû-i-shi-dai)«, Tokyo 1943

DERS.: »Seami. Blumenspiegel (Kwakyô)«, Teil 1 u. 2, Tokyo 1953–54

DERS.: »Gestalten und Quellen des Nô«, Tokyo/Osaka 1955

DERS.: »Nô. Die einzelnen Nô«, Tokyo 1956

DERS.: »Nô. Einführung«, Tokyo 1959

HARE, THOMAS BLENHAM: »Zeamis's style: The Nô plays of Zeami Motokiyo«, Stanford 1986

HOFF, FRANK; FLINDT, WILLI (Übers.): »The life structure of Noh. An English version of Yokomichi Mario's analysis of the structure of Noh«, Tokyo 1973

KEENE, DONALD: »Nô. The classical theatre of Japan«, Tokyo/Palo Alto 1966

DERS. (Hsg.): »Twenty plays of the Nô theatre«, New York/London 1970

KOMPARU, KUNIO: »The Noh theatre: Principles and perspectives«, New York 1983

NAKAMURA, YASUO: »Noh. The classical theatre«, New York/Tokyo 1971

»On the art of Nô drama: The major treatises of Zeami«. Übersetzt von Rimer, J. Thomas; Yamazaki, Masakazu, Princeton 1984

ORTOLANI, BENITO: »Komparu Zenchiku: Ugetsu und die Metaphysik der Nô-Schauspielkunst«, in: Maske und Kothurn 10 (1964), S. 676–691

DERS.: »Das japanische Theater«, in: KINDERMANN, HEINZ (Hsg.): Fernöstliche Theater, Stuttgart 1966, S. 391–526

DERS.: »Zenchiku's aesthetics of the Nô theatre«, New York 1976

DERS.: »Nô«, in: HAMMITZSCH, H. (Hsg.): Japan Handbuch, Wiesbaden 1981, S. 1862–1872

POUND, EZRA; FENOLLOSA, ERNEST: »Nô – Vom Genius Japans«, Zürich 1963

SCHNEIDER, ROLAND: »Das japanische Theater – Theater des Adels, Schaukunt der Bürger«, in: DEBON, G. (Hsg.): Ostasiatische Literaturen, Neues Handbuch der Literaturwissenschaft Bd. 23, Wiesbaden 1984, S. 357–365

SIEFFERT, RENÉ: »La tradition secrète du No«, Paris 1960

TYLER, ROYALL: »Buddhism in Noh«, in: Japanese Journal of Religious Studies Vol. 14, No. 1, March 1987, S. 19–52

WALEY, ARTHUR: »The Nô plays of Japan«, Rutland/Vermont/Tokyo 1976

Weber-Schäfer, Peter: »Vierundzwanzig Nô-Spiele«, Frankfurt/M 1961

Yusa, Michiko: »Riken no ken. Zeami's theory of acting and theatrical appreciation«, in: Monumenta Nipponica Vol. 42, No. 3, Autumn 1987, S. 331–345

Tee

Berliner, Anna: »Der Teekult in Japan«, Leipzig 1930

Bodart, B. M.: »Tea and counsel: The political role of Sen no Rikyû«, in: Monumenta Nipponica Vol. 32, No. 1 (1971), S. 49–74

Brüll, Lydia: »Zwei Schriften zum Tee-Weg von Ii Naosuke«, in: Oriens Extremus 1 (1964), S. 65–84

Dumoulin, Heinrich: »Geschichte des Zen-Buddhismus. Band II: Japan«, Kapitel: Zen in Kultur und Künsten, Bern 1986

Fujioka, Ryôichi: »Tea ceremony utensils«, Art of Japan 3, New York/Tokyo 1973

Hammitzsch, Horst: »Cha-Do – Der Teeweg«, München-Planegg 1958

Ders.: »Das Zencharoku des Jakuan Sôtaku. Eine Quellenschrift zum Tee-Weg«, in: Oriens Extremus 1 (1964), S. 85–102

Ders.: »Zen in der Kunst der Tee-Zeremonie«, Verkürzte Neuausgabe von »Cha-Do«, Bern/München/Wien 1980

Hayashiya, Tatsusaburo; Nakamura, Masao; Hayashiya, Seizo: »Japanese arts and tea ceremony«, The Heibonsha survey of Japanese art Vol. 15, New York/Tokyo 1974

Ludwig, Theodore M.: »Religio-aesthetic experience in the Japanese medieval arts with reference to the way of tea«, Dissertation, University of Chicago 1975

Okakura, Kakuzo: »Das Buch vom Tee«. Übersetzt von Hammitzsch, H., Frankfurt 1979

Plutschow, Herbert E.: »Historical Chanoyu«, Tokyo 1986

Schaarschmidt-Richter, Irmtraut: »Teekunst«, in: Hammitzsch, H. (Hsg.): Japan Handbuch, Wiesbaden 1981, S. 865–872

Seckel, Dietrich: »Soziale und religiöse Aspekte der japanischen Tee-keramik«, in: Nachrichten der Gesellschaft für Natur- und Völkerkunde Ostasiens Bd. 126 (1979), S. 19–36

Sen, Soshitsu XV: »Chado. The Japanese way of tea«, New York/Tokyo/Kyoto 1979

Ders.: »Tea life, tea mind«, New York/Tokyo 1979

TANAKA, SEN'Ô: »The tea ceremony«, Tokyo/New York/San Francisco 1973

Haiku

»Bashô. Auf schmalen Pfaden durchs Hinterland«. Übertragen von Dombrady, G. S., Mainz 1985

BLYTH, REGINALD H.: »Haiku«, 4 Bde, Tokyo 1949–1952

DERS.: »A history of haiku«, 2 Bde, Tokyo 1964

DOMBRADY, GEZA S.: »Bashô als Lehrer und sein Schüler Hokushi«, in: Oriens Extremus 26 (1979), 1/2, S. 242–290

GIROUX, JOAN: »The haiku form«, Rutland/Vermont/Tokyo 1974

»Haïku«. Übersetzt von Munier, Roger, Paris 1978

HAMMITZSCH, HORST: »Der Weg des Praktizierens (Shugyôkyô), ein Kapitel des Kyoraishô. Ein Beitrag zur Poetik des Bashô-Schule«, in: Oriens Extremus 1 (1954) 2, S. 203–239

DERS.: »Das Shirosôshi, ein Kapitel aus dem Sansôshi des Hattori Dohô. Eine Quellenschrift zur Poetik des haikai«, in: Zeitschrift der Deutschen Morgenländischen Gesellschaft 107/2 (1957), S. 459–510

»Issa. Mein Frühling«. Übertragen von Dombrady, G. S., Zürich 1983

KEENE, DONALD: »World within walls. Japanese Literature of the premodern era, 1600–1867«, London 1976

KRUSCHE, DIETRICH: »Haiku. Bedingungen einer lyrischen Gattung«, Tübingen/Basel 1970

MAY, EKKEHARD: »Synästhesie bei Bashô – Zu einem Aspekt der Haiku-Metaphorik«, in: DOMBRADY, G. S.; EHMCKE, F. (Hsg.): Referate des VI. Deutschen Japanologentages in Köln, Mitteilungen der Gesellschaft für Natur- und Völkerkunde Ostasiens Bd. 100, Hamburg 1985, S. 184–190

NAUMANN, WOLFRAM: »Hitorigoto. Eine Haikai-Schrift des Onitsura«, in: HAMMITZSCH, H. (Hsg.): Studien zur Japanologie Bd. 4, Wiesbaden 1963

SIEFFERT, RENÉ: »Le Haïkaï selon Bashô«, Paris 1983

STEWART, HAROLD: »A net of fireflies. Japanese haiku and haiku paintings«, Rutland/Vermont/Tokyo 1974

YUASA, NOBUYUKI: »Bashô. The narrow road to the deep north and other travel sketches«, Hammondsworth 1970

DERS.: »The year of my life«, Berkeley/Los Angeles/London 1972

DuMont Taschenbücher